海外中国研究丛书

—— 到中国之外发现中国

中国江南六朝考古学研究

中國江南六朝の考古學研究

[日] 藤井康隆 著

张学锋 刘可维 译

江苏人民出版社

图书在版编目(CIP)数据

中国江南六朝考古学研究 / (日)藤井康隆著；张
学锋，刘可维译. -- 南京：江苏人民出版社，2023.5
(海外中国研究丛书 / 刘东主编)
ISBN 978 - 7 - 214 - 28053 - 4

Ⅰ. ①中… Ⅱ. ①藤… ②张… ③刘… Ⅲ. ①考古学
-研究-华东地区-魏晋南北朝时代 Ⅳ. ①K871.42

中国国家版本馆 CIP 数据核字(2023)第 050019 号

藤井　康隆
中国江南六朝の考古学研究
Copyright ⓒ 2014 by FUJII Yasutaka
Originally published in Japan by Rokuichi Shobo Co., Ltd. Tokyo
Chinese (in simplified character only) translation rights arranged with Rokuichi
Shobo Co., Ltd. Japan through HIROGAWA CO., LTD.
Simplified Chinese edition copyrights ⓒ 2022 by Jiangsu People's Publishing House
江苏省版权局著作权合同登记号：图字 10 - 2019 - 425 号

书　　　名　中国江南六朝考古学研究
著　　　者　[日]藤井康隆
译　　　者　张学锋　刘可维
责 任 编 辑　朱晓莹
封 面 设 计　陈　婕
责 任 监 制　王　娟
出 版 发 行　江苏人民出版社
地　　　址　南京市湖南路 1 号 A 楼，邮编：210009
照　　　排　江苏凤凰制版有限公司
印　　　刷　江苏凤凰扬州鑫华印刷有限公司
开　　　本　652 毫米×960 毫米　1/16
印　　　张　23　插页 4
字　　　数　248 千字
版　　　次　2023 年 5 月第 1 版
印　　　次　2023 年 5 月第 1 次印刷
标 准 书 号　ISBN 978 - 7 - 214 - 28053 - 4
定　　　价　88.00 元

(江苏人民出版社图书凡印装错误可向承印厂调换)

序"海外中国研究丛书"

中国曾经遗忘过世界,但世界却并未因此而遗忘中国。令人嗟讶的是,20 世纪 60 年代以后,就在中国越来越闭锁的同时,世界各国的中国研究却得到了越来越富于成果的发展。而到了中国门户重开的今天,这种发展就把国内学界逼到了如此的窘境:我们不仅必须放眼海外去认识世界,还必须放眼海外来重新认识中国;不仅必须向国内读者迻译海外的西学,还必须向他们系统地介绍海外的中学。

这个系列不可避免地会加深我们 150 年以来一直怀有的危机感和失落感,因为单是它的学术水准也足以提醒我们,中国文明在现时代所面对的绝不再是某个粗蛮不文的、很快就将被自己同化的、马背上的战胜者,而是一个高度发展了的、必将对自己的根本价值取向大大触动的文明。可正因为这样,借别人的眼光去获得自知之明,又正是摆在我们面前的紧迫历史使命,因为只要不跳出自家的文化圈子去透过强烈的反差反观自身,中华文明就找不到进入其现代形态的入口。

当然,既是本着这样的目的,我们就不能只从各家学说中筛选那些我们可以或者乐于接受的东西,否则我们的"筛子"本身就可能使读者失去选择、挑剔和批判的广阔天地。我们的译介毕竟还只是初步的尝试,而我们所努力去做的,毕竟也只是和读者一起去反复思索这些奉献给大家的东西。

刘 东

目 录

第三编 两晋南北朝的金属工艺

插图目录

表格目录

序章　中国的南与北

　　当代中国有南北两个中心，一个是以上海为代表的南方经济都市，一个是位于华北地区的政治都市，即首都北京。上海因其高度的经济发展与领先的时尚文化，以及浓厚的国际色彩而呈现出现代社会的繁华，北京虽缺乏这种繁华，却显示出了严肃而安稳的威严。人的气质也不一样。一般认为南方人崇尚华美，追求时尚，有着较强的海外志向，语言表达也阔达机敏，与政治之间总有一层隔阂，而北方人虽然朴实严谨，但喜欢议论政治。近代中国思想家、文豪鲁迅也曾撰有《北人与南人》一文，在叙述南北历史发展轨迹的同时，列举北方人与南方人的各种性格差异，论其长短，认为兼具南北方气质的才是最优秀的人，并且认为"这是中国人的一种小小的自新之路"。然而有意思的是，鲁迅在此笔锋一转，作为文章的结尾，认为做文章的多是南方人，北方却受了影响。他观察到"北京的报纸上，油嘴滑舌、吞吞吐吐、顾影自怜的文字"要比六七年前多多了，并揶揄道："这倘和北方固有的'贫嘴'一结婚，产生出来的一定是一种不祥的新劣种"。[①] 从中不难看出，在出生于浙江绍兴的鲁迅心里，有着一种"南人"的自我标榜。南人、北人的自我意识，非常明显地扎根于人们的心里，这一点非常有趣。

---

① 栾廷石（鲁迅）：《北人与南人》，《申报·自由谈》1934 年 2 月 4 日，上海：申江新报。

中国南北方的差异,其实不止于城市的面貌和人的气质,正像"南船北马"所反映出来的那样,在气候、产业、自然地理地貌、历史文化等诸多方面都有明显的差异。基于这些因素,南北之间形成了鲜明的地域特征,而分割南北方的自然地理界线就是西部的秦岭与东部的淮河。

就南方而言,其自然条件尤其重要。温暖湿润的气候,长江、淮河以及难以计数的大小河川,构成了四通八达的水上交通网络;水与肥沃的土地、茂密的森林,共同催生了优越的自然环境。以这样的自然环境为背景,作为中国历史上的南方特色之一,可以列举的就是江南吴越地区高度发达的经济和文化。这里既有适合水稻种植的肥沃耕地,又有因发达的水上交通而形成的商业中心和交易网络。随着孙吴以来的不断开发,江南的生产与经济逐渐走向繁荣,至南朝时期,货币经济的发达和文化的灿烂,都呈现出了史无前例的盛况。这一势头,经宋、明时期农田水利的开发和利用得到了进一步的发展。宋代,江南基于生产和商业的税收,成为国家最主要的经济基础,占全国总户数六成的人口集中在这里。如果用一句话来概括江南地区发达的生产力、良好的经济环境,以及先进的文化,那么这就是"苏湖熟,天下足"或"上有天堂,下有苏杭"。位于杭州湾口的宁波,是中世纪东亚最大的海外贸易港口,不仅是商品货物,佛教、书画、瓷器等最新的文化潮流,都从这里源源不断地流向海外,因此可以说,中国的南方是东亚经济、文化的中心。

在历史上的分裂时期,南方尤其是吴越地区又往往是中原王朝的迁都避难之地,建立政权的时间绝非短暂,而这些政权特殊的存在形式,又成为南方的特色之一。从南宋在杭州定都后都城取名"临安府"这一行为中就不难看出,在南宋君臣的意识中,江南最终不过是临时的都城。中国历史上王朝"南迁"之际,东晋南朝也好,南宋也好,控制政权中枢、形成贵族阶层的,都不是土生土长的南方豪强,而是因失去中原而亡命南方的"北人"贵族。流寓南方的中原政权,将这批"北人"视为同类,而真正能晋升至政权中枢任官的"南人"则寥寥无几。晋室南渡后,南方逐渐发展为经济和文化中心,随着时代的发展,这种中心的地位越来越稳固。但是,这里不仅没有最终成为中国统一王朝的政治中心,即使在分裂时期的南方政权内部,政治、社会的骨干力量也不是南人,而是北人。历史上经济、文化中心与政治中心的相互乖离现象,与当下经济都市上海与政治都市北京的分离似乎有些相似。历史上经济文化中心与政治中心的乖离,即使存在着许多偶然性的要素,但在超越时代的类似现象背后,却存在着南北历史发展的巨大差异。

近代人文学科兴起以来,中国南北的差异问题很早就受到了关注,很多学者和知识分子都对这种差异展开了研究和考察。冈仓觉三(天心)在 1894 年就指出,在西域、蒙古、东北、云南、广东之外,"以黄河与长江为中心的中国文化核心地区,至少可以分为南北两个不同的地域",并认为其背后的原因是中国南北的气质差异。关于黄河流域与长江流域的差异,冈仓觉三还从气候风土、政权更替、诗歌风格上进行了对比,得出了"中国之文化美术,大别有三:曰周末,则河民之精也;曰宋朝,江民之粹也;曰唐代,江河合体之华也"的结论。[1]

梁启超基于南方社会的立场,从地理、环境到政治史、思想、文学、语言、风俗等多个方面,对中国的南北最早展开了论

---

[1] 冈仓觉三:《中国南北之区别》(支那南北ノ区别),《国华》(国华)第 54 号,东京:国华社,1894 年,第 97～99 页。

述。① 他的论述对此后的研究产生了很大的影响。桑原骘藏也就中国南方的历史特征发表了一系列的论考,主张必须增强对南方社会历史的关注。关于南方社会文化、经济的历史发展,桑原骘藏上自秦汉下至明清,对其进行了通史性的考察,认为南方独特的地域社会,是在南下的中原人及其文化、政治影响力的渗透下融合形成的。桑原骘藏又从南方著名文人的辈出、户数与人口的变迁、各地的科举及第人数等方面,明确揭示了南方超越北方的发展过程。② 桑原骘藏南北论,其切入点和分析方法基本与梁启超一致,但在很多细节上做了更深的发掘。桑原骘藏在认识南方社会发展的历史动向时,非常重视晋室的南渡,认为这一事件具有划时代的意义,是南方历史显著发展的开始。东洋史学者冈崎文夫也基于桑原骘藏的观点,以探讨南方社会的历史发展为目标,对这一时期的南北社会和文化展开了比较研究,详细讨论了两者之间的差异和各自的重要意义。③ 陈序经早年还结合欧美思想文化的影响,从文化的先进性及国际性对南方作出了高度的评价,认为从清王朝灭亡到解放战争,中国一方面面临着复杂的国内矛盾,但对欧美及日本却展现出了开放的姿态,在经济、文化和国际化等领域呈现出了前所未有的景象。④ 陈序经的观点,可

① 梁启超:《中国地理大势论》,《饮冰室文集类编》编下,东京:下河边半五郎,1904。
② 桑原骘藏:《晋室的南渡与南方的开发》(晋室の南渡と南方の開発),《艺文》(藝文)第五年第十号,东京:鸡声堂书店,1914 年,第 1~14 页;《历史上南中国的开发》(歷史上より観たる南支那の開発),《雄辩》(雄辯)第十卷第五号,东京:大日本雄辩会,1919 年,第 19~25 页;《历史上的南北中国》(歷史上より観たる南北支那),《白鸟博士还历纪念东洋史论丛》(白鳥博士還暦記念東洋史論叢),东京:岩波书店,1925 年,第 387~480 页。
③ 冈崎文夫:《魏晋南北朝通史》(魏晋南北朝通史),京都:弘文堂书房,1932 年。
④ 陈序经:《南北文化的真谛》,载其《中国文化的出路》,长沙:岳麓书社,2010。该书初版于 1934 年,上海:商务印书馆。

以说是基于历史、文化等土壤，从 20 世纪 20 年代后期到 30 年代前期当时中国南方社会得出来的。

近代以前对南北差异或者说是南北文化碰撞的认识，主要是依据《中庸》(战国)、《洛阳伽蓝记》(北魏)等传统历史文献展开的。其中南北朝时期因南北政治的变动历尽颠沛的颜之推，在其著《颜氏家训》中对南北的差异多有描述，并时不时地表露出其自身的困惑，言辞之中也不乏批判。颜之推基于自己的实际感受，对那个时代的人们或许已经意识到的"南"与"北"的差异多有表述，所述内容非常值得我们关注。虽然南北风土和气质上的差异古人早已有所认知，但是，从作为中国历史、社会发展的两大舞台这个意义上来观察南北的差异，正是魏晋南北朝这段历史造成的。

本书将要涉及的魏晋南北朝时期，是中国史无前例的分裂长达 400 年、众多地域和众多民族登上历史舞台的时代。进一步说，这个时代发生的中国社会内部的瓦解甚至价值观的改变，从自我意识的觉醒到促使传统观念的重构，都是中国社会从未经历过的具有划时代意义的历史阶段。统一时期的中国，在强大的中央集权意识形态和国家统治之下，内在的地域性和民族性往往难以彰显，然而，进入魏晋南北朝时期，秦汉帝国统一经营下的地域社会，再次呈现出了各自的特征，"中国"或"中华"这一意识形态与现实社会之间出现了明显的乖离。

在华北地区，以鲜卑人为首的少数民族席卷整个北方社会，形成了以他们为主体的十六国各政权和北魏政权。华北汉人社会的传统名望大族中通晓学问、艺术、思想和仪礼的一部分知识精英，加入了少数民族政权之中，成为少数民族政权的重要一翼。

与之相对,在江南,孙吴对南方汉人社会具有了一定的号召力,实现了政权的建设。然而,随之而来的东晋南朝,却始于因不堪遭受外族的蹂躏、逃离中原南下、继承汉人王朝正朔的流寓政权。在江南建立政权并积极推动江南开发的,正是此时大举南渡的北方贵族阶层和大量的民众。当然,随着世代的更替,到南朝末期,以原籍地来区别南北的意识已逐渐淡薄,南北日趋同化,然而在整体上"上品无寒门,下品无势族"的社会里,事实上依然是北人占据了绝对的优势。南北朝对峙的结果,至少从形式上来看是北朝的力量实现了秩序的恢复,即使在隋唐统一王朝建立之际,承袭的制度很明显也多来自北朝。

这个时代的各地域社会,大致上可以用"汉"与"胡"这两个民族范畴来加以区分,这与"南""北"的差异也密切相关。

如果用人们习惯的语句来说,对于这个时代,所谓南北关系,就是以汉人为主体的王朝与以胡人为主体的王朝之间的关系,但同时又是江南东晋南朝的南人(社会)与华北北人(社会)之间的关系。从上述关系来看,"南方"是败给了"北方",但在文学、艺术等层面之外,"南方"是否就此湮灭在了历史之中呢?江南的地域社会、贵族阶层及其文化特色,又是一种什么样的实态呢?我觉得非常有必要对此展开研究。

关于3—6世纪的中国魏晋南北朝历史,20世纪末之前主要是东洋史学界以文献史学为中心展开的。不可否认,考古学长期以来在魏晋南北朝的研究中作为辅助性学问,一直没有对上述问题作出应有的回应。相对于丰富的文献史料,考古发掘资料数量不多也许是一个重要原因,但更关键的是,与文献史学相比,考古学研究起步实在是太晚了。近年来,在文献史学领域,有中村圭尔关于六朝江南地域社会的研究①，有三崎良章关于辽宁三燕地域社会的研究②，等等。他们在探讨地域或民族特征的具体问题时，开始关注并利用考古资料。不管他们出于什么样的考虑，都非常值得一提。

　　在考古学领域，近年终于迎来了调查发掘和研究的大进展，各地出土文物和遗存的面貌逐步清晰。尤其是与江南六朝相关的考古成果，主要是中华人民共和国成立以来的 20 世纪后半叶在以南京为中心的江苏地区获得的。数量不菲的发掘成果和资料，经罗宗真、蒋赞初等人的长期研究③，尤其是 20 世纪后半期至末期经罗宗真的综合研究，正如其著《六朝考古》所显示的那样，在地域史的框架下完成了地域考古学领域的阐述。④ 最近，与六朝都城南京相关的重要遗迹与遗物不断涌现，原本主要作为文献史学研究对象的江南六朝，考古学的研究也正在逐步展开。利用考古资料并结合文献记载展开的先驱性研究有贺云翱⑤、卢海鸣⑥等人的成果。这些成果与华北十六国北朝陵墓、遗址的发掘一起，在 21 世纪初已然将魏晋南北朝考古推向了全国历史时期考古学研究的舞台。⑦

---

① 中村圭尔：《六朝江南地域史研究》（六朝江南地域史研究），东京：汲古书院，2006 年。
② 三崎良章：《五胡十六国　中国历史上的民族大迁徙》（五胡十六国　中国史上の民族大移動），东京：东方书店，2002 年；《五胡十六国的基础研究》（五胡十六国の基础の研究），东京：汲古书院，2006 年。
③ 罗宗真：《探索历史的真相——江苏地区考古、历史研究文集》，南京：江苏古籍出版社，2002 年。蒋赞初：《长江中下游孙吴墓葬的比较研究》，载其著《长江中下游历史考古论文集》，北京：科学出版社，2001 年。
④ 罗宗真：《六朝考古》，南京：南京大学出版社，1996 年。罗宗真、王志高：《六朝文物》，南京：南京出版社，2004 年。
⑤ 贺云翱：《六朝瓦当与六朝都城》，北京：文物出版社，2005 年。
⑥ 卢海鸣：《六朝都城》，南京：南京出版社，2002 年。
⑦ 罗宗真：《魏晋南北朝考古》，北京：文物出版社，2001 年。

19 世纪末至 20 世纪前半叶很多研究者、思想家和知识分子基于比较文化史的视野对中国历史上南北差异的研究，时至今日依然不算太丰富。个中原因，一方面与资料的欠缺有关，另一方面，或许还与强调统一的历史叙述这一国家意志有关。

地域史或者比较文化史的研究，原本应该是考古学科最擅长的课题。童恩正曾经做过很好的尝试，他借助文明论、国家论的理论与方法，基于考古资料，从相邻的民族、农业生产模式、水利事业、思想、宗教信仰等多个方面，探讨不同地域的文化特征，力图揭示南北在古代社会发展历程中的差异。[①] 考古学研究者基于不同地域具体的考古资料和考古学现象，参考不同地域的文化特征展开南北的比较研究是极其有必要的，但很可惜迄今尚未见到相关的成果。

笔者力图基于考古学资料，就中国历史上南北对峙的魏晋南北朝时期南方社会的特质问题展开探讨。魏晋南北朝虽是中国历史上南北分裂且摸索再次走向统一的时代，但南北各自的社会、文化差异所造成的历史影响却是很大的，基于这一观点，对江南六朝的社会、文化特质展开研究，是一个很有意义的课题。不仅如此，那个时代人们生产并实际使用的物质资料，非常生动地反映了地域文化的特征，以物质文化的载体遗存、遗物为研究对象的考古学，更有可能来揭示南北社会、文化的真实面貌。然而现状却不容乐观，与魏晋南北朝时期南方社会相关并能展现其明确时代特征的遗迹、遗物尚不算多，相关的考古学研究成果也难说丰富，虽然力图阐明六朝文化和南方的社会特征，但不明之处

---

① 童恩正：《中国北方与南方古代文明发展轨迹之异同》，《中国社会科学》1994 年第 5 期。

依然不少。

　　笔者的目标是归纳南方尤其是江南的社会特征及其历史意义。在方法上,基于出土的魏晋南北朝文物和陵墓资料,对江南六朝的文化特征进行分析,同时对比北方的文化面貌,通过南北的对比来展开自己的论述。

第一编

南北朝陵墓的世界

前　言

一、研究陵墓的目的

魏晋南北朝墓葬研究，因近年来重要考古发现的增多和发掘报告的出版刊行，资料正在快速增长。魏晋南北朝墓葬的考古学研究，主要集中在墓葬的形制结构、砌筑方法、随葬陶俑等方面，近年来墓葬壁画也受到了研究者的极大关注。这些研究，对我们进一步全方位了解魏晋南北朝墓葬具有重要的价值。然而，相对于墓葬各要素的具体研究和评述，对墓葬整体上的把握及其意义的探讨却未必完善。

构成墓葬的各种空间和设施，无一不是与丧葬相关的各种行为、礼仪、祭祀的场域。墓室及其内部设施，是下葬之际受到规模、时间这两个因素限制的空间，简单来说，墓室虽然是墓葬的核心空间，但承担的却只是与墓主人直接相对的下葬行为和礼仪功能。与之相比，墓室以外如墓道、神道等空间与设施，因其在一系列的丧葬过程中仅是一个经过地点，所以往往给人一种作为附属空间的印象。此外，由于墓葬的整体范围较难把握，发掘资料亦语焉不详，在研究中很难成为主要论题。

虽然也存在着曹魏、西晋那样推行薄葬的时期，尤其是墓葬的外部设施被极端地简化,不过在此之前,像秦始皇陵和西汉诸帝陵那样,投入巨大的财力和人力,在墓室以外的广阔空间建设了复杂且规模巨大的各种设施,这才是秦汉以来中国帝陵的传统。

陵墓应该不存在形式上的空间和设施,在当时人的概念中,封土、墓室,以及各种外部设施的组合,才能称得上是一座完整的陵墓。因此,在陵墓研究中,必须弄清陵墓的整体构造及其所反映的思想体系和设计理念。换言之,陵墓研究不仅要探讨墓室的形制、封土的构筑和外部设施的形态构造,更重要的是必须在由以上各要素构成的墓域(陵园)这个大视野下,究明陵墓建造的设计理念,对作为构成各要素的遗存,也必须在对陵墓有了整体把握之后来评述其功能和意义。

在礼制秩序下受到最严格规定的帝后陵寝和宗室墓葬,应该浓缩了一个王朝文化上的秩序规范与世界观。换言之,一个王朝,统治者的思想观念,通过其陵墓的设计理念同样也能表现出来。就魏晋南北朝而言,通过对比南朝、北朝的陵墓制度,南北制度文化上的本质性差异亦可因此得以揭示。本书第一编,拟就墓室结构、墓内设施及外部设施的性质和意义展开探讨,力图通过对构成南北朝陵园空间的各种设施设计思想的分析,归纳出南北王朝在世界观上的异同。

二、陵寝、陵园的研究现状

中国帝陵的陵园结构、陵寝制度等问题,在近代历史学、考古学研究领域是一个几乎未有涉及的课题。1981年出版的杨宽著《中国古代陵寝制度的起源及其演变》,对春秋战国至明清时期陵墓的起源与变化、发展进行了通史式的详述,给历史学界和考古学界带来了深刻的影响。① 杨宽的巨著出版后,学界对陵寝研究的关注度和对陵寝研究的意义有了大幅的提高。杨宽这部著作最大的特点在于将焦点集中于祭祀礼仪,研究的中心虽然是古代文献所载祭祀礼仪的行为和规则,但同时又能结合考古出土的各类遗迹现象来展开论述。杨宽撰述此书的目的在于从中国社会的根本即礼制的发展演变中,把握中国社会的发展进程。这是考古学界展开帝陵研究时必须学习和借鉴的视角。杨宽的这部著作,完全称得上是 20 世纪 80 年代古代史学界和考古学界关于中国帝陵研究的集大成者。

其后,在陵寝制度的研究上,除杨宽本人陆续发表了后续成果外,其他研究者的成果也日渐增多。这些研究几乎全部集中在秦始皇陵、西汉帝陵和唐宋明清帝陵上,受现有调查发掘资料所限,涉及东汉魏晋南北朝帝王陵寝的成果少之又少。

就江南六朝墓葬的研究而言,虽然论及陵寝、陵园各种设施的成果尚少,但有关帝王陵墓、世家大族墓葬的选址和埋葬制度、排葬顺序等与墓地、葬制相关的成果,早在 20 世纪 70 年代末到 80 年代前半期,就有罗宗真、李蔚然等人的论著。20 世纪 90 年代前半期,蒋赞初、罗宗真、郭黎安等在梳理历史文献和清末、民国时期的调查与研究之上,基于 1949 年新中国成立以来通过近代考古学手段积累起来的田野资料,对江南六朝帝陵与世家大族墓葬展开了全方位的叙述。他们的研究,既是当时涵括最新资料的综合性成果,也是我们今天展开同类研究的基础。20 世纪末至今,考古发掘和研究活动都非常活泼,就东晋南朝陵墓而言,论及陵墓区的概念及其布局的成果也日渐增多。尤其是王志高关于东晋南朝陵

---

① 杨宽:《中国古代陵寝制度的起源及其演变》,《复旦学报(社会科学版)》1981 年第 5 期。

墓的一系列研究,在既往考古学认知的基础上,积极利用历史文献,就陵区的设定、神道和礼制建筑等陵园设施展开论述。这样的研究,不再将眼光只停留在封土、墓室上,而是将其扩展到了墓地和陵园,力图从这一视野来把握陵墓的全貌,因此非常重要。[①] 江南六朝陵墓中,就陵园设施的种类和所处位置等具体问题,除地面残存的石刻外,考古学的证据非常少见。在这种状态下,王志高的意见可以说已经向我们提供了几乎最大的可能性。

当然,陵墓内部设施研究的重要性毋庸赘言。以往,不仅是陵墓,就是贵族墓葬和一般墓葬,研究的重点都偏向于内部设施的形制结构和随葬器物。不过,前文已经提及,笔者的关注点在于"陵寝"这个词所体现出来的,包括封土在内的陵墓内外所有设施的结构与布局及其背后的设计理念和思想体系。因此,在论及墓室内部设施时,重点也放在其空间构成的思想体系及其与外部陵园设施之间的关联上。关于墓葬中墓室空间乃至墓主人的意义,虽然既往的研究积累了庞大的成果,不胜枚举,已然成为一个独立的研究课题,但未必就能在陵墓的整体内容中确定其应有的位置。笔者拟以陵墓最重要的主体即墓主人为中心,对墓室空间的意义展开探讨,并进一步追究其与陵园空间的关联。

中国是文献大国,即使在今天,研究者也在努力理解历史文献记载的前提下展开各自的研究。魏晋南北朝考古属于"历史时期"考古,研究过程中依然在最大程度上活用着历史文献。本书则与之不同,力图基于遗址、遗物及其分布等考古资料,用纯考古学的方法展开研究,以期推动陵墓研究的进一步深化。

---

① 王志高:《六朝帝王陵寝述论》,《南京晓庄学院学报》2004 年第 3 期;罗宗真、王志高:《六朝文物》,南京:南京出版社,2004 年。

第一章　江南六朝的帝王陵墓

经考古发掘的六朝帝陵很少，其整体结构尚不明了。尤其是六朝前期的东吴与东晋，帝陵也好宗室墓葬也好，发掘的数量都不算多，而南朝帝陵中齐梁两代的帝陵与宗室墓葬的墓室及其外部设施的资料则相对比较丰富。

第一节　东吴帝陵与宗室墓葬

以长江下游的建业（今江苏省南京市）和中游的武昌（今湖北省鄂州市）这两个东吴都城周边地区为中心，发现了较多大型的帝王陵墓和贵族墓葬。

东吴大帝孙权蒋陵，通常认为在钟山南麓的梅花山一带，但具体位置并不明了。近年，在梅花山附近进行过遥感探测和小规模的钻探调查，结果显示在梅花山西侧斜坡至坡顶的地下，存在着斜长 35～40 米、高约 2 米左右的疑似墓道空间，与这个长条形空间相接的平面上，存在着长宽 15×15 米、高约 3 米的大型地下空间。① 因此，有意见认为，这有可能就是孙权蒋陵的墓室空间。

---

① 朱凯：《初步判定孙权葬于梅花山西坡》，《南京日报·数字报纸》2010 年 1 月 9 日（在线），http://njrb.njnews.cn/html/2010－01/09/content_417987.htm，2012 年 11 月 10 日阅读。

一、南京江宁上坊大墓(图1)

南京江宁上坊大墓位于南京市东南郊被称为"孙家坟"的土丘南麓,面对青龙山山谷,2005年12月因道路建设而发现,2005年12月—2006年8月,南京市博物馆和南京市江宁区博物馆共同对其进行了发掘。发掘结果显示,上坊大墓是迄今发现的墓室规模最大的东吴墓葬,墓葬时代为东吴末期。①

墓坑开凿在丘陵的基岩上,坐北朝南。墓葬营建结束后回填,发掘时上部尚存高约1米的封土,封土经逐层夯实。墓坑平面呈"吕"字形,南北长21.5米,东西宽14.4米。墓坑内填土亦经棒状夯具夯实,夯层厚约7厘米,夯窝直径约4厘米。墓坑填土的上部,为防盗特地加上了3层碎石层,各层厚12~32厘米。

当时在墓室封门墙往东南约30米的地面上,存在着约200平方米的建筑遗址。遗址范围出土了不少砖瓦碎片和人面纹瓦当。据报告,瓦的胎土呈红褐色,瓦当上也残留部分色彩,可以想象这处建筑的色彩模样。

墓室之外是墓道,墓道残长10.5米,倾斜度为26度,接近封门墙的1.01米呈水平状。排水沟自墓室内铺地砖下开始伸向墓外,全长达326米,直达墓葬前方的古河道。排水沟铺设在墓道底部,自墓门往外27米处是明渠,再往外则采用暗渠与明渠交互使用的方法铺设。

墓室用砖砌成,北偏西15度,基本上坐北朝南。墓室全长20.16米,宽10.71米,由封门墙、墓门、甬道、前室、过道、后室组成。前、后室东西两侧分别带有耳室,后室北壁下还附带两个壁

---

① 南京市博物馆、南京市江宁区博物馆:《南京江宁上坊孙吴墓葬发掘简报》,《文物》2008年第12期。

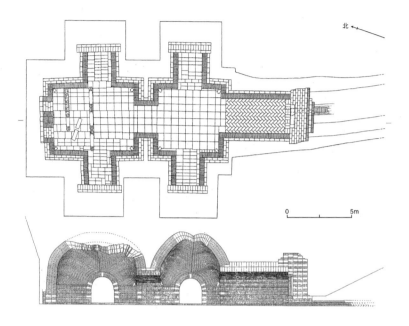

图 1　南京江宁上坊东吴大墓

龛。墓门用方形石柱构成门框,凿出安置石门山的户枢。前、后室四壁均用三顺一丁法砌筑,自下往上共计 4 组,以上平砌 3 层砖,然后砌筑四隅券进式穹隆顶。在墙体与结顶之间 3 层平砌砖之上的墓室四角,各嵌入一件牛首形石质兽首,用作灯台。前、后室室顶发掘时均已坍塌,室顶的覆顶石掉入墓内。覆顶石呈正方形,边长 1.16 米,厚 44 厘米,内面中部的方格线内浮雕神兽形象,外面四角上有用于吊起搬运的 4 个圆环。墓室内部地面全部铺砖,墓室使用大型方砖对缝平铺,甬道用小型长方形砖铺成人字纹。

后室后半部设置 3 组虎头形棺座,每组 2 件。棺座上安置木棺,发掘时木棺已散架变形。木棺 3 具并列,方向与墓室相同,呈南北向。3 具木棺均用大型木材构件组合而成,其中 1 具稍大,长 3.1 米,其他 2 具长度为 2.4 米和 2.8 米。遗骨基本朽尽,唯存部分碎骨片和 2 颗牙齿。

墓葬虽遭受过严重盗掘,但依然出土了不少青瓷、金银及铜质随葬品,其中青瓷奏乐俑组合、鎏金铜带具等出土遗物独具特征。

二、安徽马鞍山宋山大墓(图 2)

马鞍山宋山大墓位于马鞍山市西山东南麓,即雨山区宋山村宋山窑厂西侧,1987 年 9 月宋山窑厂取土时发现,同年 9—12 月,安徽省文物考古研究所与马鞍山市文物管理所共同实施了发掘。[①]

该墓为迄今所见等级规模最大的一座东吴大型砖室墓,基于考古学和历史文献的分析,认为该墓极有可能是东吴第三代皇帝景帝孙休的定陵。据墓室的形制结构及所出"大泉当千"钱币的铸造年代(赤乌元年,公元 238 年),该墓营建于东吴中后期,上限不会早于 238 年。

墓葬的外部设施首先有覆斗形封土,封土底边的长边长 28 米,短边长 14 米,残高 3.5 米。墓室外带有斜坡墓道,墓道前宽后窄,宽 2.4~3.2 米,残长 4 米,倾斜 14 度。墓道中出土了六朝时期的筒瓦和浮雕三爪龙的正方形砖,砖边长 35 厘米,厚 7 厘米。此外,在盗洞及封土中还出土了"大泉当千"钱币、陶器、青瓷器和模印有青龙、朱雀纹样的大型砖。据这些出土遗物判断,该墓原本极有可能带有享堂、祭殿等墓上建筑。

墓室砖砌,全长 17.68 米,墓室轴线朝向东南,墓向 N—

---

① 安徽省考古研究所、马鞍山市文物管理所:《安徽马鞍山宋山东吴墓发掘简报》,《江汉考古》2007 年第 4 期。

45°—E,由封门墙、墓门、甬道、横前室、耳室、过道、后室组成,墓室顶部均为券顶。

该墓在甬道内口和前后室之间的过道中各设一道石门,石门由门柱、门楣、捆石和左右门扇组成。甬道石门的左门扇和过道石门的右门扇上均雕有高浮雕的龙形把手,龙呈壁虎形状,攀爬在石门扇上。耳室位于前横室前部的甬道两侧,长边与墓室轴线方向一致。

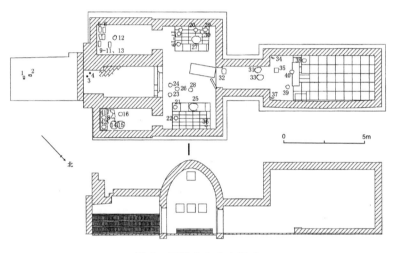

图 2 马鞍山宋山东吴墓

横前室后部的左右两侧设置祭台,两处祭台上都放置着青瓷器。设有两处祭台的横前室左右两壁中部各砌出 3 处正方形直棂假窗,近墓顶处各砌出 1 处直棂假窗。

后室内长 6.27 米,宽 2.52～2.61 米,高 3.65 米,平面呈两壁略往外弧的长方形。室内后四分之三的空间用方砖砌成棺床,棺床长 4.82 米,高 34 厘米。发掘时棺床上尚残存木棺,从遗骨的分布位置判断,墓主人头部朝向墓门。

三、湖北鄂州孙将军墓(图 3)

鄂州孙将军墓是一座营建于东吴晚期的大墓,位于今湖北鄂州市区西部的西山南麓,1967 年 4 月建设工厂时发现,当时的鄂城县博物馆对之进行了发掘。墓葬经盗掘,出土了少量的金银器、铜器和青瓷器。① 该墓出土的遗物中,最值得一提的是青瓷质坞堡建筑模型。青瓷坞堡正门的上部堆塑门楼,门楼屋檐下部题刻"孙将军门楼也"6 字。依据门楼铭刻、墓葬的形制特征和营建时代,该墓墓主被推测为孙述。孙述是东吴大帝孙权从兄孙贲之孙,属宗室身份,曾任武昌督、平荆州事,长期担任长江中游地区的守务。

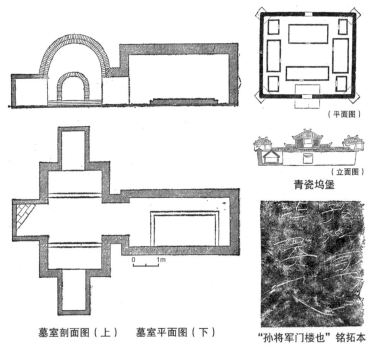

(平面图)

(立面图)

青瓷坞堡

墓室剖面图(上)　墓室平面图(下)

"孙将军门楼也"铭拓本

图 3　鄂州东吴孙将军墓

① 鄂城县博物馆:《鄂城东吴孙将军墓》,《考古》1978 年第 3 期。

发掘简报没有提及墓地建筑和封土、墓道等墓外设施。这些设施或许原本就没有,当然也有可能曾经有过但发掘时已消失殆尽。

墓室用砖砌成,全长9.03米,基本为正南北方向,墓门朝南。墓葬由墓门、甬道、横前室、东西耳室、过道、后室组成,均为券顶。

后室平面长方形,南北长4.37米,东西宽2.54～2.67米,高2.4米。东西两壁采用三顺一丁的砌法。棺床位于东壁下,由3层砖砌成,高15厘米,南北长2.34米,东西宽1.42米。床面用砖平铺,残存铁棺钉数枚,遗骨已朽尽,葬式和朝向不明。

横前室东西宽4.52米,高2.96米。东、西两侧设有祭台,祭台之间的空间较大。祭台用3层砖砌筑,南北长1.1米,东西宽94厘米,高15厘米。横前室东、西两侧还各砌有耳室。

四、湖北鄂州鄂钢饮料厂1号墓(图4)

鄂钢饮料厂1号墓位于今湖北省鄂州市城西的西山南麓,1991年7月在工厂建设中发现,同年7月至9月,鄂州市博物馆与湖北省文物考古研究所联合进行了发掘。该墓虽遭严重盗掘,但依然出土了数量不菲的金银器、铜器、铁器、青瓷器等遗物,其中,青瓷坞堡模型与带有"将军孙邻弩一张"铭刻的弩机尤其值得重视。[1] 依据弩机的铭刻、该墓的规模与形制结构,判断该墓墓主为孙邻。孙邻是东吴大帝孙权从兄孙贲之子,亦属宗室成员,以夏口沔中督、威远将军之职镇守长江中游地区,赤乌十二年(249年)卒。

墓室外的相关设施,发掘报告只报道了墓道与排水沟,未言

---

[1] 鄂州博物馆、湖北省文物考古研究所:《湖北鄂州鄂钢饮料厂一号墓发掘报告》,《考古学报》1998年第1期。

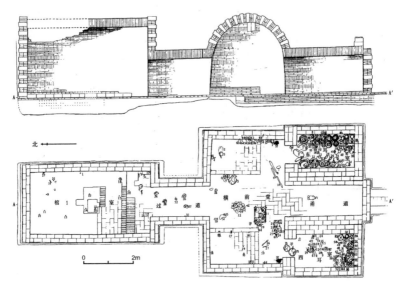

墓室剖面图（上）墓室平面图（下）

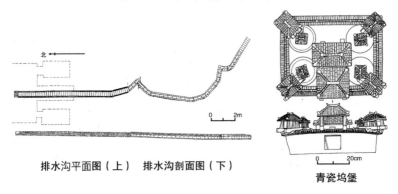

排水沟平面图（上）排水沟剖面图（下）

青瓷坞堡

图4 鄂州鄂钢饮料厂1号墓

及墓上建筑与封土的情况，或许原本就不存在，也有可能曾经有过但发掘时已消失殆尽。

该墓墓坑开凿在褐色砂岩层上，后室东壁尚见大型岩石。现存墓坑口部南北长14.72米，东西宽2.1～6.2米，墓坑底部南北长14.54米，东西宽1.94～5.74米，深3.8～5.2米。

墓坑南侧正对墓门设有墓道。墓道南部因遭破坏情况不明，接近封门部的墓道北端保持较完整,基本呈竖井状,残长 4 米,上部宽 1.12 米,底部宽 1 米,残深 1 米。墓道内用大型石块填塞,起到了防盗作用。墓道底部之下,尚有砖砌排水沟。

排水沟残长 23.7 米,起于横前室东、西祭台之间的铺地砖下,往南经甬道铺地砖下一直伸向墓外。墓道以外的排水沟,开凿在墓葬所在山体的斜坡岩石层上。

墓室用砖砌筑在上述墓坑中,基本坐北朝南,墓门朝南。墓室全长 14.5 米,东西最大宽度 5.68 米,最高处 3.2 米,由墓门、甬道、横前室、东西耳室、过道、后室组成。各处顶部均为券顶。

后室南北内长 5 米,东西宽 2.58 米,平面呈长方形,高 2.76 米。东西两壁砌法相同,均为 6 组三顺一丁,然后起券。墓室底部铺砖,呈人字形,墓壁与棺床砌于铺地砖上。棺床靠近北壁,高 6 厘米,南北长 3.8 米,东西宽 2.54 米。后室出土了残长 2.42 米、宽 35~42 厘米的木板,一面涂成黑色,另一面涂以朱漆,出土时色彩鲜艳,尚可确认云纹装饰,推测应是棺板。此外还出土了数枚铁棺钉。人骨不存,难以判断墓主的性别与葬式。

耳室位于甬道两侧,长边与墓室平行。东吴大墓的耳室通常附设在横前室的两侧,像这座墓这样附设在甬道两侧的事例非常少见,是一种特殊的平面形制。

横前室的东祭台上整齐地排列着铁钉,判断是设置在祭台上的帷帐残留下来的痕迹。帷帐的范围约 1.11×1.02 米。祭台上放置铜弩机、青瓷碗和推测为用于棋类游戏的骨片 40 片。这座祭台西南角约 50 平方厘米的范围内还涂有朱砂,考虑是与祭祀相关的痕迹。在墓门经甬道至通往后室的过道口这条轴线上,甬道内放置了青瓷镇墓兽,东、西祭台之间铺地砖上放置了青瓷坞堡模型。

第二节　东晋帝陵

东晋陵墓分布在都城建康周围,大致分成三个陵区,即六朝宫城台城西北方向的鸡笼山之阳、台城东北钟山西南麓的富贵山和建康城北的幕府山一带。以下我们分别将之称为鸡笼山陵区、富贵山陵区和幕府山陵区。

一、南京大学北园大墓(图5)

南京大学北园大墓位于南京大学北园东北部的鼓楼冈南麓。[①] 鼓楼冈曾是被称为鸡笼山的一系列低矮丘陵的一部分,位于东晋鸡笼山陵区的一角。

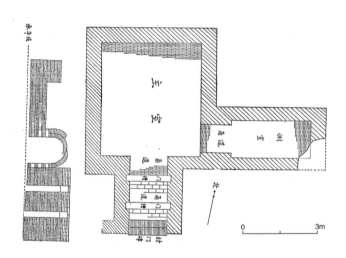

图5　南京大学北园大墓

墓向 N—9°—E,基本上坐北朝南。墓室南北长 8.04 米,东西宽 9.9 米,由墓门、甬道、主室、侧室组成。甬道长 3.04 米,宽

---

① 南京大学历史系考古组:《南京大学北园东晋墓》,《文物》1973 年第 4 期。

1.5 米,券顶,内设 2 道木门。主室南北长 4.4 米,东西宽 4 米,基本上呈正方形,四隅券进式穹隆顶。主室中部偏后并列安置两具木棺,东侧为男性,西侧为女性。侧室的甬道内还葬有一女性。甬道中第一道木门与第二道木门之间、主室的西南角和东北角、两棺东侧偏南和侧室的甬道口,均安置了作为祭台的陶案。陶案周围清理出了金银器、铜器、青瓷器、陶器等数量不菲的遗物。

二、南京富贵山大墓(图6)

富贵山大墓位于南京市区东北钟山西南余脉富贵山之阳。[①] 富贵山一带六朝时被称作"钟山龙尾",是东晋陵区之一。富贵山陵区安葬着东晋中后期康、简文、孝武、安、恭五位皇帝。1960 年在该墓南侧约 400 米处发现了晋恭帝玄宫石碣,上刻"宋永初二年太岁辛酉十一月乙巳朔七日辛亥晋恭皇帝之玄宫",这座大墓因此被推测为东晋恭帝司马德文冲平陵。[②]

该墓在富贵山南坡斜面上开凿墓坑,墓坑纵剖面呈"L"字形,墓坑内砌筑砖室墓室。墓室营建完毕后回填,填土高度与墓坑北壁的自然山体同平,没有明显的封土。墓室由封门墙、甬道、平面呈长方形的墓室组成,即所谓的"凸"字形墓。墓室外附设墓道与排水沟。墓向 N—36°—E,墓口朝南。主墓室南北长 7.06 米,东西宽 5.18 米,残高 2.4 米,复原高度为 5.15 米。甬道南北长 2.7 米,东西宽 1.68 米,复原高度 3.35 米。墓顶为券顶。

主墓室内残留有漆棺的痕迹,推断为单人葬。甬道内设置两道木门。墓道系露天开凿自然山体而成,长 13.5 米,宽 4 米,深 4.3~5 米。通过墓道底部的排水沟残长 87.5 米,伸向位于墓葬

---

① 南京博物院:《南京富贵山东晋墓发掘报告》,《考古》1966 年第 4 期。
② 李蔚然:《南京富贵山发现晋恭帝玄宫石碣》,《考古》1961 年第 5 期。

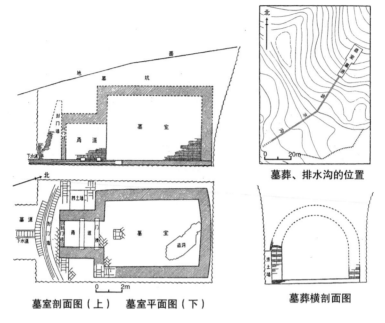

墓葬、排水沟的位置

墓室剖面图（上）　墓室平面图（下）

墓葬横剖面图

图 6　南京富贵山大墓

前方的水池,推算排水沟原来的长度在 100 米左右。

　　墓葬虽早年遭盗掘,扰乱严重,但依然出土了青瓷器、陶器、陶俑、玉器等遗物,其中有龙虎形陶座,分别位于墓室的前部和后部。

三、南京汽轮电机厂大墓(图 7)

　　南京汽轮电机厂大墓位于南京市区北郊与幕府山相连的北固山南麓①,在东晋幕府山陵区范围内。幕府山周围的低矮余脉如象山、郭家山、老虎山等处,还分布着琅邪王氏等多个贵族家庭的家族墓地。南京汽轮电机厂大墓被推断为东晋穆帝司马聃永平陵。

_____

① 南京市博物馆:《南京北郊东晋墓发掘简报》,《考古》1983 年第 4 期。

　　墓室由封门墙、甬道和平面呈长方形的墓室组成,同样为
"凸"字形墓。墓口朝南。墓葬全长 9.05 米,宽 8 米,墓室内长
4.98 米,宽 4.24 米,复原高度 4.03 米,券顶。甬道内设置两道
木门。

　　墓葬早年遭盗掘,墓室内扰乱严重,出土有青瓷器、陶器、铁
镜、玉器等遗物,其中龙虎形陶座分布在墓室的四角。

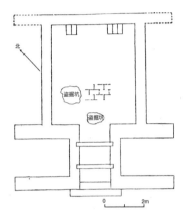

图 7　南京汽轮电机厂大墓

第三节　南朝帝陵与王侯墓葬

　　南朝四代各自形成陵区。刘宋帝王陵墓分布在南京市的东、
南、北郊等处;萧齐帝陵位于丹阳市东郊;萧梁帝陵位于丹阳市东
郊,王侯墓葬分布在南京市东北郊栖霞山至尧化门一带;陈朝帝
陵位于南京市东郊及南郊。南朝帝王陵墓的调查发掘资料相对
较多,帝陵与王侯墓葬在规模和墓内设施、神道石刻的种类等方
面虽然存在着一定的差异,但整体结构却基本相同,因此南朝帝
陵的整体面貌目前基本上比较明确。

一、南京西善桥宫山大墓(图8)

西善桥宫山大墓位于南京西郊江宁区(今属雨花台区)西善桥一座标高 27.2 米的土丘即宫山东北麓,1960 年 4 月江苏省文物工作队南京分队在西善桥附近的建设工地调查太岗寺新石器时代遗址时偶然发现,并随即展开了考古发掘。[①] 宫山大墓开口朝东。研究者基于墓葬的规模、形制结构,结合历史文献的记载,对该墓的时代和墓主人提出了多种意见,有南朝陈废帝、临海王陈伯宗墓、刘宋孝武帝刘骏景宁陵等不同意见,至今尚无定说。

墓坑开凿在自然山体的斜坡上,上有封土。墓道和墓门虽遭严重破坏,但墓室保存良好。墓向 N—70°—E,由封门墙、甬道、石门和墓室组成,平面呈"凸"字形,全长 8.95 米,宽 3.1 米,高约 3.3 米。

墓室左右两壁往外弧出,穹隆顶。墓室长 6.85 米,宽 3.1 米,复原高度 3.45 米。墓室四壁采用三顺一丁的砌法,左右两壁和后壁各砌有 1 组直棂假窗和桃形壁龛。墓室中部往后整体砌出棺床,高 18 厘米,长 3.6 米,与墓室同宽。棺床之上安置石质棺座,左侧棺座长 3.2 米,宽 74 厘米,右侧座床长 2.92 米,宽 70 厘米,棺座上散乱分布着较多的铁棺钉。墓室前部紧靠着棺床,整齐地放置着 4 件石块,石块高 42 厘米,边长 18 厘米,推断应是灯台,同时也具有划定礼仪空间的功能。

中部往后的左右两壁上装饰着拼砌砖画,画面均宽 2.4 米,高 80 厘米。砖画的下缘较棺床面高出 50 厘米。两壁砖画统称为"竹林七贤与荣启期",南壁为嵇康、阮籍、山涛、王戎 4 人,北壁

[①] 南京博物院、南京市文物保管委员会:《南京西善桥南朝墓及其砖刻壁画》,《文物》1960 年第 8、9 期。

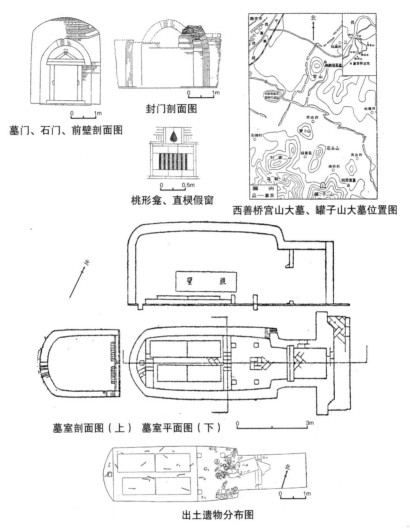

墓门、石门、前壁剖面图

封门剖面图

桃形龛、直棂假窗

西善桥宫山大墓、罐子山大墓位置图

墓室剖面图（上）墓室平面图（下）

出土遗物分布图

图 8　南京江宁西善桥宫山大墓

为向秀、刘伶、阮咸和荣启期。

　　墓室内出土有陶俑、陶器、青瓷器、青铜器、铁器、玉环、滑石猪等遗物。

二、南京西善桥罐子山大墓（推测为陈宣帝陈顼显宁陵）(图9)

西善桥罐子山大墓发现于 1960 年 3 月,南京市文物保管委员会随即对之采取了保护措施,1961 年,南京博物院和南京市文物保管委员会联合对墓葬进行了发掘。[①] 墓葬位于南京市西南郊江宁区(今雨花台区)西善桥油坊村标高 104.3 米的罐子山北坡,墓葬所在地标高约 30 米,坐南朝北,北部为较为开阔的山谷平地,东、西两侧有小山体环抱。基于墓葬的规模、形制结构,结合历史文献的记载,判断该墓极有可能是南朝晚期陈宣帝的显宁陵。

该墓有巨大的封土,封土呈椭圆形,周长约 141 米,高约 10 米。墓葬的营建过程可分为 4 个程序:1. 葬地的选择,墓坑的开凿;2. 墓室、甬道,墓门的砌筑;3. 埋葬和葬具,随葬品的放置,封门;4. 回填,夯筑封土。墓坑呈长方形,开凿在自然山体上,长 45 米,开口部宽 11 米,底部宽 9 米。墓坑北侧与墓道相连,墓道长 30.5 米。排水沟起自墓室,经墓道底部通往墓外的水池方向。

墓葬为平面呈"凸"字形的单室砖墓,由封门墙、甬道、石门和墓室组成。甬道券顶,宽 1.75 米,高 3 米。甬道内设置两道石门,第一道石门距甬道口 2 米,第二道石门在第一道石门内 1.5 米。甬道最前部的东壁上砌有狮子砖画。此外,砌于甬道外壁的砖墙,各层砖之间有 20 厘米厚的石灰层,用以防止砖墙的崩落。

墓室四壁均外弧,看不出明显的四角,穹隆顶。墓室长 10 米,宽 6.7 米,高 6.7 米。四壁均用三顺一丁的砌法砌成,因损毁严重,具体情况不明。为防止墓坑塌方,营建时在墓坑的两壁砌筑了护坡墙,墙高 7 米,宽 9.35 米。墓室严重被盗,随葬品所剩

[①] 罗宗真:《南京西善桥油坊村南朝大墓的发掘》,《考古》1963 年第 6 期。

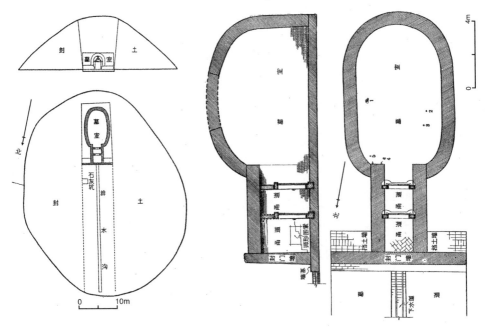

封土、墓室、排水沟平面图　　　墓室剖面图（左）　墓室平面图（右）

图9　南京江宁西善桥罐子山大墓

无几,仅出土陶制女俑、陶器残片、青瓷碗、玉玦、鎏金铜器残片等。

三、丹阳胡桥鹤仙坳大墓(推测为齐始安王萧道生修安陵)(图10)

胡桥鹤仙坳大墓发现于 1965 年 11 月,并由南京博物院主持发掘。[①] 墓葬位于丹阳市东北郊水经山南侧的仙塘湾鹤仙坳,墓坑开凿在标高约 100 米的山体斜面上,墓坑所在地标高 75 米。墓坑南面平坦的狭长形谷间平地,两侧有低矮的山丘环抱。谷间平地的南段设置石兽,石兽与墓葬之间为神道,相距约 510 米。

---

① 南京博物院:《江苏丹阳胡桥南朝大墓及砖刻壁画》,《文物》1974 年第 2 期。

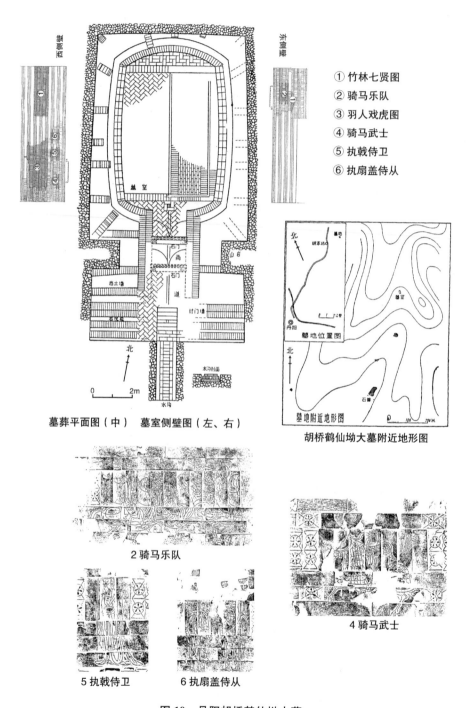

① 竹林七贤图
② 骑马乐队
③ 羽人戏虎图
④ 骑马武士
⑤ 执戟侍卫
⑥ 执扇盖侍从

墓葬平面图（中）　墓室侧壁图（左、右）

胡桥鹤仙坳大墓附近地形图

2 骑马乐队

4 骑马武士

5 执戟侍卫

6 执扇盖侍从

图 10　丹阳胡桥鹤仙坳大墓

基于墓葬规模、形制特征,结合历史文献的记载,该墓被推断为南朝齐始安王萧道生的修安陵。

墓葬为平面"凸"字形的单室砖墓,由封门墙、甬道、石门和墓室组成,全长 15 米,宽 6.2 米,高约 4.5 米。墓向 N—157°—E,基本上坐北朝南。

墓上原有大型封土。墓葬的营建过程可分为 4 个步骤:1. 葬地的选择,墓坑的开凿;2. 墓室、甬道、墓门的砌筑;3. 埋葬和葬具,随葬品的放置,封门;4. 回填,夯筑封土。墓坑开凿在自然山体上,长 18 米,宽 8 米,深 4 米。

墓室四壁略往外弧,穹隆顶。墓室长 9.4 米,宽 4.9 米,复原高度 4.35 米。四壁用三顺一丁的砌法砌成。为防止墓坑塌方,在墓室和甬道的外壁与墓坑之间筑有 23 道挡土墙。排水沟起自墓室,经墓道底部通往墓外的水池,总长达 190 米。

因大面积坍塌,墓室与甬道保存状态不佳,但依然能够确认墓室内部砌筑的砖画。甬道两壁全部坍塌,但从残砖上可以确认"狮子"的铭刻,与其他墓例进行比较,可以推断甬道两壁砌有狮子和武士砖画。墓室东壁后部残存竹林七贤及其下部的骑马乐队砖画。西壁后部同样残存竹林七贤砖画,前部残存羽人戏虎及其下部的执扇盖侍从、执戟侍卫、骑马武士砖画。

因墓葬被盗严重,残存的随葬器物较少,且大多为碎片,能够判断形态的有陶俑、陶屋、陶盘、陶罐、陶盆、陶座、青瓷罐、石俑、石板、铁刀剑及金、玉饰品等。

四、丹阳建山金家村大墓(齐东昏侯萧宝卷陵)(图 11)

建山金家村大墓位于江苏省丹阳市建山镇金家村(又称"金

王陈村"),1968 年 10 月由南京博物院主持发掘。① 丹阳市东北郊经山周围分布着 5 座南朝萧齐陵墓,由此形成了萧齐帝王陵墓区,建山金家村大墓即为其中的一座。

墓葬位于北侧大头山和东侧秃头上、西侧西山围起的山谷北端、南面比较宽阔的谷间平地。墓上有圆形封土,当地称为"皇(王)坟墩"。墓葬往南 600 米处有一处水塘,南北约 20 米,东西约 300 米;水塘往南 200 米处现存一对石兽,石兽间距 32 米。发现时西侧石兽已半埋在地下,东侧石兽倒在旁边的小水塘中,推测原本位于神道上的水塘面积应该更大,这对石兽即立于水塘两侧。墓室、水塘、石兽均依墓葬的轴线分布。

墓葬为"凸"字形单室砖墓,由封门墙、甬道、石门和墓室组成,全长 13.6 米,墓向为 N—176°—E,基本上坐北朝南。

甬道券顶,长 5.2 米,宽 1.77 米,高 3.28 米,内设两道石门。甬道口外侧有彩绘壁画,因褪色和剥落严重,画像内容不明,或为龙凤一类的题材。甬道内还砌有砖画,甬道口与第一道石门之间顶部有太阳、三足乌和月亮、玉兔捣药砖画,两壁是带有"狮子"铭的狮子砖画。第一道石门与第二道石门之间的两壁上是武士砖画。

墓室平面呈截角长方形,穹隆顶。墓室长 8.4 米,宽 5.17 米,残高 5.3 米。四壁以三顺一丁的组合砌成,左右两壁与后壁各有 2 处直棂假窗和桃形壁龛。墓室地面高出甬道地面 15 厘米,中间部分也较周围略高。为加固墓室,墓室外壁与墓坑之间砌有 15 道挡土墙。排水沟自墓室伸向墓外。

墓室内部也砌有砖画。东壁前部是羽人戏龙砖画,但保存状

---

① 南京博物院:《江苏丹阳县胡桥、建山两座南朝墓葬》,《文物》1980 年第 2 期。

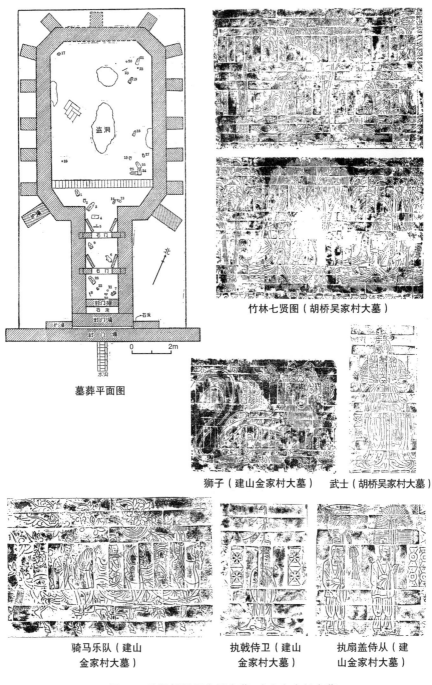

墓葬平面图

竹林七贤图（胡桥吴家村大墓）

狮子（建山金家村大墓） 武士（胡桥吴家村大墓）

骑马乐队（建山
金家村大墓）

执戟侍卫（建山
金家村大墓）

执扇盖侍从（建
山金家村大墓）

图11 丹阳胡桥吴家村大墓、建山金家村大墓

态不佳,较难辨识。西壁前部是羽人戏虎砖画,旁有"大虎"。在羽人戏龙、羽人戏虎砖画上部,各有 3 个飞天形象,旁题"天人"。羽人戏龙、羽人戏虎砖画之后是竹林七贤与荣启期砖画,据题记,东壁自前往后为嵇康、刘伶、山涛、阮步兵(阮籍)4 人,西壁自前往后为荣启期、阮咸、山司徒(山涛)、王戎 4 人。然而,从人物的服装、所持物品和姿态等特征判断,人物形象与题榜之间存在着较大的差误,"刘伶"应是阮籍之误,"阮步兵"是王戎之误,"荣启期"是向秀之误,"阮咸"是刘伶之误,"山司徒"是阮咸之误,"王戎"是荣启期之误。

墓葬盗扰严重,残存的随葬器物不多,仅存陶俑、陶质明器、石俑、石马槽、石祭台、青瓷器、五铢钱、漆器等少量物品。

五、丹阳胡桥吴家村大墓(推测为齐和帝萧宝融恭安陵)(图 11)

胡桥吴家村大墓位于江苏省丹阳市胡桥吴家村,1968 年 8 月由南京博物院发掘,与上述建山金家村大墓一样,是丹阳市东北郊南朝萧齐帝王陵墓区范围内的一座。[①]

墓葬位于北侧的北山和东侧庙山、西侧西山围合成的山谷北端,坐北朝南,面对开阔的谷间平地。发掘时确认有圆形夯筑封土,封土南北 28 米,东西 30 米,高 8 米,当地通称"皇(王)坟山"。墓葬前方有方形水塘,与墓室之间的距离约 500 米。

墓室为平面"凸"字形的单室砖墓,由封门墙、甬道、石门和墓室组成,全长 13.5 米,墓向为 N—155°—E。

甬道券顶,长 5.3 米,宽 1.73 米,残高 1.9 米,内设两道石门。甬道口外侧有彩绘壁画,但因推测和剥落难以辨认,或为龙凤一类的题材。甬道内确认有拼砌砖画。甬道口与第一道石门

---

① 南京博物院:《江苏丹阳县胡桥、建山两座南朝墓》,《文物》1980 年第 2 期。

之间两壁砌有狮子砖画,旁题"狮子"铭文。第一道石门与第二道石门之间砌有武士砖画。

墓室平面呈截角长方形,穹隆顶。墓室长 8.2 米,宽 5.19 米,残高 5.1 米。后壁完全坍塌,保存较差。墓室的形制结构与建山金家村大墓几乎一致。

墓室两壁砌有拼砌砖画。东壁前部为羽人戏龙,旁有"大龙"题榜。西壁前部为羽人戏虎,旁有"大虎"题榜。羽人戏龙和羽人戏虎上方各有 3 个飞天,旁题"天人"。东、西壁后部砌竹林七贤与荣启期砖画。东壁第 1 人和第 2 人因盗掘而不存,比照保存状态较好的金家村大墓,东壁自前往后应为嵇康、刘伶、山涛、阮步兵 4 人,西壁自前往后为荣启期、阮咸、山司徒、王戎 4 人。人物与身旁题名之间的差误也与金家村的一样。

墓室盗扰严重,残存的随葬器物较少,仅见陶俑、陶质明器、石俑、石马、石马槽、石祭台、石臼、五铢钱和漆器残片等。

六、南京栖霞尧化门梁南平王萧伟墓(图 12)

梁南平王萧伟墓位于南京东北郊栖霞区北家边。墓葬营建于被称为"老米荡"的狭长谷地的北端,1978 年底农田开发时发现,1979 年初南京博物院与南京市文物管理委员会联合发掘。[1] 墓葬神道口发现一对石柱,残存柱座、华盖、小型碑额和部分柱身。小型碑额上残存"梁故侍中中抚"字样,依据墓葬的规模、形制特征、墓志等,判断为南朝梁南平王萧伟墓。2000 年 10 月至 12 月,为配合附近的道路建设,南京市文物研究所结合"六朝帝王陵寝考古"课题,对该墓神道石刻周边再次进行调查和发掘。

---

[1] 南京博物院:《南京尧化门南朝梁墓发掘简报》,《文物》1981 年第 12 期;南京市文物研究所、南京市栖霞区文化局:《南京梁南平王萧伟墓阙发掘简报》,《文物》2002年第 7 期。

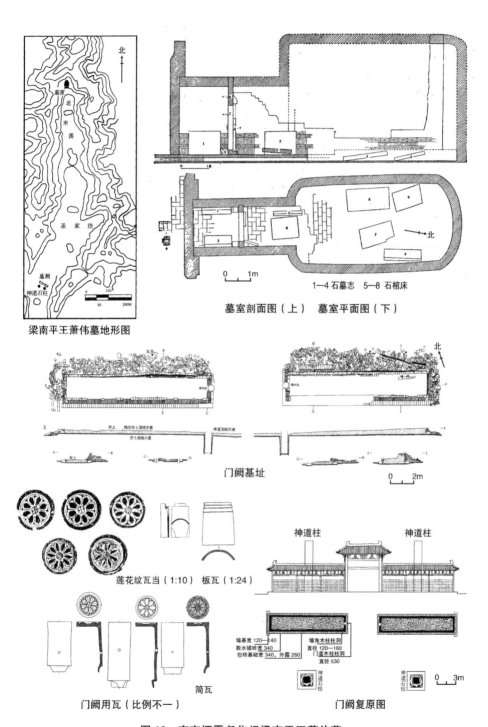

梁南平王萧伟墓地形图

1—4 石墓志　5—8 石棺床

墓室剖面图（上）　墓室平面图（下）

门阙基址

莲花纹瓦当（1:10）　板瓦（1:24）

简瓦

门阙用瓦（比例不一）

墙基宽 120—140
散水铺砖宽 340
包砖基础宽 340，外露 260

神道柱　　神道柱

墙角木柱柱洞
直径 120—160
门道木柱柱洞
直径 530

神道石柱　神道石柱

门阙复原图

图 12　南京栖霞尧化门梁南平王萧伟墓

　　墓葬上原有 6.8 米高的圆形封土,墓室位于封土之下。与墓葬相关的土质土色与周边基本相同,发掘时未能明确判明墓坑的范围和形状等与墓葬营建规划相关的现象。墓葬为平面呈"凸"字形的长方形单室砖墓,由封门墙、甬道、石门和墓室组成,全长 10.25 米,墓向 N—4°—E,基本上坐北朝南。

　　甬道长 4.05 米,残高 2.04 米,券顶。甬道中部设置石门一道。甬道和墓室均用大小不等的莲花纹砖砌成。

　　墓室四壁略往外弧,四角呈抹角圆形,穹隆顶。墓室长 10 米,宽 3.48 米,高 4.44 米,仅存墓室后部约 50 厘米的墓顶,其他部位的墓顶和墓壁均坍塌,保存状况不佳,仅出土墓志、陶器、陶俑、青瓷器、石板、铜器残片等少量随葬物品。

　　2000 年神道石刻周围的调查发掘,发现了位于神道石柱北侧的东西门阙遗存。门阙遗存为东西对称的两处建筑基址,总长 29.3 米,宽 5.6 米,其中西阙东西长 11.82 米,南北宽 1.94 米,东阙东西长 11.81 米,南北宽约 2.03 米。两阙的间距为 5.67 米,作为门道贯穿神道。门阙内部夯筑而成,夯层厚 10 厘米,四周包砖。门阙基座的四角均发现柱洞,其中东阙的东南角和西阙的西南角均为 2 个柱洞构成一组,柱洞直径 15～20 厘米,深 1.5～2米。位于门道两侧的东阙西南角和西阙东南角的柱洞较大,直径 53 厘米,深约 1.5 米,柱洞内尚存木柱痕迹。门阙四周用砖砌出散水。遗址周围出土大量莲花纹瓦当、筒瓦、板瓦、铁钉等建筑材料,推断门阙上原有砖木结构的阙楼建筑。

七、南京栖霞山甘家巷梁安成王萧秀墓(图 13-1)

　　梁安成王萧秀墓位于南京市东北郊栖霞山甘家巷北环状山丘中部的洼子塘山南坡。洼子塘山标高 73.32 米,是附近山丘的

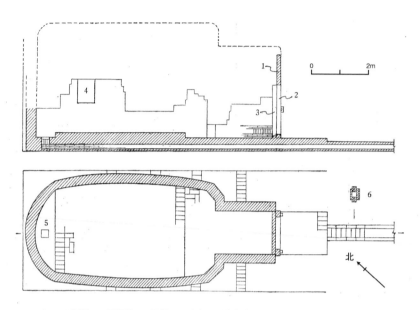

1 门拱　2 石门柱　3 石门　4 壁龛　5 排水沟口　6 排水沟剖面

1 梁安成王萧秀墓　墓室剖面图（上）　墓室平面图（下）

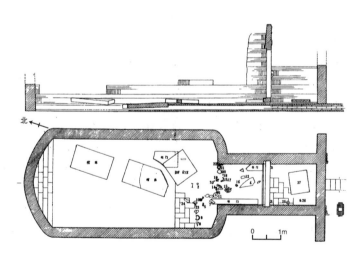

1 滑石猪　2 瓷盏　3、18 铜钱　4 残石门　5、6 陶凭几　7、24 石器足　8 陶杯　9、14 陶盘
10 陶香薰盖　11、21 陶托盘　12 石门臼　13 陶魁　15 陶灯　16 陶屋　17 瓷壶把　19 陶砚
20 瓷碟　22 陶俑　23 残陶器　25 瓷唾壶　26 陶俑头　27 石墓志　28 石祭台

2 梁桂阳王萧象墓　墓室剖面图（上）　墓室平面图（下）

图 13　南京栖霞山甘家巷梁安成王萧秀墓、桂阳王萧象墓

最高峰。1974 年 10 月至 1975 年 1 月,为配合甘家巷一带的土地开发,南京博物院与南京市文物管理委员会对其进行了调查并发掘。近侧甘家巷小学内几乎保存完整的神道石刻群,被认为是萧秀墓前的石刻。①

墓葬为平面呈"凸"字形的单室砖墓,全长 10.8 米,墓向为东南—西北。甬道中设一道石门,石门外的甬道部分全部被毁。复原推定甬道长约 4 米,宽 1.5 米,推定复原高度约 3 米。石门推定位于甬道中部。

墓室为四壁略往外弧的抹角长方形,顶部完全塌陷,形状不明。墓室长约 6.4 米,宽 3.3 米,复原高度约 3.3 米。两侧墓壁的后部设有壁龛,后壁下设置排水窨井。墓室底部设有棺床,墓室外壁与墓坑之间设有挡土墙。

八、南京栖霞山甘家巷梁桂阳王萧融墓

梁桂阳王萧融墓位于南京市东北郊栖霞区甘家巷西南的山丘地带,面临开阔的平地,东南约 1 千米处现存一对石兽。1980 年 9 月,因石油化工厂的建设而发现,据出土墓志,该墓为梁桂阳王萧融及其妻王慕韶的夫妇合葬墓,并因此推断位于墓葬东南部的一对石兽为梁桂阳王萧融夫妇墓前的神道石刻。②

墓葬的保存状况极差,仅可知是平面呈"凸"字形的长方形单室砖墓,墓向 N—156°—E。墓葬全长 9.8 米,墓室宽 3.15 米,残高 1.78 米。墓室四壁略往外弧,砌法为三顺一丁,墓顶完全崩塌,形制不明。

---

① 南京博物院、南京市文物保管委员会:《南京栖霞山甘家巷六朝墓群》,《考古》1976 年第 5 期。

② 南京博物院、阮国林:《南京梁桂阳王萧融夫妇合葬墓》,《文物》1981 年第 12 期。

九、南京栖霞山甘家巷梁桂阳王萧象墓(图 13-2)

梁桂阳王萧象墓,1988 年 10 月南京炼油厂建设工程中发现,南京博物院主持发掘。① 墓葬位于南京市东北郊栖霞山西南约 2 千米,甘家巷北约 1.5 千米,南京炼油厂西南通称刘家塘的小型谷地北端。墓葬前方尚存一处池塘,推测原本应是墓前的池塘。墓葬背后有相对高出的冈阜,东西两侧有往外伸出的余脉,南面开阔的平地,墓葬所在地点标高 35.3 米。据出土墓志,断定墓主人为梁桂阳王萧象。

在炼油厂建设之前,墓葬原存低矮的封土,发掘时已被削平,其高度及直径不明。墓葬为平面呈“凸”字形的单室砖墓,由封门墙、甬道、石门和墓室组成。墓葬全长约 9.7 米,宽 2.96 米,残高 2.28 米,墓向 N—160°—E,基本上坐北朝南。甬道长 3.14 米,残高 1.18 米,两壁及顶部几乎全部坍塌,残存一道石门基座。

墓室早年遭盗,毁坏严重,保存状态极差,墓壁和顶部大部分已坍塌。墓壁三顺一丁,左右壁呈直线型,前壁与后壁往外弧出,墓室长 6.48 米。排水沟从墓室往外延伸,据遗迹现象和墓葬所在地地形判断,应该一直延伸至谷底平地的水塘,总长约 200～300 米。

墓葬被盗严重,残存的随葬器物极少,仅出土墓志、陶俑、陶器、瓷器、五铢钱、滑石猪和石祭台等少量遗物。

十、南京马群白龙山南朝墓(梁临川王萧宏墓)(图 14)

白龙山南朝墓位于南京市东北郊栖霞区马群镇大庄行政村孙庄自然村标高 78.9 米的白龙山北麓中段。墓葬背倚山

---

① 南京博物院:《梁朝桂阳王萧象墓》,《文物》1990 年第 8 期。

峰,标高 41.6 米,面临平地,墓葬之北约 40 米处分布着数个水塘。[1]

墓葬发现于 1994 年 1 月,栖霞区文管会随即对之采取了保护措施。1997 年 7 月,因白龙山的开发迫近墓葬封土,南京市博物馆对之进行了抢救性发掘。出土墓志虽磨泐严重无法释读,但据墓葬的规模、形制特征、出土遗物和墓前神道石刻等,墓主可判断为萧梁临川靖惠王萧宏。

墓上有封土,呈南北长东西略窄的椭圆形状,周长约 50 米,高 3 米余。封土中夹杂着大量的石灰块和砖块。封土之下的墓坑开凿在红褐色砂岩山体上,从墓室中砌出的排水沟一直延伸至墓前的水塘。

墓葬为平面呈“凸”字形的单室砖墓,由封门墙、甬道、石门和墓室组成,全长 13.4 米,墓向 N—12°—W,基本上呈南北方向。甬道券顶,长 5 米,宽 1.5 米,残高 2.6 米,复原高度 3.4 米。甬道中设置石门一道。

墓室四壁略往外弧,券顶。墓室长 7.7 米,宽 3.7 米,高 5.25 米。左右壁南部和后壁改为设有“凸”字形壁龛。墓底铺砖,但因毁坏,严重铺砌状况不明。墓室左右壁外侧北端与墓坑之间砌有 2 道挡土短墙,加固墓室并防止墓坑的坍塌。墓室中出土了残长 1.3 米,宽 93 厘米,厚 10 厘米的大型石板,位置虽然有所移动,但可以推断原本设有石棺座。墓壁外侧涂满厚 10～15 厘米的石灰层,起到了防湿作用。因墓葬被盗严重,出土遗物极少,能判明形状的仅陶、瓷、铜、铁、石等质地的遗物 31 件。

---

[1] 南京市博物馆、栖霞区文管会:《江苏南京市白龙山南朝墓》,《考古》1998 年第 8 期。

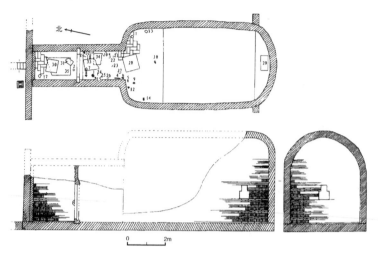

墓室平面图（上）　墓室剖面图（下）

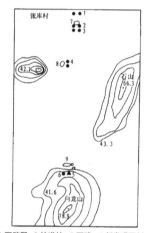

1 石辟邪　2 神道柱　3 石碑　4 新发现石刻
5 白龙山 M1　6 新发现墓葬封土　7、8、9 水塘

南京白龙山南朝墓周围地形图

石门

图14　南京马群白龙山南朝墓

第四节　江南六朝陵墓的特征

不同时期江南六朝陵墓的考古学特征可作如下总结。此外，因南朝分为前后四个朝代，帝陵及王侯墓的发掘事例相对较多，亦可总结出不同朝代的时代特征和帝陵与宗室墓之间的具体差异。

一、东吴陵墓

1. 墓葬为由安置棺木的主室、过道、前室、甬道、耳室等组成的多室墓。

2. 墓室外附有斜坡墓道和排水沟，排水沟的长度可达数十米甚至百米以上，排水沟通向墓葬前方的斜坡或坡下的水道。

3. 帝陵和皇族墓葬设有 1～2 道石门，其他宗室墓不设石门。

4. 棺木安置的方向与墓向一致，头朝墓门。

5. 墓坑开凿在丘陵的斜面上，墓坑内砌筑墓室。

6. 墓葬上有夯筑的封土。

7. 墓室以外的地面上建有相应设施，有墓上建筑和墓外建筑。

二、东晋陵墓

1. 墓室平面呈"凸"字形的大型单室砖墓，附有短甬道，拱顶。

2. 墓室外建有排水沟，长度在数十米以上。也有在墓前斜坡下在开凿水塘承接排水沟来水的现象。

3. 墓葬甬道内使用木门。

4. 墓室建于开凿在山体斜坡上的墓坑之中。

5. 原则上不立封土,回填后外观与自然山体融为一体。

6. 可能设有墓前建筑、陵墙、墓碣等简单的外部设施。

三、南朝陵墓

1. 墓室平面呈"凸"字形的大型单室砖墓,附有短甬道,拱顶。

2. 长大的排水沟自墓室内伸向外部,注入墓前方的水塘。

3. 甬道内设置1~2道石门。帝后陵设2道石门,王侯墓设1道石门。石门的门额上浮雕人字形拱,其形制的演变具有时代特征。

4. 夫妇合葬墓居多。

5. 墓室建于开凿在山坡上的墓坑内,亦有建于封土之下者。

6. 墓上有大型封土。

7. 神道入口的两侧立有石兽、神道柱、龟趺石碑、门阙等地上建筑。

8. 墓葬营建在小型山谷之中,背倚丘陵,两侧有低矮山体环抱,面临谷间平地。墓室建造在谷地北端,谷地南端设置承接排水沟来水的池塘。

如上所述,江南六朝帝王陵墓,虽然在不同时代也呈现出了不同的特色,但总体来说具有相当的共性,即在墓葬选址上,墓葬营建在低矮丘陵的斜面上,前方必须要有池塘或水道等聚水的环境;墓上有夯筑的封土,在封土或山体本身这些广义的坟丘下营建墓室;棺木的方向与墓葬的轴线一致;墓室外的斜坡墓道最终被回填,墓葬处于完全封闭的状态;建有长达数十米甚至百米以上的长排水沟,始于墓室并伸向墓外。此外,甬道中设置1~2道墓门的做法,也是江南六朝陵墓共有的特征。

另一方面,例如在葬地的选择上,东吴、东晋选择正对聚水环境的山体,南朝则选择东、西、北三面环山的谷地,墓室营建在谷地北端的山体上,在谷地的南端设置水塘。甬道中设置1~2道石门,东吴时期可能只是一个原则,而南朝时期有了严格的规定,帝后陵墓设置2道石门,王侯墓中设置1道石门。也就是说,江南六朝陵墓的特征,虽然在相当程度上保持着共性,但在制度上的规定随着时代的变迁日趋严密。从这一点上可以看出,江南六朝的陵墓制度和相关理念在一步步走向变革和完备。

补记:2013年春,南京狮子冲南朝大墓发掘,笔者有幸参观了发掘现场。然而,笔者首次得知相关资料的概貌时本书已经脱稿。[①] 因正式报告尚未发表,笔者亦未对该墓形成整体认识,因此本书对该墓未作涉及,留待今后研究。

---

① 张学锋:《隋炀帝墓、昭明太子墓的发现——2013年江苏扬州曹庄大墓、南京狮子冲大墓的发掘》(口头发表资料),第57回国际东方学者会议关西部会,2014年5月31日,京都。

第二章 华北中原地区陵墓及其特征

第一节 曹魏、西晋陵墓

目前,经调查钻探的西晋陵墓有两处,即位于洛阳邙山东部的枕头山墓地和鏊子山墓地。枕头山墓地推断为西晋文帝司马昭的崇阳陵,鏊子山墓地推断为西晋武帝司马炎的峻阳陵。

一、河南安阳西高穴 2 号大墓(曹魏武帝曹操高陵)(图 15)

安阳西高穴 2 号墓位于河南省安阳县安丰乡西高穴村,墓葬所在地标高 105 米,较周边地势略高。墓葬无封土,墓向 N—70°—W,坐西朝东。[①] 墓葬为多室砖墓,由墓道、甬道、前室、后室、侧室组成,墓室全长 13.2 米,墓室之外的斜坡墓道长达 39.5米。前后室均呈正方形,边长 3.85 米,前室高 6.4 米,后室高 6.5米,四角攒尖顶。前后室南北两侧均附有侧室。墓室虽经多次盗掘,但依然出土了"魏武王常所用挌虎大戟""魏武王常所用挌虎短矛"铭石牌、铁甲片、石质饰品、陶器、青铜器、画像石残片等重要文物。

---

① 河南省文物考古研究所、安阳县文化局:《河南安阳市西高穴曹操高陵》,《考古》
  2010 年第 8 期。

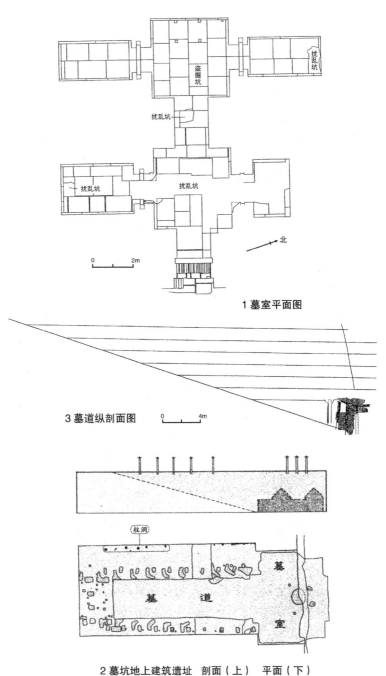

1 墓室平面图

3 墓道纵剖面图

2 墓坑地上建筑遗址　剖面（上）　平面（下）

图 15　河南安阳西高穴 2 号大墓

二、河南偃师枕头山墓地(西晋文帝司马昭崇阳陵)(图 16、
图 18－2)

枕头山墓地位于偃师市城关镇后杜楼村北邙山支脉枕头山之阳。经调查与钻探,确认共有 5 座墓葬,均坐北朝南。[①]

环绕墓群的东、西、北三面确认有陵墙,东墙长约 384 米,西墙长约 330 米,北墙长约 80 米。东墙基本呈南北直线状,西墙呈东北—西南走向,中途折为东西向,陵墙围成的墓地平面整体上呈反"L"字形。

陵域范围内发现了 2 处建筑遗存。一处位于陵墙的东北角,为一南北长 26 米、东西宽 9.5 米的夯筑台基。另一处位于西墙转折部位之南,为 3 处东西并列的夯土台基。东侧台基南北长 20 米,东西宽 9 米,呈反"L"字形;中部台基为方形,边长约 5 米;西侧台基南北长 15 米,东西宽 11 米,呈"L"字形。这 3 处台基无法组成相对复杂的院落建筑,因为形状大小各不相同,且相互之间的距离也无规律可循,因此推测为相互独立的小型建筑,寝殿等礼制建筑的可能性不大,如发掘者指出的那样,或是陵监等部门的驻处。此外,在上述东西并列的夯土台基之南约 15 米处,发现了长约 35 米的道路遗存,作为枕头山墓地内部通道的可能性非常大。但是,这条道路遗存应该只是沟通陵域内外的通道,不是与地下墓道相通的神道。

位于墓地东部的 1 号墓规模最大,且处于相对独立的位置,应该是墓地中身份地位最高者的墓葬,亦即西晋文帝司马昭的陵墓。其他 4 座则为陪葬墓,位于墓地的西部,分前后两排,每排各 2 座。

---

① 中国社会科学院考古研究所洛阳汉魏故城工作队:《西晋帝陵勘察记》,《考古》
   1984 年第 12 期。

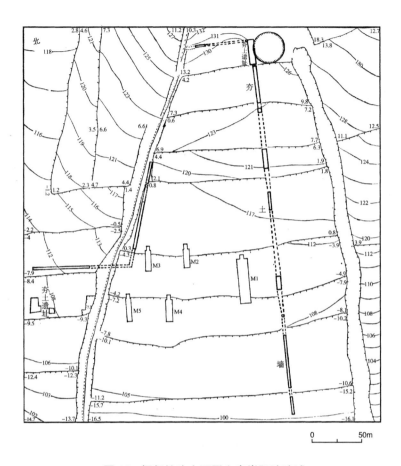

图16 偃师枕头山西晋文帝崇阳陵陵域

表一 枕头山墓地墓葬相关数据一览表 （单位：米）

部位 尺寸 墓号	墓道			墓室			备 注
	长	宽	深	长	宽	高	
枕M1	46	11	11	4.5	3.7	2.5	墓室地面铺砖；西南部有盗坑。
枕M2	18	6.5	5.8	5.5	3.8	1.5	墓室中部有盗坑。
枕M3	22	5.3	7	4.5	3.5	3	墓室地面铺砖；墓室前部有石质遗物或石门。

部位 尺寸 墓号	墓道			墓室			备　　注
	长	宽	深	长	宽	高	
枕 M4	24	6	7.5	5	3	2.5	墓室地面铺砖；墓室前部有盗坑，有石质遗物或石门。
枕 M5	22	7	10	5	3.8	2	墓室地面铺砖；中部有盗坑。

※据发掘资料，M4 与 M5 均由墓道、甬道、墓室三部分组成。各部位的具体数据如下。M4：墓道长 26.3 米，宽 6.3 米，深 7.8 米（从原生地表算起）。甬道长 2.6 米，宽 2.5 米，高 2.8 米。墓室长 4.7 米，宽 1.9 米，高 1.9 米。墓向南偏西 8 度。M5：墓道长 24.5 米，宽 7.3 米，深 9.5 米（从原生地表算起）。甬道长 2.7 米，宽 2.2 米，残高 4.2 米。墓室长 4.3 米，宽 1.8 米，高 1.6 米。墓向南偏西 10 度。

三、河南偃师鏊子山墓地（西晋武帝司马炎峻阳陵）（图 17）

鏊子山墓地位于汉魏洛阳城之东、偃师市首阳山镇南蔡庄村之北的邙山支脉鏊子山山腹，南望伊洛平原。[①]

经对墓地周边的调查，为发现有陵墙一类的遗存。墓地位于鏊子山南侧的缓坡上，背倚鏊子山山脊线北侧的陡坡，东、西两面有低矮山体环抱，或许是因为这样的地理环境，峻阳陵一开始就没有建筑陵墙，而是利用自然地形来框定陵域的范围。

墓地范围内共发现西晋墓葬 23 座，各墓相对集中，均坐北朝南，排列有序，且均为长斜坡土洞墓。位于墓地最东部的 1 号墓（M1），墓道长 36 米，宽 10.5 米，墓室长 5.5 米，宽 3 米，高 2 米，是该墓地中规模最大的一座。M1 在墓地中地位最高，推测为西晋武帝司马炎的陵墓。其他 22 座则为陪葬墓，分布在墓地的西

---

① 中国社会科学院考古研究所洛阳汉魏故城工作队：《西晋帝陵勘察记》，《考古》1984 年第 12 期。

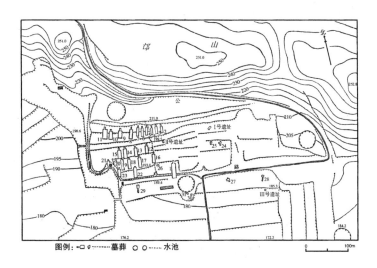

图 17　偃师鏊子山西晋武帝峻阳陵陵域

部,分前后 4 列,越往后墓葬之间的间隔越小。各墓的规模,墓道长 17～22 米,宽 5～8 米,墓室长度在 4.5～6 米之间,宽 2.5～3 米,高 1.5～2 米。陪葬墓墓主的身份地位,越靠前列应该越高,越靠后列越低。1930 年发现的西晋武帝贵人左芬墓志能够确认是该墓地的出土物,因此可以推断这批陪葬墓是晋武帝后宫女性的墓葬。

表二　峻阳陵墓地墓葬相关数据一览表　　　（单位:米）

部位 尺寸 墓号	墓道			墓室			备　注
	长	宽	深	长	宽	高	
峻 M1	36	10.5	9.5	5.5	3	2	墓室中部有盗坑。
峻 M2	19	·5.8	7	5	3	1.7	墓室地面铺砖。
峻 M3	19	5.8	7	5	3	1.7	墓室地面铺砖。
峻 M4	19	5.8	7	4.5	3	1.7	墓室地面铺砖;有盗坑。

续表

部位 尺寸 墓号	墓道			墓室			备 注
	长	宽	深	长	宽	高	
峻 M5	17	5	7.8	6.8	2.4	1.85	墓室地面铺砖;东南部 有盗坑。
峻 M6	19.2	6.5	8.2	4.3	2.3	2.05	
峻 M7	19	5.4	8.55	4.2	1.8	1.6	墓室地面铺砖。
峻 M8	23	8.1	11	5.8	2.4	1.8	墓室地面铺砖。
峻 M9	18	9.3	11.6	6.3	3.4	2.55	墓室西南部有盗坑。
峻 M10	18	7.3	11	4.8	3.2	1.5	墓室地面铺砖;东南部 有盗坑。
峻 M11	22.4	9	11	6.5	2.5	2.5	墓室地面铺砖;中部有 盗坑。
峻 M12	18.4	6.6	7.55	5.9	3	1.85	墓室地面铺砖。
峻 M13	20.4	7.2	8.75	5.9	2.5	1.92	墓室地面铺砖;中部有 盗坑。
峻 M14	22	7.8	9	6	2.5	1.7	墓室地面铺砖。
峻 M15	19	8.2	10.4	6.75	2.9	2.3	墓室地面铺砖;西北部 有盗坑。
峻 M16	19	6	?	5.5	3	2	墓室地面铺砖。
峻 M17	23.5	6	8.3	6	2.8	1.7	墓室地面铺砖;南部有 盗坑。
峻 M18	23	6.2	7.6	3.8	2.8	1.8	墓室中部偏东有盗坑。
峻 M19	24	6	7.3	3.6	2.4	1.7	墓室地面铺砖;西南部 有盗坑。
峻 M20	17	7	8.3	4.7	3.2	2	墓室地面铺砖;西北部 有盗坑。
峻 M21	12.6	5.9	8.7	5	3	3?	墓室地面铺砖;中部有 盗坑。

部位 尺寸 墓号	墓道			墓室			备　　注
	长	宽	深	长	宽	高	
峻 M22	23	7	11.7	4.2	2.6	2	墓室地面铺砖；西南部有盗坑。
峻 M23	16.4	5.8	11.7	5	3	2.4	墓室东南部有盗坑。

从枕头山、鏊子山墓地的考古资料中，一定程度上可以归纳出西晋帝陵的特征。西晋选择在邙山山系面南的缓坡上营建陵墓；帝陵与陪葬墓群共同构成墓地内涵，或建设陵墙或利用自然地形之便框定陵域范围；陵域范围内，基于尊卑关系、按前者为上的原则确定墓葬的具体位置；帝陵与陪葬墓之间，未见明确的空间区隔设施；作为墓外设施，发现有小规模的建筑台基、陵墙、道路等遗存，但未发现安置石刻的迹象。

最近，枕头山与鏊子山之间的首阳山山麓，发现了大型西晋帝陵的陪葬墓区。① 墓葬均为长斜坡墓道土洞墓，没有封土，埋葬结束后回填，外观与周边自然地形的高低倾斜一致，属于典型的潜埋。与墓葬的全长相比，墓室极小，但无论墓葬规模大小，均开凿带有二层台的长斜坡墓道。在帝陵墓地之外发现高等级的陪葬墓地，让我们意识到西晋帝陵区的构成格外复杂。

《三国志·魏书·文帝纪》记载曹魏文帝曹丕立有《终制》，"寿陵因山为体，无封树，无立陵寝，造园邑，通神道"，于是"自后园邑寝殿遂绝"。《晋书·礼志中》亦载西晋宣帝司马懿告诫"不坟不树，作顾命终制，敛以时服，不设明器"。上述与陵墓选址、墓室、封土相关的考古成果，与历史文献的记载基本一致。

① 洛阳市第二文物工作队、偃师市文物局：《河南偃师市首阳山西晋帝陵陪葬墓》，《考古》2010 年第 2 期。

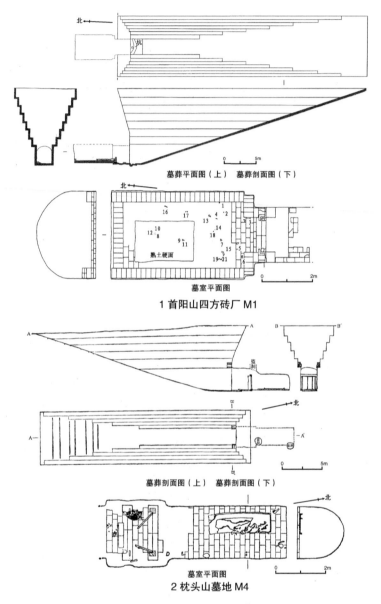

墓葬平面图（上）　墓葬剖面图（下）

墓室平面图

1 首阳山四方砖厂 M1

墓葬剖面图（上）　墓葬剖面图（下）

墓室平面图

2 枕头山墓地 M4

图 18　首阳山西晋帝陵陪葬墓与枕头山西晋文帝崇阳陵陪葬墓

然而，上述文献所载陵邑、寝殿于是终绝的记载，与考古资料之间存在着一定的矛盾。西晋武帝司马炎在咸宁四年（278 年）的诏书中强调要禁绝石兽碑表。《宋书》卷三十三《五行志四》中载"晋惠帝永康元年六月癸卯，震崇阳陵标西南五百步，标破为七十片"。《晋书》卷四《惠帝纪》亦载永康元年六月"癸卯，震崇阳陵标"。可见永康元年六月雷电将邙山文帝崇阳陵"陵标"击碎是事实。所谓"陵标"，指设置在陵墓之前书有被葬者官爵名讳的石柱。据上述文献可知，西晋文帝崇阳陵即枕头山墓地原本设有石柱。如此，从考古资料来看，曹魏文帝薄葬诏中所言"夫葬者藏也，欲人之不得见也"的理念令人生疑。近年来，与曹魏、西晋相关的考古成果，显示了与文献记载之间较大的差异。

尽管如此，墓室与封土的发掘结果与文献记载有着高度的一致性，是否仅在外部设施上与事实之间存在着乖离，这些问题需要慎重对待，期待今后有了更多与陵墙、陵园内外部设施相关的调查资料后再作探讨。最后需要强调的是，曹魏、西晋时期，因魏武王曹操的遗令和文帝曹丕的薄葬令为契机形成的薄葬理念，在此后的西晋、东晋作为丧葬制度得到了继承，在礼制规范上产生了深远的影响，也就是说，曹魏文帝的薄葬令并不是一道一时性的诏命，事实上是对丧葬制度的改革。

第二节　北魏帝陵

北魏帝陵可以分为 4 个陵区，即云中金陵、盛乐金陵、金陵这 3 处"金陵"和洛阳北郊邙山陵区。"金陵"的具体位置和相关情况至今不甚明了，能够推测的是代国时期至北魏早期的"云中金陵"位于内蒙古自治区托克托县一带，盛乐时期的"盛乐金陵"位于内蒙古自治区和林格尔县一带或呼和浩特市南郊的"昭君墓"，平城时期营建的"金陵"位于山西省朔州市北右玉县一带。① 此外,洛阳邙山西部营建的北魏陵区,安葬着孝文帝迁都洛阳至北魏分裂为东、西魏为止的帝后宗王。洛阳北部的邙山,东汉以来形成了大量的陵区和贵族墓葬区,一直以来都是王公贵族和高级官员憧憬的传统葬地。邙山地区 1946 年曾出土过"文昭皇太后山陵志",据志文记载,孟津县官庄村东的大墓即为北魏孝文帝长陵。目前,邙山北魏陵墓中,孝文帝长陵、文昭皇后陵、宣武帝景陵、孝庄帝景陵已经得到确认,诸陵之外,还分布着元怿、元乂等宗室成员墓葬。

一、北魏冯太后永固陵、孝文帝寿陵万年堂(图 19)

永固陵与万年堂位于山西省大同市镇川乡方山(西寺儿梁山)南部。永固陵是北魏文成帝拓跋濬文明皇后冯氏的陵墓,万年堂为孝文帝拓跋(元)宏的寿陵,两者南北排列,相距约 700 米,南侧为永固陵,北侧为万年堂。②

永固陵的封土上圆下方,下部方坛,方坛之上呈圆形,现高22.87 米。方坛南北 117 米,东西 124 米。墓葬坐北朝南,地下部分由墓道、前室、甬道和后室组成,总长 17.6 米。墓道南北长5.9 米,东西宽 5.1 米,高 5 米;墓道北端有砖砌封门墙;墓门高4.15 米,宽 3.95 米。前室长 4.2 米,宽 3.85 米,高 3.8 米,平面呈梯形,拱顶。前后室之间的甬道长 6.98 米,宽 1.7 米,高 2.2米,拱顶。前后甬道口均设有大型石门。后室长 6.4 米,宽 6.83米,高 7.3 米,平面近方形,四壁略往外弧,四边券进式穹隆顶。

---

① 古鸿飞:《北魏金陵初探》,《山西大同大学学报(社会科学版)》第 22 卷第 5 期,2008年;刘溢海:《北魏金陵研究》,《北朝研究》第六辑,北京:科学出版社,2008 年。

② 大同市博物馆、山西省文物工作委员会:《大同方山北魏永固陵》,《文物》1978 年第7 期。

从甬道壁面残存的石灰痕迹判断,推测两道石门内外及甬道中原砌有 5 道封塞砖墙,发掘时仅残存甬道南端石门外的一道。砌筑墓室使用的各式砖多达 20 余万块。墓室地面原本亦全部铺砖,大多数铺地砖制作精良,规格统一,是宫廷特制的高等级用砖。

与永固陵相同,万年堂的封土亦称上圆下方形,高约 13 米,

方山永固陵及相关设施分布图

墓室内部（前室—石门）

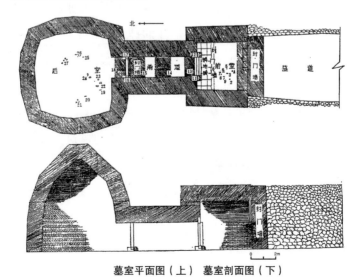

墓室平面图（上）　墓室剖面图（下）

图 19　山西大同方山北魏冯太后永固陵

方坛边长约 60 米。墓葬坐北朝南,地下部分由墓道、前室、甬道和后室组成。墓葬原有 3 座门,均用砖块封塞。前室和甬道已大部被毁,甬道残长约 10 米,宽 2.46 米,高 2.51 米,拱顶。甬道前后原有两道石门,今仅存门框。后室平面方形,南北长 5.68 米,东西宽 5.69 米,高 6.97 米,四壁略往外弧,四边券进式穹隆顶。

二、北魏孝文帝长陵(图 20)

孝文帝长陵位于邙山上的河南省孟津县官庄村东,同一陵园内还葬有文昭皇后,与长陵异穴异坟。2004 年的调查,确认了长陵陵园的遗址范围。[①] 主要遗迹有陵园四面的夯土陵墙、西墙和南墙上的门址、陵墙外壕沟、陵园内的人工排水渠、水井、窑址和陵园建筑基址。陵园平面近方形,东西宽 443 米,南北长 390 米。陵园四周建有夯筑墙垣,墙外开有壕沟。陵墙正中开陵门,保存较好的南门推测为三门道牌坊式陵门。

孝文帝长陵位于陵园南北中轴线的偏北部,封土平面呈圆形,现存最大直径 103 米,高约 21 米,夯筑,封土外侧有环壕。与墓室相连的长斜坡墓道完全叠压在封土之下,未伸出封土之外。墓道方向 179 度。自封土往南延伸的神道两侧立有石翁仲。封土南侧有一处砖砌台基。封土往南 21 米处发现两座对称的石基座,推测是安置石像的基座。由此再往南 46 米,发现一对对称的细长竖穴土坑,推测也是墓外所置石刻留下的痕迹。帝后陵封土之南约 60～90 米处发现一处形制尚不明朗的建筑基址,推测与陵园内部的祭祀设施有关。

孝文帝陵封土西北约 106 米处是文昭皇后陵,封土平面呈圆

---

① 河南省文化局文物工作队:《洛阳北魏长陵遗址调查》,《考古》1966 年第 3 期;洛阳市第二文物工作队:《北魏孝文帝长陵的调查和钻探——"洛阳邙山陵墓群考古调查与勘测"项目工作报告》,《文物》2005 年第 7 期。

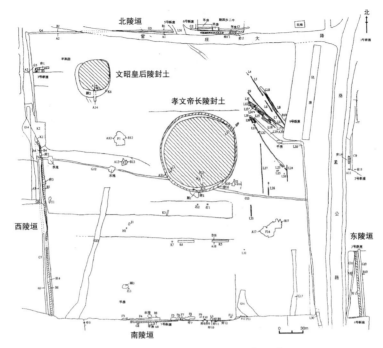

图 20　洛阳邙山北魏孝文帝长陵

形,现存直径 42 米,高约 15 米,夯筑,经调查发现长斜坡墓道方向 180 度。

三、北魏宣武帝景陵(图 21)

北魏宣武帝景陵位于邙山上的洛阳市邙山乡冢头村,北距孝文帝长陵 5 千米。有大型夯筑封土,封土平面呈圆形,最大直径110 米,现存高度为 24 米,顶部平坦。墓葬坐北朝南,单室砖墓,全长 54.8 米,由墓道、前甬道、后甬道和墓室组成。[1]

长斜坡墓道开口于封土的南缘,水平长 40.5 米。前甬道平面呈横长方形,东西约 3.4 米,南北约 2.4 米,高 3.78 米,青石板

———————————

[1] 中国社会科学院考古研究所洛阳汉魏城队、洛阳古墓博物馆:《北魏宣武帝景陵发掘报告》,《考古》1994 年第 9 期。

铺地,券顶。后甬道平面呈纵长方形,长5.12米,宽1.94米,高约2.8米,券顶。后甬道南端有第二道封门墙,将前、后甬道区隔开来。后甬道与墓室之间设置石门。石门由门楣、门额、立颊、门坎、门扇等石质构建组成。墓室平面近方形,四壁略往外弧,南北长6.73米,东西宽6.92米,高9.36米,四边券进式穹隆顶。

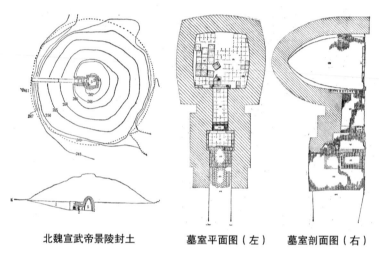

北魏宣武帝景陵封土　　　墓室平面图（左）　　墓室剖面图（右）

图21　洛阳邙山北魏宣武帝景陵

　　景陵的墓室与北魏其他帝陵有着较大的差异,这缘于非常特殊的墓葬用砖。青灰色砖不仅制作精良,胎土细致,烧制火候高,而且在入窑烧制前,砖坯的六面均经打磨,烧成后表面的光泽度极高。再者,墓室的壁面和墓顶均涂以黑色涂料,发出黑色的光泽,墓室内部整体上呈现出了漆黑的空间。

　　墓室内东半部安置随葬品,西半部安置石棺床。因墓葬严重被盗,随葬品遗留不多,能够复原的仅青瓷器、釉陶器、陶器、石器、铁器等45件,其中,龙柄盘口壶、陶盏托、方形四足陶砚具有代表性。

就北魏陵墓而言,经过山西大同冯太后永固陵的发掘与洛阳邙山孝文帝长陵近期的调查研究,陵园的布局逐渐明了。冯太后永固陵选择在两条河流之间的舌状山梁上营建陵园,有很强的通过自然地形框定陵园范围的意识。

北魏帝陵的墓葬形制通常是前后双室墓,后室平面近方形,四壁略往外弧,采用四边券进式穹隆顶,墓内不绘制壁画。迁洛以前的"金陵"属于族葬墓地,其特征是历代帝陵集中在同一个地点,父辈的墓葬两翼安置子辈的墓葬,同辈兄弟的墓葬排成数列。① 北魏的丧葬制度在冯太后永固陵之后发生了变化,出现了明确的陵园区划,并出现了思远浮屠这样的陵寺,夯筑高大的封土,恢复了东汉以来陵寝制度和谒陵仪式。另一方面,鲜卑固有的"凿石为祖宗之庙"的旧习也得以继承,出现了中国传统丧葬制度与鲜卑旧习相结合的新的丧葬制度。

北魏迁洛后,陵墓制度再次发生变化。决意迁洛的孝文帝,其葬身之地的长陵,封土不再采用上圆下方的形式,改用圆形,四周建立陵墙,框定陵园范围,四面陵墙上开设陵门,陵园内神道两侧安置石人等石刻和地上建筑。还有,一改原本在墓门上雕刻武士像或在墓室内随葬武士俑的做法,在封土前方树立大型石人的做法,也是迁洛以后的一大变化。封土前方安置大型石人的制度也被以后的帝陵所继承,这从宣武帝景陵、孝庄帝静陵的调查发掘中均已得到确认。② 这些要素,很明显是对汉代陵寝制度主要特征的继承。只是陵园内的建筑,在邙山东汉帝陵中位于封土的东侧,而在北魏孝文帝长陵中则位于封土的东南,与东汉传统存

---

① 宿白:《北魏洛阳城和北邙陵墓——鲜卑遗迹辑录之三》,《文物》1978 年第 7 期。
② 洛阳博物馆、黄明兰:《洛阳北魏景陵位置的确定和静陵位置的推测》,《文物》1978 年第 7 期。

在一定的差异。

第三节 东魏、北齐帝陵

北魏分裂成东、西魏后,以今河北省和山西省为中心的华北东半部成为东魏的疆域。东魏孝静帝元善见迁都邺城后,在邺城之西营建"西陵",其父元义之墓亦建于此。公元 550 年,高洋废孝静帝建立北齐,西陵一带作为北齐皇宗墓地继续使用。

一、东魏孝静帝元善见西陵

东魏孝静帝西陵位于河北省磁县讲武城镇前港村东南的丘陵斜坡上,当地称为"天子冢"。封土高约 30 米,直径 120 米,平面面积在 1.3 万平方米以上。据考古调查资料,四周建有陵墙。陵墙用红色黏土掺杂河卵石夯筑而成,现存遗址宽 3 米,残高 80 厘米。陵园边长 1 140 余米,平面近方形。周边能采集到莲花纹瓦当、筒瓦、板瓦等遗物,推测当时在封土附近和陵园南墙外神道两侧存在地面建筑。

二、北齐神武皇帝高欢义平陵

义平陵位于河北省磁县讲武城镇大冢营村之北,当地称"大冢"的高大封土,今被推测为高欢的义平陵。封土周边破坏严重,直径难以测算,现高约 30 米。因尚未展开考古调查与发掘,具体情况不明。

高欢是北齐第一代皇帝高洋之父,虽名为东魏大丞相,但生前完全控制着东魏朝廷,是事实上的北齐创立者。高欢死后谥献武王,北齐建国后,先追谥献武皇帝,后改谥神武皇帝。因高欢在东魏孝静帝西陵东北择地建了义平陵,因此,这一带也成为北齐皇帝和宗室的陵墓区。

三、河北磁县湾漳北齐大墓(北齐文宣帝高洋武宁陵)(图 22)

湾漳大墓位于河北省磁县磁州镇后湾漳村东南、石人湾漳村东北、磁县县城西南 2.5 千米的滏阳河南岸。发掘前封土已基本被削平,调查结果推测原本平面面积 8 000 余平方米,估计应是高约 30 米,直径约 150 米的巨大封土。封土位置之南残存一件石人,推测原本应有两件。此外,在封土之南约 250 米的神道入口处两侧,发现了地上建筑的基址。①

墓葬由长斜坡墓道、甬道和墓室组成,总长 52 米,墓向 N—5°—E,基本呈正南北方向。斜坡墓道露天开掘,从封土的复原范围来看,墓道应该全部被封土覆盖,南端墓道口不会伸出封土之外。斜坡墓道长 37 米,两壁用土坯砌成,表面涂石灰,白灰面上彩绘壁画。两壁绘制出行仪仗,仪仗上方的卷草纹、卷云纹、莲花纹之间绘制青龙、白虎和神兽形象,东壁的青龙与西壁的白虎对称。墓道地面夯实之后也绘有彩绘图案,与墓道方向一致的两道暗红色粗条将墓道地面分成左中右三栏,中间一栏绘制仰莲纹,左右两栏绘制忍冬莲花纹,墓道地面整体呈现出铺上地毯的感觉。

甬道全长 6.7 米,券顶,正方形青石板铺地。甬道南端顶部用砖砌出门墙,门墙正面绘制大型朱雀,周围配以神兽形象和卷草纹、卷云纹。甬道内有三重封墙,第二道封墙与第三道封墙之间安置石门,石门外两侧安置大型陶俑,两壁绘制门卫像。

墓室平面近方形,四壁略往外弧,南北长 7.56 米,东西宽

---

① 中国社会科学院考古研究所、河北省文物考古研究所:《磁县湾漳北朝壁画墓》,北京:科学出版社,2003 年。

7.4 米,高 11.8 米(复原高度 12.6 米)。四边券进式穹隆顶,墓顶绘制银河星象图。墓室四壁分上中下三栏绘制壁画。上栏绘制动物像,中栏绘制神兽像,下栏绘制人物像。用磨制光滑的正方形青石板铺地,墓室西侧设须弥座形石棺床,侧面彩绘忍冬、莲花等纹样。棺床周围围以青石,正面中部的石面上彩绘莲花纹。墓室内随葬大量的陶俑、陶质镇墓兽、陶质模型明器、陶瓷器、石灯和玉石制品等。

北齐帝陵与北魏帝陵有着较多的共性,封土呈圆形,四周设陵墙,长斜坡墓道,单室砖墓,随葬大量的陶俑等。据《魏书·外戚传·胡国珍》记载,被追号为秦太上君的胡国珍妻,下葬时"太后以太上君坟痤卑局,更增广,为起茔域门阙碑表。侍中崔光等奏:'案汉高祖母始谥曰昭灵夫人,后为昭灵后,薄太后母曰灵文夫人,皆置园邑三百家,长丞奉守。今秦太上君未有尊谥,陵寝孤立,即秦君名,宜上终称,兼设扫卫,以慰情典。请上尊谥曰孝穆,权置园邑三十户,立长丞奉守。'"可见北魏也通行夯筑封土,树立门阙碑表,设置陵邑。《魏书·官氏志》亦言:"武定二年十一月,有司奏,齐献武王勋高德重,礼绝群辟。昔霍光陵邑亦置长丞主陵,今请置长一人、丞一人、录事一人、户曹史一人、禁备史一人、侍一人,皆降帝陵官品一等。其侍依旧。诏可。"东魏被北齐取代前的武定二年(544 年),为褒扬高欢的功勋,为其设置了陵邑和属官。从这些记载中可以判断,北齐帝陵也具备了大型封土、门阙碑表、陵邑等外部设施,还配备了陵墓管理和主持祭祀的属官。

以上这些特征,均承袭自北魏的陵寝制度。但另一方面,在墓室和斜坡墓道上绘满华丽的大型壁画,露天开凿斜坡墓道等丧葬礼仪空间的创设,是北魏时所不见的,这应该是北齐陵墓制度的新内容。

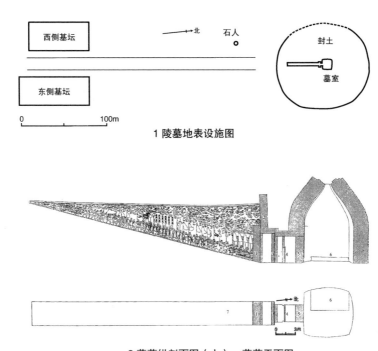

1 陵墓地表设施图

2 墓葬纵剖面图（上）　墓葬平面图

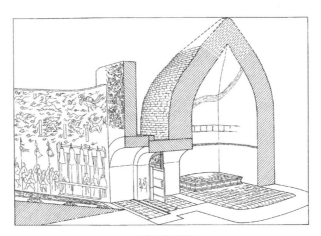

3 墓室复原图

图 22　河北磁县湾漳北齐大墓

第四节　西魏、北周帝陵

北魏分裂后,西魏领有华北地区的西半部,以长安为都城,不久后为北周所代。西魏先后历文帝元宝炬、废帝元钦、恭帝元廓三帝,其陵墓的具体情况尚不明了。

今陕西省咸阳市北郊渭水北岸的咸阳原上,广泛分布着北周时期的帝陵和大中型墓葬,其中,底张镇和咸阳国际机场一带被确认为北周帝后和宗室成员的陵墓区。北周代魏后,追谥宇文泰为文帝,其后历孝闵帝宇文觉、明帝宇文毓、武帝宇文邕、宣帝宇文赟和静帝宇文阐五帝,有明确资料的帝陵仅见武帝宇文邕孝陵。不过,北周最高级贵族田弘墓的墓葬经完整的科学发掘,其表现出来的各种现象,是了解北周帝陵特征的重要参照资料。

一、北周武帝宇文邕孝陵(图 23)

武帝孝陵位于陕西省咸阳市渭城区底张乡陈马村东南。因附近农田中古墓被盗,陕西省考古研究所与咸阳市考古研究所联合对之进行了抢救性发掘。据出土遗物,该墓为北周武帝宇文邕与皇后阿史那氏合葬的孝陵。①

在调查发掘中,未发现孝陵存在封土、石刻、地上建筑等外部设施的迹象,原本是否建有陵墙、壕沟等陵园要素,目前也无法确知。

墓葬由长斜坡墓道、5 个天井、5 个过洞、4 个壁龛、甬道、墓室组成,全长 68.4 米,墓向 N—10°—W,基本呈南北向,墓道开

---

① 陕西省考古研究所、咸阳市考古研究所:《北周武帝孝陵发掘简报》,《考古与文物》1997 年第 2 期。

口朝南。墓道水平长度 31.5 米，宽 2.6～2.8 米。开于墓道顶部的天井边长 1.9～2.1 米，窄于墓道，呈细长的立方体状。过洞为券顶。壁龛位于第 4、第 5 天井下的墓道两壁，第 4 天井下的东壁龛和第 5 天井下的东、西壁龛中出土了陶质明器、陶俑、金属带具、铜镜、玉器、铁器等随葬器物。甬道南北长 3.9 米，高 2.1 米，券顶，入口处内外用土坯封堵。甬道入口往内约 2 米处安置木门，甬道地面铺砖。

墓室为单室土洞墓，地面铺砖，平面呈"凸"字形，后壁上开有较大的壁龛。墓室南北长 5.5 米，东西宽 3.8 米，东西并列安置两具木棺。墓内因盗扰严重，仅出土"孝陵志石""武德皇后志石""天元皇太后"印、铜镰斗、陶质明器、陶俑等遗物。

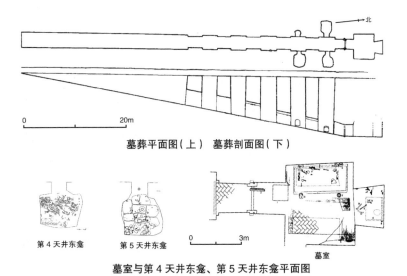

墓葬平面图（上）　墓葬剖面图（下）

第 4 天井东龛　　第 5 天井东龛　　　　　　　墓室

墓室与第 4 天井东龛、第 5 天井东龛平面图

图 23　陕西咸阳北周武帝孝陵

二、北周田弘墓（图 24）

北周田弘墓位于宁夏回族自治区固原市原州区开城镇大堡

村,处于固原市城区西南郊南北倾斜的缓坡台地的中轴线上。1996年,由文物研究部门和大学相关专业组成的中、日原州联合考古队主持发掘。①

该墓墓主田弘历任北周柱国大将军、大司空、少保、都督襄郢昌丰塘蔡六州诸军事襄州刺史,建德四年(575年)薨卒,赠少师、原交渭河洮岷鄯七州诸军事、原州刺史,谥襄公,与其妻合葬。

发掘前封土已基本被削平,具体形状不明,据发掘调查,可复原为直径31米,高5米余,呈不规则圆形。封土的中心略偏于墓室中央之北,意在避免直接叠压在墓道和天井之上。第3、第4天井为最终合葬时开凿,第5天井在合葬前一直呈开放状态,合葬完毕后增筑封土将其覆盖。

墓葬是由斜坡墓道、5个天井、5个过洞、甬道、墓室组成的长斜坡墓道土洞墓,全长52.21米,墓向基本呈南北向,墓道开口朝南。墓道长45.3米,倾斜角度为12度,开凿在原生山体上,经工具夯打,壁面光整。第4过洞中有砖砌封门墙。通向墓道顶部的天井基本呈立方体。甬道南北长2.16米,东西宽1.32～1.48米,残高1.38米,顶部已坍塌,推测为拱形券顶。甬道中部设置木门,发掘时残存两侧门框。甬道和墓室地面铺砖。甬道木门之内的两壁上残留壁画痕迹,但保存状况极差,无法判断内容。

墓室由主室、后室、侧室组成,地面全部铺砖。主室平面基本呈正方形,南北长3.14～3.26米,东西宽3.18～3.27米。南壁上的壁画仅留下部分色彩,内容不明。东壁仅存部分人物像的下肢。西壁壁画人物像的头部和下肢因剥落而滑落在一起。北壁的后室入口处两侧为两人一组的武士像。墓顶也会有壁画,但

① 原州联合考古队:《北周田弘墓——原州联合考古队发掘调查报告2》,东京:勉诚出版,2000年。

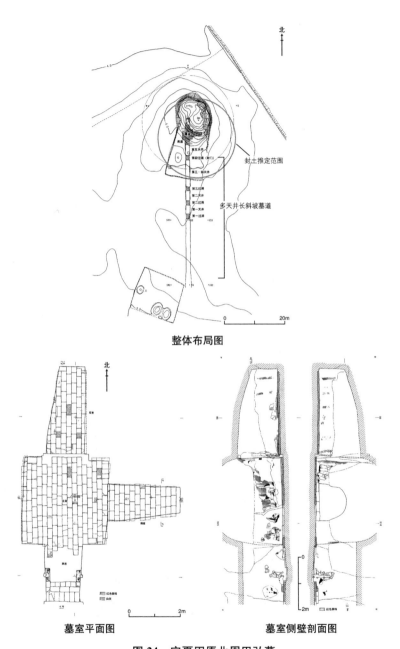

整体布局图

墓室平面图

墓室侧壁剖面图

图 24 宁夏固原北周田弘墓

因剥落严重,内容难以判明。从东西两壁残存的人物像下肢的朝向判断,人物为立像,均朝着墓门方向站立。主室西北角与北壁相接的位置,安放着田弘夫人的木棺,木棺东西向,墓主头朝东。

后室开凿在主室北壁中部,平面呈前宽后窄的长方形,南北长3.32米,室门宽1.46米,后壁宽59厘米,顶部已塌落,推测原本应为拱形顶。后室地面亦铺砖,原本设有木门,发掘时仅残存西侧砖砌门柱痕迹。东西壁和后壁均存壁画痕迹,系在白色壁面上绘制的红色条带,红色条带区分壁面的上下栏,但条带之间未绘制任何内容,呈空白状。后室中部偏南,安置着田弘的木棺。

主室东壁中部开有侧室,东西长2.78米,南北宽0.93～1.34米,顶部塌落,推测应为拱顶。南北两壁和后壁的白色壁面上,也绘有红色条带纹。

墓室出土了玻璃珠、陶器、陶俑、漆器、纱冠、玉器、云母片等随葬遗物,田弘木棺中还出土了拜占庭金币。

三、北周李贤夫妇合葬墓(图25)

北周李贤夫妇合葬墓位于宁夏回族自治区固原市原州区深沟村南500米,墓葬所在地是六盘山北麓向前伸出的倾斜台地。[①]

该墓主人李贤为北周柱国大将军、大都督,天和四年(569年)薨卒。其妻吴辉卒于西魏大统十三年(547年),据该墓出土墓志所载,李贤卒葬时迁与合葬。

发掘前封土形状已不完整,调查时可确认残存封土底部直径12.5米,残高5米,呈不规则圆形,亦未发现封土以外的地面设

---

① 宁夏回族自治区博物馆、宁夏固原博物馆:《宁夏固原北周李贤夫妇墓发掘简报》,《文物》1985年第11期。

施。墓葬为由斜坡墓道、3 个天井、3 个过洞、甬道和墓室组成的长斜坡墓道土洞墓，全长 52.21 米，墓向基本呈南北向。墓道往南伸向封土之外，墓道开口未被封土叠压。墓道长 42 米，倾斜度约 20 度，第 3 过洞中的墓道底部呈一段下沉的阶梯状，倾斜度稍大。天井基本呈长立方体状。

甬道南北长 2.2 米，东西宽 1.35 米，自两壁高 1.47 米处开始起砖券，形成高 1.55 米的拱顶。甬道口外侧用土囊和砖砌封门墙，墙高于甬道。甬道口之内约 25 厘米处残存木门痕迹。甬道地面铺砖，西壁上开壁龛。甬道后半部和东壁因坍塌严重，具体情况不明。

墓室为单室，东西长 4 米，南北宽 3.85 米，基本呈正方形。墓顶和四壁坍塌严重，四壁残存高度仅 0.3～1.75 米，推测原本在四壁高 1.8 米以上处开始掏挖拱形墓顶。墓室地面全部铺砖，西半部放置两具木棺，推测西壁下安放夫人吴辉的木棺，其东侧为李贤的木棺，头部均南向。

墓葬的保存状态极差。墓道、过洞、天井、甬道、墓室原本均绘有壁画。第 1 过洞口上部和甬道口上部绘制重檐门楼图，第 2 过洞口上部与第三过洞口上部绘制单檐门楼图。墓道、过道、天井的东西避免对称地绘制武士像，能够确认墓道中 2 幅，过洞计 6 幅，天井计 12 幅。墓室四壁绘制侍从伎乐图，因损毁严重，仅能确认所绘人数和人物的形象特征。

墓室出土了李贤墓志、夫人吴辉墓志、镇墓兽 2 件、陶俑 253 件、陶质模型明器 16 件、陶器 21 件、磨花玻璃碗和波斯萨珊朝所制鎏金银壶 1 件、其他金银器 9 件，以及珠玉器、铜铁器等随葬遗物。

如上所述，北周内容明确的帝陵仅见武帝宇文邕孝陵一座，其他均为高等级的贵族墓葬，虽然尚不足以全面把握帝王陵墓的

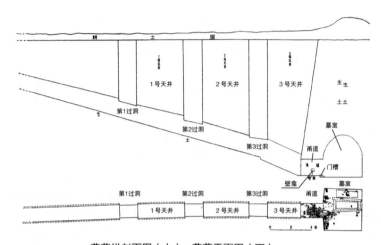

墓葬纵剖面图（上）　墓葬平面图（下）

图 25　宁夏固原北周李贤夫妇合葬墓

特征,但参考高等级贵族墓葬的形制特征,对北周帝王陵墓的基本特征还是能够做一些推论的。

1. 长斜坡墓道土洞墓,墓道上均有数个天井。

2. 在带有封土的墓葬中,为不影响长斜坡墓道和天井,封土的位置往往偏后。在明确意识到今后需要合葬时,暂时留出墓道和天井的部位,等合葬结束后再行全面覆盖。

3. 长斜坡墓道或甬道两壁设置复数的壁龛。

4. 墓葬原则上绘制壁画。

5. 甬道内或墓室口设置木门。

6. 封土规模相对较小。

从既有资料来看,以上特征虽然也适用于归纳北周的帝王陵墓,然而,不确定的方面尚多。墓道两壁设置壁龛的墓葬仅见武帝孝陵,其他如在第 5、第 6 过洞两壁设置壁龛的有叱罗协墓①,

① 负安志:《中国北周珍贵文物》,西安:陕西人民美术出版社,1993 年。

在墓道天井下两壁设置壁龛的有宇文猛墓①,甬道内设置小型壁龛的有李贤夫妇合葬墓,等等,设置壁龛的墓葬只是一部分,它们与不设置壁龛的墓葬之间,并不一定存在被葬者官品、职位上的差异。还有,田弘墓仅墓室内绘制壁画,而李贤夫妇合葬墓从墓道到墓室绘满壁画。再者,武帝孝陵未见任何与封土、石刻相关的外部设施,而尉迟运墓②、宇文猛墓地表上均确认有石兽、神道碑等外部设施,田弘墓原本存在神道碑的可能性也很大。武帝和明帝的遗诏和谯王宇文俭墓志③中均称沿袭古礼,不树不封,是否可以说明这种丧葬理念仅在帝陵中得到了贯彻? 但目前的资料尚不足以完全支撑上述推论。

如上所述,北周墓葬各有其个性,但在墓葬的结构、壁画的有无、壁画的内容等方面尚未看出明显的等级高低。目前,北周高等级墓葬的特征能够明确的只有如下两点:(1) 长斜坡墓道、多天井、多过洞、土洞墓;(2) 在最终埋葬结束前,封土并不完整,墓道和天井没有完全密闭。尤其是第二个特征,采取这样的造墓过程,可能不单是工程建设上的需要,更重要的可能是从外部可视的角度来理解陵墓的外观、建造过程和各种礼仪的威荣,这样的理解具有重要意义。

如文献所载,北周基于周制的薄葬思想对其墓葬制度在某种程度上产生了影响,这一点似乎不能否定。确实,封闭甬道或墓室使用木门,随葬品的质量也根本无法与同时期的北齐大墓相比,等等,影响可能是有的,然而,这些都是相对而言的。北周如

---

① 宁夏文物考古研究所固原工作站:《固原北周宇文猛墓发掘简报》,《宁夏考古文集》,银川:宁夏人民出版社,1996年。

② 负安志:《中国北周珍贵文物》,西安:陕西人民美术出版社,1993年。

③ 陕西省考古研究所:《北周宇文俭墓清理发掘简报》,《考古与文物》2001年第3期。

果真的基于"古礼"制定了明确的薄葬制度并加以实践,那么其墓制就不会如此缺乏应有等级秩序。墓葬规模的大小、随葬品的多寡等差异,在高层和低层之间当然有显著的表现,但看不出与官品和职位高低之间的关联。事实上可能是在共同的墓葬形制、丧葬仪式的基础上,更多地反映出了被葬者的出身、习俗、财力、权势等现实思考,具体的事例影响到了各自的墓葬个性。

因此,基于北周墓葬归纳出来的明显特征目前仅止于以下两点:长斜坡墓道、多天井墓葬形制的确立;墓室外(地面上)可视化埋葬仪式的展开。仅就考古学资料反映出来的事实而言,很难认为北周已经建立起了体系化的丧葬制度,以上总结出来的两个特征,也是北周统治的关中和华北西部地区墓葬体现出来的地域特征。

第三章　陵墓的外部空间

第一节　江南六朝墓墓外空间的特征

与江南六朝帝陵外部设施相关的资料和研究很少，以至于目前都很难对其整体面貌做一个概观。与帝陵相比，王侯等高等级贵族墓葬的资料则相对较多。结合这些资料，我们可以对帝陵的外部设施在某种程度上进行一些预判。这里，我们在前章掌握的考古学资料之外，参考历史文献的记载，对江南六朝帝陵的外部设施做一些推断。

一、东吴帝陵与宗室墓

作为东吴大型墓葬的南京上坊大墓和马鞍山宋山大墓，都能确认墓室之外存在封土和建筑类遗址。马鞍山宋山大墓封土据报道呈覆斗形，但并未公布具体的数据，因此很难判断宋山大墓的封土是否保持着原生状态。位于宋山大墓之东约 2 千米处的东吴朱然墓，也确认了墓室之上的夯筑封土，后室盗洞中还出土了不少六朝时期的板瓦和筒瓦，因此认为原本存在墓上建筑。[1] 朱然是

---

[1] 安徽省文物考古研究所、马鞍山市文物管理所：《安徽马鞍山东吴朱然墓发掘简报》，《文物》1986 年第 3 期。

东吴重臣,属高等级将军。参照朱然墓的各要素,鄂州市鄂钢饮料厂 M1 和孙将军墓原本存在封土和墓上建筑的可能性很大。

据以上墓例,墓葬建筑中至少有两类可以确认,一是建于自墓道开口部沿墓道延伸至封土边缘附近的墓外建筑,一是直接位于墓室之上的墓上建筑,这些建筑由砖瓦砌筑而成。墓上建筑,因在封土底部的墓坑开口处周边曾发现有柱洞,因此,应该是夯筑封土之前建设的。换言之,是在墓坑尚未回填之前建造并使用的建筑。墓外建筑则位于封土之上或封土之外,这些建筑是在墓葬营建的哪个阶段建设、使用的,目前尚无资料能够明确说明,但推测应该是墓葬完成以后才建设的。

此外,掘地开凿的墓道和长排水沟也是东吴墓葬的特征之一。墓道开在墓葬所在山体的斜面上,底部铺设排水沟,丧葬活动结束后回填夯实,与封土一起将墓葬的地下部分全部密闭。因此,墓道可以理解成墓葬在建设和埋葬过程中的建设用路。排水沟是起自墓室内部的设施,其出现与完善应与江南的多湿气候相关。排水沟的长度也多种多样,上坊大墓的排水沟长 300 米以上,直通墓葬前方的古河道。这种现象也非常值得注意,这象征着墓葬与其前方的水环境之间也存在着密切的关联。

《三国志》中与东吴陵墓相关的记载还有以下一些。

《三国志·吴书·孙登传》裴松之注引《吴书》:

> 初葬句容,置园邑,奉守如法,后三年改葬蒋陵。

《三国志·吴书·孙和传》:

> (孙)休薨,皓即阼,其年追谥父和曰文皇帝,改葬明陵,置园邑二百家,令、丞奉守。后年正月,又分吴郡、丹杨九县为吴兴郡,治乌程,置太守,四时奉祠。有司奏言,宜立庙京

邑。宝鼎二年七月,使守大匠薛珝营立寝堂,号曰清庙。

《三国志·吴书·孙皓传》:

> 冬十月,永安山贼施旦等聚众数千人,劫(孙)皓弟永安侯谦出乌程,取孙和陵上鼓吹曲盖。

"园邑二百家",是指在陵墓附近设立 200 户居民的城邑,承担陵墓奉守的经济功能,应该与西汉帝陵的陵邑相类。末帝孙皓将自己的父亲废太子、南阳王孙和改葬明陵,其后又在都城为其建立"寝庙",号曰"清庙"。孙和的"陵上"还辟有放置鼓吹乐器和伞盖等仪仗器具的空间。可见至少在东吴末期,在陵墓和都城两地均设有用于祭祀的礼仪空间,在各自的场所举行庙祭和陵祭。

二、东晋帝陵与宗室墓

东晋帝陵不夯筑封土,这一点在南京富贵山大墓的考古发掘中得到了确认,《建康实录》在总结东晋帝陵形制时,也仅在穆帝司马聃永平陵下注有坟"周围四十步,高一丈六尺",而永平陵之外的诸陵则"阴葬不起坟",可见东晋帝陵原则上继承了西晋的丧葬制度,墓室之上不筑封土。

前文曾引用历史文献得知洛阳邙山西晋陵墓上立有"陵标",这个做法也应该被定都江南的东晋王朝所继承。富贵山大墓的前方设有记载被葬者身份和埋葬年月日的石碣,这是否就相当于"陵标",这一点目前还不好断定。此外,从《宋书·礼志二》所载"至元帝太兴元年,有司奏:'故骠骑府主簿故恩营葬旧君顾荣,求立碑。'诏特听立。自是后,禁又渐颓。大臣长吏,人皆私立"一条可知,东晋元帝司马睿即位次年的太兴元年(318 年),高级官僚因特殊恩典允许私自立碑,薄葬之风事实上出现了松动。

还可以知道东晋有被称作"凶门柏历"的葬礼设施。这一设施应该是用木柱搭建起来的门楼,门楼下放置象征死者灵魂的祭器,葬礼结束后可能就会拆除。《晋书·元四王传》记载举行琅邪悼王司马焕葬礼时称:"将葬,以焕既封列国,加以成人之礼,诏立凶门柏历,备吉凶仪服,营起陵园,工役甚重。"《晋书·礼志中》亦称:"成帝咸康七年,皇后杜氏崩。诏外官五日一入临,内官旦一人而已,过葬虞祭礼毕止。有司奏:'大行皇后陵所作凶门柏历门,号显阳端门。'"可见东晋陵墓有陵园,并设置凶门柏历。

最近,南京东南郊江宁区梅家山发现的东晋墓地,为我们了解东晋贵族墓的外部设施提供了重要的资料。梅家山东晋墓地基本上保持着原生地貌,其中 M1 的外部设施由石墙、封土、砖石混砌的建筑遗址、柱洞、双层夯土台基、墓坑回填的土石和排水用的明渠和暗渠组成,较好地保持了东晋墓葬外部设施的各个要素。M1 的墓室中出土了"晋泰和四年毛氏"等文字砖,判断梅家山墓地是著名的武将毛氏的家族墓地。

梅家山 M1 的墓域面积约 2 400 平方米,在 M1 墓室南 50 米处,发现了残长约 15 米、残高约 80 厘米的石墙。石墙用不规则形的砂岩垒砌而成,石块的缝隙中填充河卵石。石墙下部使用的石材较大,上部的石材较小。在墓坑中部的表土层下,发现有砖石混合砌筑的建筑遗址,方向与墓室的朝向一致。建筑遗址长约 13 米,宽 2 米,残高约 30 厘米,建筑遗址的前部残存方形的柱础石。墓坑的两侧和后侧残存圆形或椭圆形的柱洞,部分柱洞的底部铺砖。此外,墓坑的两侧还发现有另外一组砖砌建筑遗址,墓坑的后侧有 4 座夯土台基,台基分上下两层。斜坡墓道长 22 米,宽 7 米,深 8 米,墓道内填土经夯实,上下共计 25 层,土层与石块层相间,每层之间均铺细密的黏土,增加填土的牢固程度。排水沟分明渠和暗渠两种。

参照梅家山 M1 的外部设施,可以推测东晋的陵墓亦与之相仿,存在墓上建筑的可能性很大。《宋书·符瑞志中》也透露了这方面的信息。《志》载:"永和五年十一月,太常刘邵上崇平陵令王昂即日奉行陵内,甘露降于玄宫前殿。"可见康帝司马岳崇平陵存在"前殿"。综合以上考虑,可以对东晋陵墓的外部设施作如下推断,并能因此展现陵墓的整体景观:

1. 墓葬本体原则上不立封土。

2. 墓葬本体的周围建有用于祭祀活动的"前殿"或墓上建筑。

3. 起自墓室内部的排水沟伸向墓外的池塘。

4. 包含上述设施的墓域周围建有陵墙。

5. 虽然无法断定是位于陵墙之内还是陵墙之内,但设有石碣或"陵标"。

东晋基本上继承了西晋制定的陵墓不设地上建筑、石刻等丧葬制度,然而,西晋丧葬制度的相关规定,事实上在东晋初年就已出现了松弛。还有,陵墓的前方设置水塘,搭建作为礼仪设施的"凶门柏历"等做法,均为西晋丧葬制度中所不见的,可以说是东晋时期出现的新现象。这些特征的形成,应该受到了江南本地丧葬习俗的影响。换言之,东晋一方面继承了西晋的丧葬制度,但又存在尝试吸纳江南丧葬习俗的可能性。

三、南朝帝陵与王侯墓

南朝帝陵选址的原则是在三面环山的谷地顶端建墓,地上建筑和石刻则安置在谷地入口处的平地上。

南朝帝陵多夯筑封土,封土的直径约为 30~45 米,高约 8~10 米,体量相当大。墓室外的斜坡墓道不长,长度与倾斜度依山体表面与墓坑之间自然地貌而定,仅起到沟通墓室与外部的通行功能。开凿在自然山体上的墓道,仅底部用砖铺设排水沟,不绘制壁画,墓道口附近也不设置墓上建筑。从安置神道柱、龟趺座石碑、石兽等石刻和阙门的谷口附近到墓葬本体之间的距离在数百米到一千米,形成观念上的神道。位于神道最外端的石刻和阙门,成为南朝陵墓空间的门户。从阙门两侧往周边延伸并包围陵域的陵墙,目前虽然尚未得到考古学资料的确认,但不排除使用了"行马"一类的有机质木栅或竹篱的可能性。

石刻、阙门之后的陵园内部神道周围是否存在地上建筑,这从梁临川王萧宏墓的发掘调查中可略作推测。萧宏墓神道两侧的石兽与神道柱之间池塘的断面上,发现有与墓葬同时期的砖瓦等建筑材料。虽然资料不够明确,但可以推测在安置石刻的陵园入口附近存在着礼制类建筑。文献资料亦可佐证这一推测。《宋书·符瑞志下》载:"泰始四年十一月辛未,崇宁陵令上书言,自大明八年至今四年二月,宣太后陵明堂前后数有光及无色云,又芳香四满,又五采云在松下,状如车盖。"明言有"宣太后陵明堂",可知在刘宋明帝刘彧泰始四年(468年)前后陵园内存在明堂建筑。葬于崇宁陵的宣太后,是文帝刘义隆之妃、明帝之母沈容姬,元嘉三十年(453年)薨卒,从这一记载中可以看出,在刘宋中后期陵园内设有地上的礼制类建筑。

此外,刘宋还继承了东晋搭建凶门柏历的传统。《宋书·礼志二》载:

> 宋文帝元嘉十七年七月壬子,元皇后崩。兼司徒给事中刘温持节监丧。神虎门设凶门柏历西上皜,皇太子于东宫崇正殿及永福省并设庐。诸皇子未有府第者,于西廨设庐。

从上述引文可知,凶门柏历设于建康宫城西正门神虎门,皇子们的祭祀活动也安排在宫内举行。东晋的凶门柏历设在陵园,刘宋的凶门柏历和相关礼仪均安排在宫内举行。与这一现象相关的问题可以参见《宋书·礼志二》的记载,《志》曰:"宋明帝又断群臣初拜谒陵,而辞如故。自元嘉以来,每岁正月,舆驾必谒初宁陵,复汉仪也。世祖、太宗亦每岁拜初宁、长宁陵。"刘宋文帝元嘉年间,每年正月谒陵成为定制,世祖孝武帝、太宗明帝继承这一制度,每年正月必须拜谒武帝刘裕初宁陵和文帝刘义隆长宁陵。西晋、东晋都已废除了作为陵祭仪式的谒陵或上陵,从上引《宋书·礼志二》的记载来看,或许宋文帝在位时期将陵祭仪式的中心转移到了陵园,在陵园举行陵祭仪式受到了重视。承自东晋的凶门柏历移到宫城,或许成为宫内一种可称作遥拜礼仪的行礼场所。

综上所述,南朝帝陵的外部空间和整体景观可复原如下:

1. 选择在三面环山的平谷地带划定陵域。

2. 墓葬本体有规模较大的封土。

3. 起自墓室内部的排水沟向外延伸,通向谷底的池塘。

4. 墓葬本体至谷口,有长达数百米至一千米长的神道。

5. 位于谷口的神道顶端安置石兽、石柱、石碑、门阙等石刻和礼制建筑,其近侧则为池塘或湿地。

6. 凶门柏历应该设在神道入口附近。

7. 包含上述设施的墓域周围设有木栅或竹篱作为陵墙。

8. 陵墙的重要地点立石碣。

在一定的共性基础上选择区隔较好的谷地作为陵域,将谷口附近作为陵域的入口,设置礼志性建筑作为陵祭仪式的场所,安置与之相关的石刻。这个场所既是陵墓空间的入口,同时也是凶门柏历和谒陵之际举行陵前仪式的场所。这些特征,都显示了陵墓的营建已经有了明确的制度,墓葬本体与陵前的礼制空间是密不可分的,充分体现了当时的礼制秩序与礼制思想。

第二节　南北陵墓的外部空间

上一节我们对陵墓的外部设施与陵园进行了概观,接下来有必要考虑这样两个问题,一是陵墓的外部空间又是什么样的面貌? 二是这种面貌又体现出了一种什么样的思想观念呢? 基于南北朝主要帝陵和大型墓葬外部空间的构成要素,可以将之归纳为以下四类(图 26)。

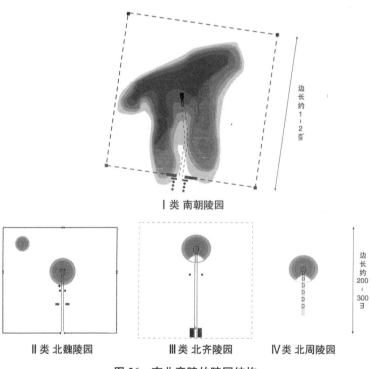

图 26　南北帝陵的陵园结构

Ⅰ类：具备宽阔的陵园。陵墓主轴线上有长达数百米的神道，神道入口处安置石柱、龟趺石碑、阙门、石兽等石刻。虽然尚未发现实例，但推测自阙门两侧往外设置木栅或竹篱类的行马，环绕整个陵园的四周。[①]

Ⅱ类：具备由陵墙环绕的陵园。墓室外接长斜坡墓道，墓道的外端延伸到丰体的边缘。封土之外建有地上建筑和神道，神道两侧安置石人。墓室与神道以及地上设施之间并不形成完全一体的关系。

Ⅲ类：墓室外接长斜坡墓道，墓道的外端延伸到封土的边缘。长斜坡墓道的两壁绘制各类丧葬仪仗和神兽，有的甚至在墓道地面上绘出象征地毯的彩画。封土外则有地上建筑和神道，神道两侧配置地上建筑和石人。以墓道为媒介，墓葬本体与神道、地上建筑类设施结合成一个整体，形成一个具有礼仪功能的空间。陵园周围可能存在陵墙，但目前尚无法断定。

Ⅳ类：没有陵墙，也没有明确的陵园区划。没有封土，也没有地上建筑、碑碣等地面设施。长斜坡墓道伸出封土外数十米，墓道外端部的周围，或许是举行祭祀礼仪的空间。长斜坡墓道顶部开凿数个天井。墓葬本体与神道、地上建筑类设施结合成一个整体，形成一个具有礼仪功能的空间。

那么，上述种种外部空间又是在一种什么样的思想意识下形成的呢？虽然不是本书的直接研究对象，但我们还是要关注一下西汉帝陵的平面形制。西汉帝陵周围建有方形陵园，陵墓位于陵园之中，体现了当时世界观中强烈的四方方位意识，是我们探究帝陵外部空间设计理念的典型事例。由此出发，我们想基于对六

---

① 王志高：《六朝帝王陵寝述论》，《南京晓庄学院学报》2004 年第 3 期；贺云翱、郭怡：《古代陵寝》，北京：文物出版社，2008 年。

朝墓和曹魏西晋北朝墓葬的研究,力图找出帝陵空间构造设计的思想和理念。因受三国两晋帝陵资料不足之限,我们将讨论的重点放在南北朝帝陵上。

南朝帝陵的外部设施,首先是在墓室开口方向的延长线上设置数百米乃至一千米的神道,神道顶端安置石柱、阙门、石兽等,成为表示陵园范围的明确区划(I类)。墓道并不长,完全不作装饰,设施亦仅见埋设在底部的排水暗渠。埋葬结束后,对墓坑和墓道进行回填,使之完全密闭于地下,外界无法窥视。墓道的这种形制特征,说明它的功能仅限于砌筑墓室和埋葬时的通道,埋葬完毕后就不起任何作用了。南朝的陵园范围非常大,尽管如此,从墓葬本体到神道口周围的广大空间即陵园内部并没有发现明确的地上设施,这一现象告诉我们,如此宽广的陵园,并不是以举行丧葬仪式和谒陵仪式为目的开辟的空间,因此不具有实用性。也就是说,南朝陵园的第一要义是封闭墓葬,陵园内的大部分空间不存在显著的礼仪行为的迹象,可以想象,各种仪式的举行仅限于神道入口处的阙门附近。因此,南朝帝陵各个部分的空间利用,具有不同的目的和场景,并不是完全为了与丧葬或陵墓相关的礼仪而构想的。总之,南朝陵园的第一要义是守护以皇帝为中心的那个"宇宙",为了保证这个宇宙的运行正常,维持这个宇宙的运行秩序,在作为区隔陵园内外的阙门附近安置石兽①,这不仅是夸示威严、守护陵墓,同时也是南朝统治阶层世界观的表现。

与之相比,北朝帝陵如作为北齐帝陵的河北磁县湾漳大墓和山西太原北齐贵族娄睿墓、宁夏固原北周贵族田弘墓等,在封土

---

① 林巳奈夫:《汉代诸神》(漢代の神々),京都:临川书店,1989 年;藤井康隆:《晋式金带具补考》(晋式带金具補考),《古代》(古代)第 119 号,东京:早稻田大学考古学会,2006 年。

位置的深处建筑墓室,与墓室相连的墓道一直伸向封土范围之外,在斜坡墓道的延长线上设定神道,且神道两侧有安置石人的迹象。斜坡墓道的两壁虽然都绘制出行仪仗壁画,但湾漳大墓等墓葬中仪仗人物的脚部均立于墓道的底部,表现出了现实中送葬行列的形象。且斜坡墓道的地面上也绘制了表示地毯一类铺装的图案,这更旁证了上述仪仗人物的现实表现。从这些现象中可以看出,斜坡墓道和封土外的神道、神道两侧的石人等外部设施,帝陵在设计建造当初就有一种强烈的向外部"展示"的意识,由此形成了作为礼仪空间的陵域概念。

　　北朝陵墓中,北魏帝陵设定了方形的陵园空间,配以神道、石刻、地上建筑等(Ⅱ类),一定程度表现出了继承汉代以来陵园形式的迹象。[1]　然而,进入北魏末年以后的北朝晚期,情况发生了变化。北朝晚期的帝陵和高级贵族墓(Ⅲ类),斜坡墓道两壁绘满出行仪仗与神兽,墓道地面绘满莲花纹等图案,而且在封土夯筑完毕后墓道依然呈开放状态。墓道中的壁画,正像郑岩指出的那样,是在向墓外展示这一明显的意识下安排壁画的内容和绘制方法的。[2]　在北周田弘墓(Ⅳ类)中,连接墓室的长斜坡墓道伸向封土之外数十米,墓道的顶部开有数个天井,呈现出部分并放的状态。北朝晚期帝陵的营建过程中,如此大规模地建设外部设施,最大限度地活用墓室、墓道、地上建筑这些舞台装置举行葬礼,其目的或许在于向内外夸示其威严,正因为如此,北朝晚期帝陵的装饰性与可视性受到了极大的重视。

---

[1] 河南省文化局文物工作队:《洛阳北魏长陵遗址调查》,《考古》1966 年第 3 期;洛阳市第二文物工作队:《北魏孝文帝长陵的调查和钻探—"洛阳邙山陵墓群考古调查与勘测"项目工作报告》,《文物》2005 年第 7 期。

[2] 郑岩:《魏晋南北朝壁画墓研究》,北京:文物出版社,2002 年。

也就是说,南朝帝陵与北朝帝陵本质上存在着很大的差异。南朝帝陵,墓道非常简单,开凿在山体上,仅具通道的功能,封土也利用自然山体,形状并不规整。至少墓葬本体及其周围,并不具有表现陵墓的庄严和仪式的可视化场域。神道入口的石柱、阙门、石兽附近建置的陵前建筑,才应该是举行谒陵仪式的场所。从墓葬本体到神道口之间的距离、两者之间并无其他设施的迹象来看,墓葬本体与外部设施之间,祭祀仪式本身乃至活动线路,都无法明确看出实用上的一体性功能。与之相比,在北朝晚期帝陵中,墓室和墓道开放期间可能尚未夯筑封土,在举行丧葬仪式的同时,精美的壁画和墓道底部的装饰图案,对参加葬礼的各色人等有一种强烈的"展示"效果。也就是说,在北朝晚期帝陵的建设中,非常有意识地创造壮丽的礼仪空间,外部设施与长斜坡墓道,然后一直到墓室,作为丧葬活动的场所和活动线路,构成了具有连续性意义的空间。

小　结

综上所述,通过对南北朝帝陵外部空间的比较可以发现,就南朝帝陵而言,作为丧葬行为的场域,墓葬本体与外部设施、陵园,在考虑其不同空间的功能与性质的同时,也必须考虑其作为帝陵的整体构想,有必要在不同场域的实际功能之外,从其他的视角来赋予其意义。与南朝帝陵石兽、石柱、龟趺石碑组成的石刻群相比,立于北朝帝陵神道两侧的则是官吏、武将形象的石人(翁仲),从其安置地点和种类的差异中,依然可以看出南北帝陵具有的不同的思想和理念背景。再者,陵墓的外观和丧葬礼仪是否具有对外的展示功能即"可视性",也是表现两者特征的重要差异。

第四章　东晋南北朝墓葬的墓室空间

第一节　东晋南朝墓葬墓室形制的问题

在论及东晋南朝墓葬的墓室观念时,首先必须对江南六朝墓葬墓室形制的演变做一个梳理。东晋南朝墓葬的基本要素到底是在江南本土墓制的基础上发展而来的,还是由其他地域传进来的? 如果不先弄清这个问题,就很难对其表现出来的功能和理念展开评述。

东晋南朝帝陵和王侯墓葬,墓室平面形制的共同点是带短甬道的长方形单室墓,不设耳室,墓壁上设置假直棂窗和灯龛(图27-2、27-3)。众所周知,这种带短甬道的长方形单室墓或通称"凸"字形的墓室,是东晋以降江南帝王陵墓和贵族墓葬中最常见的形制。虽然偶尔也见方形墓室或附带耳室的墓室,但这类墓室形制主要存在于东晋初期的部分墓葬。原本江南地区东汉、东吴时期的大型墓葬采用的基本上是前后室或多室的形制(图27-1),即使在西晋平吴以后,这类墓葬形制并未发生改变,一直为江南地区所继承。然而,进入东晋以后,墓葬形制为之一变,"凸"字形单室墓成为主流。由于墓室形制的这种变化正好与东晋王朝的建立在时间上一致,因此,关于东晋江南地区墓室形制的变化,

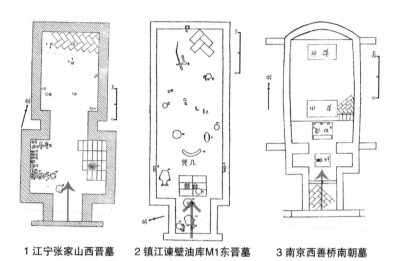

1 江宁张家山西晋墓　　2 镇江谏壁油库M1东晋墓　　3 南京西善桥南朝墓

图 27　江南六朝墓平面的基本形制

一直以来都认为是西晋末年永嘉之乱后大批北方贵族南渡时带来的华北中原地区的墓制,受其影响,前后室墓逐渐演变为单室墓。然而,这种认识是否妥当呢?

一般来说,墓制存在着明显的地域性,在这个前提下,如果墓制发生改变,通常有如下三种情况。第一,具有强大影响力的其他地域墓制的传播;第二,本土墓制一定程度上接受了其他地域墓制的影响后,本土墓制的地域性出现了变化;第三,因本土的社会习俗和思想、理念发生变化,导致墓制出现阶段性变化。更加具体地说,第一种情况可视为其他地域的墓制以其完整的形态空降到了本土。在第二种情况下,其他地域墓制的要素对本土墓制的影响程度可以非常宽泛,既有仅接受了极小一部分的情况,也有吸纳多种要素从而出现本土墓制与其他地域墓制相互融合的情况。在第三种情况下,除了社会习俗和思想、理念发生变化这一要因外,肯定也会受到本地域内部更小的地域关系和群体关系因素的影响。因此,面对这些差异,人们对其所反映出来的社会面貌的理解,肯定也会出现不同的看法。

针对东晋墓制发生了巨大变化这一现象,一直以来的解释前提是,大规模的侨民南下,带来了与江南本土不同的社会习俗和生活方式,给江南地区的文物制度带来了深刻的影响。这样的认识还能在考古资料上频频得到证实,很容易为大家所接受。但是,考虑到江南六朝墓制变化的复杂性,不得不说这样的解释是缺乏深度的,可以说在对本地墓制的分析和研究上还远远不足。这里,首先对东晋以降"凸"字形墓到底是在何种具体背景下出现的,这种墓制与华北墓制中的单室墓之间是否存在关联这个问题进行整理。

既有解释的主要观点有以下三个方面:① 江南的大型墓葬从前后室墓演变成了单室墓;② 单室墓中,棺木安置于墓室偏后,祭祀空间放在墓室前部,这样的位置关系与前后室墓一致;③ 这样的变化,发生在晋室南渡即东晋王朝建立之际。这些观点均是基于既往的资料得出来的,大体上也是正确的。然而,在上述具体的观点中,还是有很多问题被忽略了,而这些问题正是需要展开进一步研究的要点。

首先第一点,既有观点关注的只是江南地区的大型墓葬,如果将中小型墓也纳入考察的视野,那么就可以发现江南地区的墓葬形制种类非常多,其中就包括了大量的单室墓。如果仅从墓葬形制上来说,东汉晚期至东吴、西晋时期与东晋以降"凸"字形墓相同的墓例普遍存在。最大的不同是,东汉至西晋时期,这类单室墓不是社会上层普遍使用的大型墓,而是社会中下层普遍采用的中小型墓。如此一来,"凸"字形墓的出现,并不一定是前后室墓的"单室化"结果。也就是说,江南地区大型墓从前后室墓演变成了单室墓这一认识,这不过是对一种现象的观察,并不是对这种现象发生过程的具体解析。[①] 因此不难发现,前后室墓演变为单室墓,并不是因为受到华北中原墓制中单室墓的影响才出现的"单室化"现象,而是江南本地东汉至西晋时期中小型墓采用的墓室形制,在东晋以降被普遍用于大型墓葬从而取代了前后室墓的结果。

其次关于第二点,有必要考虑墓室空间的功能与基本设计的问题。从随葬品的种类和摆放位置来观察墓室的功能空间,可以发现东吴西晋时期前后室墓的情况不尽相同,由于东晋南朝墓墓室的功能空间与之并无直接的关联,因此,有学者曾经指出,东晋南朝"凸"字形单室墓并不是将东吴西晋前后室墓的功能空间压缩在单室墓中。[②] 另一方面,从墓室整体空间的设计上来说,东晋南朝的墓室空间与西晋华北中原墓制的墓室空间在基本原理上有着较大的差异。关于这种差异,下文再做详解,一句话,就墓室空间的设计和利用来说,东晋南朝的"凸"字形墓与东吴西晋江南的前后室墓之间没有直接的继承关系,与华北中原墓制之间也没有直接的继承关系。

关于第三点,单室墓成为主流这一变化确实出现在晋室南渡以后,但是,在安徽南部地区和浙江绍兴附近,西晋时期"凸"字形墓已经普遍出现并逐渐成为主流,因此,这一变化实际上在西晋时期已经有了明显的迹象。从而,将江南地区"凸"字形墓的流行视为晋室南渡带来的影响,并推断其在短时间内一下子普及开来

---

① 蒋赞初:《关于长江下游六朝墓葬的分期和断代问题》,《中国考古学会第二次年会论文集》,北京:文物出版社,1982 年。

② 江介也:《江南地区六朝墓中随葬品的分布——埋葬空间的功能构成》(江南地域六朝墓における副葬品配置—埋葬空間の機能構成—),载《同志社大学考古学系列Ⅵ 考古学与信仰》(同志社大学考古学シリーズⅥ 考古学と信仰),京都:同志社大学考古学系列刊行会,1994 年。

的既有观点,是很难站得住脚的。

东吴西晋时期江南的前后室墓,在晋室南渡、大批北人南下之后受到了华北中原墓制的影响,在东晋建国前后出现了大型"凸"字形单室砖墓。这一观点几乎已成定论。笔者认为从考古学科的立场出发依然有很大的商讨余地。

第二节　再论"凸"字形墓出现的背景

六朝时期江南墓葬的地域性特征,至少可以分为三大区域,即以建康(建业)为中心的长江下游地域、以荆州为中心的长江中游地区以及南昌一带的江西地区(图28)。东吴—西晋时期长江下游地区的"凸"字形墓在安徽江淮之间、马鞍山至芜湖的长江南岸、江苏西南部的溧水和安徽东南部的广德一带多有分布。此外,在六朝京畿地区的南京和镇江一线和太湖平原和杭州湾地区的所谓三吴地区也有一定数量的分布。依据安徽六朝墓的分期,安徽的"凸"字形墓在孙吴时期已经出现,西晋中期一度衰退,西晋晚期再次盛行。[1] 在西晋晚期再次盛行的"凸"字形墓中,具有从皖南到三吴的共同地域特征,即平面呈前窄后宽的船形或左右两壁略往外弧的形制。南京、镇江一带的墓例虽然不多,但东吴、西晋时期墓葬的基本形制还是有例可循的。太湖西岸宜兴周氏家族墓中,M3、M6 使用的就是"凸"字形墓,在墓室均在 6 米以上的大中型墓中显得比较特殊,是这一时期江南地区大中型墓使用"凸"字形墓的少数几例。[2] 浙江省内以绍兴为中心的地区,西晋

---

[1] 方成军:《安徽两晋墓葬的类型与分期》,《安徽大学学报(哲学社会科学版)》1997 年第 2 期。

[2] 南京博物院:《江苏宜兴晋墓的第二次发掘》,《考古》1977 年第 2 期。

时期出现了"凸"字形墓。也有在墓室后半部用砖砌出棺床的墓例，东晋南朝"凸"字形墓墓室形制以外的要素也开始出现。此外，长江中游地区湖北武汉周边及湖南长沙周边也出现了"凸"字形墓。从以上介绍中不难看出，"凸"字形墓在东吴、西晋时期的江南地区已有一定数量的存在，而且，西晋宜兴周氏家族墓M3、M6那样的大中型墓葬也开始采用了这类形制，可知东晋南朝时期流行的"凸"字形墓，其根基在于江南本地，是江南内在地域特征的表现。

图28　六朝江南墓制地域分布图

尽管如此，既有观点逐渐趋于定说的一个很大的论据，应该就是东晋早期墓葬中存在华北中原墓制普遍采用的平面正方墓室(图29)。这类墓葬如南京大学北园大墓、南京郭家山9号墓等，在江南地区东吴、西晋帝陵和高级贵族墓葬等大型墓中几乎找不到采用单室的墓例。平面正方形的墓室形制,在江南六朝墓葬中确实属于特例,应该是由南渡北人营建的帝陵和贵族墓葬。这些方形单室墓,与东晋早期这一特殊的时代联系在一起,确实很容易被理解成是此后单室墓流行的分水岭,不仅如此,还很容易被理解成江南墓制逐渐中原化的过渡期。

在此,如果我们比较一下江南六朝与华北中原的正方形单室墓,就不难发现南京大学北园大墓、象山 7 号墓这些正方形单室墓与华北中原地区的正方形单室墓之间存在着较大的差异。这种差异主要是受到了墓室内棺木安放位置的影响。

表三是以洛阳盆地为中心的中原西晋墓葬中能够体现棺木与随葬品位置关系的主要墓例一览。中原西晋墓葬中,棺木与墓室的内外轴线呈垂直关系的现象令人瞩目。在这些墓葬,棺木横置于墓室后壁下(表三“棺木位置”一栏中括注“交”),棺的前侧留下较大的空间,用来放置模型明器和餐饮器具等随葬品。此外,也有棺木沿墓室内外轴线放置的墓例(表三“棺木位置”一栏中括注“直”),这类墓葬同样在棺木的一侧留下较大的空间,用来放置各类随葬器物。从而可以说,中原西晋墓葬的基本原则是棺木沿墓壁放置,棺木不朝墓壁的横侧板一侧留下较大的空间,用来放置各类随葬品,由此形成礼仪空间。棺木与墓室内外轴线之间的位置关系,是由思想观念和墓葬的选址决定的。东汉以来,基于昭穆制度,以西为尊位,面东,形成“坐西朝东”的格局,棺木多置于墓室的西壁下,与设于东部墓门一侧的礼仪空间相对。然而,到了西晋时期,坐西朝东逐渐向坐北朝南演变。换言之,棺木横置于墓室的北壁下,与棺木南侧的礼仪空间和墓门相对,且逐渐成为主流。此外,西晋墓葬的选址,原则上是“因山为陵”,即使在缺少丘陵山体的平原地带,墓室也要建造在地势相对较高的一

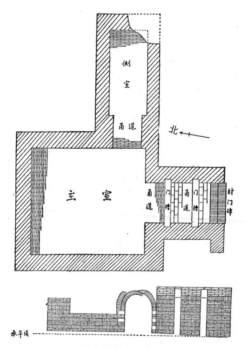

1 南京大学北园东晋墓

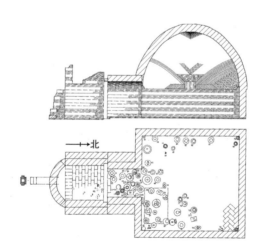

2 南京郭家山9号墓（温峤墓）

图 29　东晋平面方形墓葬

侧,墓门、墓道的开口朝向地势相对较低的一侧。因此,在比较南北墓室的异同时,我们不能只考虑正方形单室墓这一墓室形制,必须同时考虑因葬制乃至思想观念的影响而产生的埋葬方式,以及棺木与随葬品的位置关系、墓室空间的利用方法等各方面的要素。

表三　华北中原地区西晋墓棺木与随葬品的位置关系

墓葬名称	墓　向 (后壁—墓门)	墓室平面形制	棺木位置	随葬品位置	资料来源
嵩县果酒厂M2	北—南	单室方形	西壁下,南北向2棺东西并列。(直)	中部—东侧	中原文物2005:6
新安县C12M262	北—南	单室方形,耳室1	后壁下,东西向1棺。(交)	中部、耳室	文物2004:12
洛阳谷水FM5	西—东	单室方形,假耳室1	北壁下,东西向2棺。(交)	中部、南侧	文物1997:9
洛阳谷水FM38	北—南	单室方形,假耳室2	后壁下,东西向1棺;墓门西侧,东西向1棺。(交)	中部、其他空间	文物2002:9
洛阳春都路IM1568	北—南	单室方形	后壁下,东西向1棺。(交)	中部、西壁前部	文物2000:10
洛阳东郊177号墓	西—东	前后室前方,后方	不明,后室可能性大。	前室前部—甬道	考古与文物1993:1
洛阳西郊58LSM3088	北—南	前后室前方,后长方	后室东侧,南北向1棺。(直)	前室、后室一部分	考古1959:11

续表

墓葬名称	墓　向 (后壁— 墓门)	墓室平面 形制	棺木位置	随葬品 位置	资料来 源
洛阳西郊 59AM1—27	西—东	单室 方形	后壁下,南 北向 1 棺。 (直)	中部、两侧	考古 1959:11
洛阳涧西 16 工区 82 号墓	北—南	单室 方形	西侧,南北向 1棺。(直)	不明	文物参 考资料 1956:3
洛阳皂角树 C7M1874	南—北	单室 方形	东侧,南北向 2棺。(直)	西侧	文物 2007:9
洛阳涧河 东岸 C7M8632	北—南	单室 方形	西壁下,南北 向 1 棺。 (直)	不明	文物 2007:9
卫辉大司马 墓地 M18	东北— 西南	单室 方形	西侧,南北向 1棺。(直)	东侧	文物 2009:1

那么,江南六朝墓中棺木与随葬品的位置关系(参见图 27)又是如何呢? 东吴墓葬中,无论是前后室墓还是单室墓,墓室平面沿墓室内外轴线呈纵长方形的墓例非常多。在前后室墓中,前室平面或呈横长方形或呈近方形,但后室均呈纵长方形。棺木与墓室内外轴线一致,即棺木纵向安置的墓例占绝大多数。不过,因随葬品或置于前后室墓的前室,或置于单室墓的后部,各种情况都有,因此很难确定墓室内部各空间的特定意义。① 然而,有一个现象是可以大致确定的,即前后室墓的前室和单室墓的前

---

① 江介也:《江南地区六朝墓中随葬品的分布——埋葬空间的功能构成》(江南地域六朝墓における副葬品配置—埋葬空間の機能構成),载《同志社大学考古学系列Ⅵ　考古学与信仰》(同志社大学考古学シリーズⅥ　考古学と信仰),京都:同志社大学考古学系列刊行会,1994 年。

部,通常是放置随葬品的主要空间。从而,基于前室或墓室前部作为礼仪空间这个基本特征,东吴墓葬的基本原则是棺木与礼仪空间是处于一条直线上,从视觉上看,礼仪是对着棺木的前档举行的。此外,从长方形的平面形制和墓室规模这两个方面来看,东吴墓葬将棺木横置于后壁下并在棺木的侧档一侧设置礼仪空间的可能性几乎没有。总之,不管其选址或墓向如何,江南的东吴墓葬原则上都是礼仪空间与墓室轴线呈直线型的组合。

再次来看东晋墓葬。东晋早期的正方形单室墓,虽然在墓室形制和规模上完全具备将棺木横置于墓室后壁下的空间条件,然而却无一例外地将棺木纵向置于墓室的侧壁下,在棺木前档外的墓室前部设置放有凭几的祭台,在祭台之前的甬道中放置面向朝外的出行俑等等,这些现象都清晰地表明了东晋早期方形单室墓中礼仪空间与墓室轴线的直线型组合。从而,东晋早期江南的正方形单室墓,在葬制的层面上继承了江南既有的习俗,不一定非要像既有观点那样将其归为华北中原墓制的影响。

综合以上论述,首先,东晋时期"凸"字形墓葬的原型,在江南既有的中小型墓葬中已经较多地出现;一直以来被认为受华北中原墓制影响而出现的东晋早期正方形单室墓,与基于垂直原理将棺木置于后壁下的西晋墓葬之间有着明确的差异,采用的是基于直线型原理形成的江南旧有的丧葬习俗。针对前文提出的三个问题,我们可以作如下回答:虽然华北中原地区的丧葬制度、丧葬观念对东晋产生影响的可能性不能完全排除,但东晋以后流行的"凸"字形墓,并不是南渡北人从华北中原地区带入的结果。因此,在讨论"凸"字形墓这一问题时,尽管存在着华北中原墓葬制度的影响这个可能性,但必须首先从江南墓制自身的演变过程中来把握其出现的背景。

　　"凸"字形墓原本只是小型墓葬采用的形制,后来却被大型墓葬普遍采用,这可以说是下级墓制的升格现象,仅此一点即可说明旧有的秩序此时发生了重大的变化。更进一步说,这种变化还不止于墓室形制这一方面,随葬品的种类与器形也在发生变化①,由于可以明显看出因受到一定的制约而出现的新的仪礼形态,因此江南旧有的墓葬制度出现了较大的变革。也就是说,这种变化并非单纯受北人丧葬习俗的影响所致,而是社会整体丧葬制度变革的结果。"凸"字形墓在东晋快速地普遍化之前,考虑到西晋晚期已渐次出现,以及皖南、三吴、会稽等地方豪族势力强大的地区比东吴都城建业周围更早出现等现象,将这种变革视为西晋王朝平息东汉末年以来的动乱、天下重归一统后重建新的制度体系背景下丧葬制度改革的结果似乎更加妥当。西晋虽然于泰始元年(265 年)代魏建国后事实上已经是统一王朝,但真正的统一全国要到东吴天纪四年即西晋太康元年(280 年)。江南社会接受西晋新制度的时间要比华北中原地区至少晚 15 年,因丧葬制度的改革而逐渐标准化了的"凸"字形墓的普遍采用出现在西晋晚期,这一点似乎并不难理解。换言之,东晋以降江南地区普遍采用的"凸"字形单室墓,西晋中期以前在本地墓制中属中小型墓,西晋晚期以后,逐渐遵从西晋的丧葬制度,从旧有的墓制中被选了出来,并逐渐走向标准化。

第三节　墓室的性质与空间概念

　　中国真正的横穴式墓室出现于汉代,并在此后派生出各种各

---

① 吴桂兵:《晋代墓葬制度与两晋变迁》,《东南文化》2009 年第 3 期。

样的形制。中国自古以来就有将墓葬视为"隐宅"即墓主人死后的住宅的观念,到了汉代,墓室的形制结构和随葬品的组合等内容,越来越接近现实生活中的住宅。随着对墓室形制结构和随葬品研究的不断深入,人们也越来越意识到,营建墓葬的出发点,其实是为墓主人构筑一个地下居宅,为其提供阴间的生活空间。汉代以降的墓葬,不仅具备了观念上的家屋或住宅的要素,而且在结构和功能上还有强化与现世生活一致性的意识。西汉时期,部分陵墓已采用了横穴式墓室,这正是这种观念的强烈表现。[1] 也就是说,墓室不同于现实世界,是另外一个世界的生活空间。正像巫鸿、郑岩等在墓葬壁画研究中认识到的那样,墓室作为墓主的地下生活空间这一观点目前已成为定说,在此基础上研究还在不断地往前推进。[2]

也就是说,墓室空间作为墓主人的住宅,同时也作为丧葬活动的场所,这个空间一定存在着一个整体上的设计。当然,东晋南朝墓葬也必定存在着类似的设计。那么,东晋南朝墓葬中又有哪些具体的空间要素呢?

东晋南朝的高等级墓,采用的主要是"凸"字形单室砖墓的形式。墓室内偏后约三分之二或四分之三的空间,用砖砌出高于墓室地面的棺床。这是安置棺木的空间。棺木的放置与墓葬主轴平行,与长轴方向一致,棺床前端(近墓门一侧)中部原则上放置

---

[1] 松崎つね子:《墓葬所见中国古代社会——新石器时代至西汉武帝时期》(墓葬より見た中国古代社会—新石器から前漢武帝まで—),《骏台史学》(駿台史学)第93号,1995年。

[2] 巫鸿著,李清泉译:《无形之神　中国古代视觉文化中的"位"与对老子的非偶像表现》,载《礼仪中的美术——巫鸿中国古代美术史文编》,北京:生活·读书·新知三联书店,2005年。巫鸿著,李清泉译:《说"俑"　一种视觉文化传统的开端》,载《礼仪中的美术——巫鸿中国古代美术史文编》,北京:生活·读书·新知三联书店,2005年。郑岩:《魏晋南北朝壁画墓研究》,北京:文物出版社,2002年。

凭几。墓室前部未砌棺床的三分之一或四分之一的空间,用来放置模型明器、陶瓷器及俑类随葬品,与棺床上的凭几相对。这部分空间中设置祭台的现象也屡有发现。包括祭台台面在内、与凭几相对的空间周围放置的随葬品以陶瓷餐饮器为主。餐饮器具、生活用具上设置帷帐的情况也时有发现。

针对这一现象,町田章指出,东吴西晋时期江南地区流行的前后室墓,前室用作祭祀空间,后室用作埋葬空间;当这两种空间合二为一后,前室的功能被浓缩到了墓室的前部,这就是东晋南朝的单室墓。单室墓的前部承担了前后室墓的前堂功能,后部承担了前后室墓的后室功能,前后室的不同功能,被压缩到了单室之中。①

在前后室墓中,与后室的置棺空间相对,前室则主要是给墓主人提供的生活空间,同时也是供献礼仪的场所。关于六朝江南墓葬中的随葬器物,江介也曾经做过详细的研究,首先按性质和用途对随葬品进行分类,对以供献用具、模型明器为中心的生活器具进行分组,然后再从这些器具在墓室中的所处位置来解释不同的空间功能。就东晋南朝的单室墓而言,在放置棺木的埋葬空间之外,供献器具和祭台所在的位置相当于"墓主人死后的日常生活空间",模型明器所处的位置,则相当于"为墓主人死后的生活提供保障的空间"。而在东吴西晋江南的前后室墓中,如此统一或有规律的空间配置尚难以确认。与之相比,东晋南朝墓葬中,墓室棺床前端中部放置凭几,凭几前排列供献器具,然后在其周边放置生活器具,这种近乎固定的配置形式,说明对墓室空间的利用有着明确的规划。基于东晋南朝墓葬中供献仪式的规范

① 町田章:《魏晋南北朝墓葬图集・南京部分稿本》(魏晋南北朝墳墓図集・南京之部稿本),私家版,1980年。

化现象及模型明器种类的减少与固定,明确东晋南朝墓葬的墓室具有强烈的仪式空间性质这一点,是非常重要的成果。①

不过,就其作为仪式空间的东晋南朝墓葬与墓室中同时具有假直棂窗、灯龛等象征住宅形式的要素之间存在观念上的矛盾这一论点,依然存在着商榷的余地。单从丧葬行为和随葬品的功能上来探求墓室空间的构成要素,不得不说只是基于生者的角度,而对墓室何以能成为墓主人的居室空间这一点却非常不充分,象征生活器具的模型明器的存在,以及不同功能的模型明器的配置,也只是认识到了墓室尚具生活色彩而已。②

墓室空间就其性质而言原本就有丧葬礼仪场所和墓主人的生活场所这两个侧面,不能仅从一个侧面来探讨其空间概念的性质。作为丧葬礼仪场所,同时又复制了现世的住宅,这是当时人们觉得必须这么做的结果,因此,认为墓葬具有的居住形式与其礼仪空间这一性质之间存在矛盾,这个判断似乎下得有些过早了。为从整体上把握墓室的观念,有必要探讨墓室礼仪与居室这两个侧面的相互关系。

---

① 江介也:《江南地区六朝墓中随葬品的分布——埋葬空间的功能构成》(江南地域六朝墓における副葬品配置—埋葬空間の機能構成—),载《同志社大学考古学系列Ⅵ 考古学与信仰》(同志社大学考古学シリーズⅥ 考古学と信仰),京都:同志社大学考古学系列刊行会,1994 年。

② 关于东晋墓葬墓室的探讨,还有 Annette Kieser(安然)和耿朔的研究,两者均从"假葬"即非永久安葬的角度来展开讨论。安然:《东晋时期北方移民对南方墓葬影响的重新评估》,载《汉唐之间文化艺术的互动与交融》,北京:文物出版社,2001年;耿朔:《最后归宿还是暂时居所?——南京地区东晋中期墓葬观察》,《南方文物》2010年第4期。耿朔认为,墓室由穹隆顶变为券顶和直棂假窗的消失,与东晋北伐战争一时取得胜利和北归舆论的高涨有关,北伐战争最终失败后,直棂假窗再次出现。当期待归葬的舆论高涨时,以北人为中心主张"假葬"的现象就会增多,象征永久居住的住宅形式因此不再在墓室中出现。在当时社会风潮的背景下思考这一问题时,这样的认识非常重要。然而,本文的主旨在于论述墓室空间观念的运用,不涉及其本质,故不作深究。

魏晋南北朝时期孝道观念受到重视，丧葬理念的基础是当时社会普遍存在的"事死如事生"的思想。这里所说的"孝"，不单是对逝去的父母亲人的敬慕和祭祀，也包含着对他们死后幸福生活的祈愿与经营，因此，仿照现世居宅，为逝者在地下建筑墓室，墓室内部再现与现世同样的生活场景。在这样的背景下，墓室空间的性质以及设计时的构想，就不能只偏重供献、礼仪这一个方面的认识。正像"隐宅"这个称呼那样，这到底是谁的"宅"，无需赘言，这是被葬者即墓主人的居宅。不用说，仿照现世的居宅来营建墓葬，这本来就是"事死如事生"的基本要求。从而，墓室的空间观念就必须从墓主人和举行供献、祭仪的生人这两种不同的立场去认识，而墓室正是这两种不同立场整合的结果。正像前文指出的那样，在既有的研究中，虽然很难一概地说基于墓主人的视点完全缺失，但不得不说没有受到充分的重视。考虑到这一点，笔者更想立于墓主人一侧来强调墓室的空间性质。① 前文我们已经对东晋时期的"凸"字形墓进行了概述，指出这类墓葬形制极有可能源自江南地区旧有的中小型墓，此后被升格采用。而且与东吴西晋时期的前后室墓相比，东晋南朝墓葬中随葬品的放置、模型明器的种类和组合明显趋于统一和规范。但是，因此就断定

① 以墓主人为主体思考墓葬整体性质的研究，有蒲慕州、陈江风等人的成果，见蒲慕州《墓葬与生死——中国古代宗教之省思》(台北：联经出版事业公司，1993 年)、陈江风《汉画像反映墓主生前生活说辨析》[《南都学坛（人文社会科学学刊）》第 22 卷第 2 期，2002 年]。尤其是陈江风的论述观点明确。明确基于墓主人立场的研究成果虽然不多，但一部分研究者已经作了很多提醒，今后必须重视这方面的研究。研究者之所以在这一问题上犹豫不决，正像来村加多史、山本谦治指出的那样，墓室装饰的意义与魂魄关系之间的矛盾是重要原因之一[《环东海地区墓葬装饰的融合性》(環東海地域における墓葬装飾の融合性)，日本中国考古学会编《中国考古学》(中国考古学)第六号，2006 年]。然而，如此严密地思考，与当时的实际情况之间到底存在着多大的区别，这一点尚不明了。笔者认为，首先不要过于受文献记载的束缚，必须从考古学科的立场出发去分析和考察现有的出土资料。

东晋南朝墓葬的墓室性质就是礼仪空间这一江介也的观点，逻辑上似乎有些过于跳跃了。江介也观察到的现象可以说是对江南葬制整理的结果，但无视墓主人的存在，就此将墓室的性质限定为仪式空间，这似乎缺乏明确的证据。

如果说必须基于墓室形制、构造与设施、随葬品这三个维度对墓室的空间概念展开综合考察的话，那么，这里还必须考虑另外一个维度，这就是基于墓主人的遗体和灵魂，生者与墓主这两者之间的空间意识差。供献和"死后的"日常生活，以及为墓主人死后的生活提供保障这些切入点，在认识和行为的方向性上均是基于生者的立场来观察墓主人的所处环境的，未能体现墓室作为居宅并在其中营建与现世相异的生活这一墓主人的视线。也就是说，前者仅从作为丧葬的物质痕迹这个角度来诠释墓室的空间意识，但如果要以墓主人为主体来追问到底想营建一个什么样的空间的话，那么，就必须从整体上追究构成墓室空间的意义。

墓室作为墓主人的生活场所，不用说首先安置的是收敛死者遗体的棺木。上节已经涉及了墓室内棺木的安置，用于安置棺木的空间，无疑是具有特定性质的空间。那么，安置棺木的空间在墓室范围内又是怎么来确定的，这就体现出了以墓主为中心的墓室空间的使用情况。还有，部分随葬品的摆放位置，同样也能体现出这些位置在空间区划设定中的性质特征。只有通过这样的研究，置棺位置与其他位置的空间关系才能得以明了。

在思考墓室空间的意义时，应该以墓主为中心来检视墓室空间的构成。在展开这项研究之际，观察比较南北墓制中同类考古资料的存在方式和意义，是最直接且妥当的方法。然而，南北墓制的差异非常大，墓室中能够用于认识墓主存在的有效资料也不一定相同。以下拟分别对华北中原地区和江南地区墓葬中最能体现墓主人的存在意识和体现墓室区划的资料进行分析,对从中归纳出来的墓室概念展开比较。为弄清这些现象与前代是否存在连续性,分析时也会采用同样的方法来观察东汉魏晋时期的事例。

第四节　东晋南朝的墓室空间

我们以置于墓室内的家具类随葬器物作为东晋南朝墓葬墓室空间的分析对象。东晋南朝墓墓室内放置家具类随葬品是有意图的,应是用来表示墓主人的居处空间,并用来设定或区隔墓室内的其他空间。接下来我们重点关注其中的凭几、帷帐和灯具这三种器物。凭几是放置在座席上供人依凭并因此得以放松的家具,从其在墓室中所处的位置来看,不难看出其与墓主人之间的密切关联。帷帐用以区隔内外,灯具用以照明,均具有规定特殊场合的性质和功能。也就是说,墓室内的这一随葬品组合,非常明了地表现出了墓主的存在和空间的意义。以下想通过对这组随葬器物的分析,阐明墓室内部是如何以墓主人为中心来区隔不同性质和功能空间的。

凭几　如前所述,居室内的床榻生活,人们往往长时间地保持一种姿势,因此时不时地需要依凭一个物件来放松一下身体,凭几就属于这一类家具。汉代使用的是长条形凭几,即在长条形几面的两端安置一定高度的足,人们可将肘部依凭在几面上放松身体。东晋南朝时期使用的多是三足凭几。几面呈弧形,光滑的几面稍稍往上凸起,弧形几面的两端和中部各安一足(图30)。在壁画或画像石等图像资料上,在绘制或刻画人物起居的场景中也往往出现凭几,因此,凭几具有强烈的拟人性质。小南一郎曾据凭几作为死者灵魂象征而出现的各种笔记小说,指出魏晋南北朝时期存在将凭几视为死者灵魂的象征之物加以祭祀的仪式。[1] 因此,墓室中出土的凭几,与墓主的存在意识之间有着强烈的关联。[2]

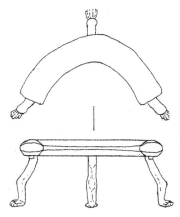

南京甘家巷前新塘东晋墓出土

图30　凭几

灯具　灯具是指供室内照明用的容器、烛台一类的器具。上部的碗状或盘状盏与下部的底座一次性成型的豆形灯具比较常见(图31)。东晋以降,还出土有另外一种类型的灯具,由分别成型的灯座、细长形筒状灯柱与灯柱顶部的小盏组合而成,既有石质的也有陶质的。这类高脚灯具,在以往的考古报告或研究论著中往往与帷帐座混为一谈。墓室内的灯具,原本是作为模型明器

---

[1] 小南一郎:《神亭壶与东吴文化》(神亭壺と東呉の文化),京都大学人文科学研究所编《东方学报　京都》(東方學報　京都)第 65 册,1993 年。(神亭壶,中国考古学界多称"堆塑罐"或"谷仓罐"。——译者注)

[2] 小南一郎据笔记小说指出魏晋南北朝时期存在将凭几视为死者灵魂的象征之物加以祭祀的同时,也涉及了部分墓葬资料,同时还指出了这种习俗起源于中原地区的可能性。

随葬的。然而,据考古发掘资料,东晋南朝墓葬中至少还有一部分灯具是有意识地放置在墓门两侧或棺木周围的,因此,放置在墓室内的实用灯具的数量也应该不少。

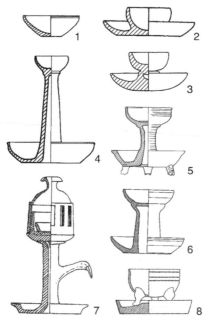

1 南京东善桥凤凰三年东吴墓
2 鄂城M2066东吴墓
3 鄂城M3005东吴墓
4 鄂州郭家细湾M2东吴墓
5 南京仙鹤山M7西晋墓
6 南京郭家山9号墓（温峤墓）
7 南京前新塘南朝墓
8 南京童家山南朝墓

图31 六朝灯具

帷帐 东汉魏晋南朝的部分墓葬中,墓室内还设置有帷帐(图31,表4)。在思考墓主与墓室空间的关系问题时,帷帐是非常重要的随葬物品。墓室内设置的帷帐和所在位置,可以通过石质或陶质的帐座、用于组装帷帐的金属构件等加以确认。用于支撑帷帐的帐座,在排列和形式上也有多种形制:有立于四角的柱状帐座,四周蒙上布帛即可形成帷帐;有两三个帐座呈一字型排列的,一边围上布帛即可形成帷幕;也有使用复杂的金属构件的,蒙上布帛后形成平锥顶或平顶的方形帷幄。① 帷帐的设置有一定的规律可循(图 32),最常见的是设于前室或墓室前部与棺木正对的地点和祭台的周围,其间放置饮食器具和生活用具,是所谓的礼仪性空间和日常生活场所。洛阳涧西 16 工区曹魏正始八年墓前室的金属帷帐构件,出土时虽然已经完全塌落,但几乎保持了原有的形状(图 33 - 1),经复原可知这是一组比较大的帷幄形帷帐。② 在墓室或耳室入口处设置帷帐的事例也不少,其主要功能应该在于遮蔽墓室与其他空间。也有仅设置 1 件帷帐座的事例,可能另有其他用途或目的。此外,还有像新安县 C12M262 那样,用金属构件搭建的帷幄覆盖整个置棺空间的上部(图 33 - 2),可见帷帐亦有用于埋葬场所的事例。③ 南京幕府山 1、2 号墓的四隅均出土了陶质龙虎座、上立细长空心柱的随葬器物④,这类资料以往通常被认定为帷帐座,但部分细长空心柱上端尚残留盏形痕迹,因此,作为高脚灯具的可能性很大,不应再视为帷帐座。⑤ 被定名为帷帐座的出土物中,往往混入了灯具等其他器物,使用这些资料时必须加以注意。

---

① 阮国林:《谈南京六朝墓葬中的帷帐座》,《文物》1991 年第 2 期。

② 洛阳市文物工作队:《洛阳曹魏正始八年墓发掘报告》,《考古》1989 年第 4 期。

③ 洛阳市文物工作队:《河南新安西晋墓(C12M262)发掘简报》,《文物》2004 年第 12 期。

④ 华东文物工作队:《南京幕府山六朝墓葬清理简报》,《文物参考资料》1956 年第 6 期。

⑤ 阮国林:《谈南京六朝墓葬中的帷帐座》,《文物》1991 年第 2 期;南京市博物馆:《南京西善桥南朝墓》,《文物》1993 年第 11 期。

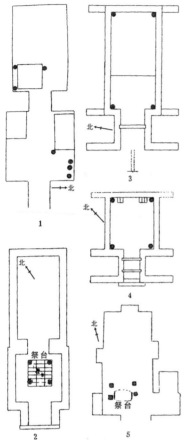

1 江苏宜兴1号西晋墓
2 南京石闸湖西晋墓
3 南京幕府山1号墓
4 南京幕府山2号墓
5 辽宁朝阳袁台子东晋墓

图例：■、●帷帐座所处位置

1 南京石闸湖西晋墓出土帷帐座
2 江苏宜兴1号西晋墓出土帷帐座
3 南京幕府山2号墓出土龙形帷帐座
4 南京幕府山2号墓出土虎形帷帐座
5 南京幕府山3号墓出土龙形帷帐座
6 辽宁朝阳袁台子东晋墓出土帷帐座
　和帐架复原图
7 南京马群1号刘宋墓出土帷帐座
8 南京甘家巷30号萧梁墓出土帷帐座
9 南京郎家山4号墓出土帷帐座
10 甘家巷6号萧梁墓出土帷帐座
11 南京幕府山3号墓出土虎形帷帐座
12 南京幕府山4号墓出土龙形帷帐座
13 南京幕府山4号墓出土虎形帷帐座

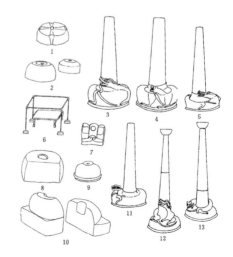

图32　帷帐座与灯具的形制和出土位置

表四　江南、中原魏晋南北朝墓葬出土帷帐构建一览表

序号	地点	墓葬名称	件数	出土位置	墓葬形制	墓葬年代	资料来源
1	江苏	宜兴周氏墓群1号墓	陶6 石2	后室祭台四隅 前室祭台周围	前后室墓	西晋元康七年（297年）	考古学报1957:4
2	江苏	宜兴周氏墓群2号墓	3	不明（扰乱）	前后室墓	西晋	考古1977:2
3	南京	板桥镇石闸湖西晋墓	4	祭台上四隅	前后室墓	西晋永宁二年（302年）	文物1965:6
4	南京	南京大学北园大墓	2	不明（扰乱）	附耳室方形单室墓	东晋早期	文物1973:4
5	南京	幕府山1号墓	4	墓室四隅	"凸"字形单室墓	东晋	文参1956:4
6	南京	幕府山2号墓	4	墓室四隅	"凸"字形单室墓	东晋中晚期	文物1990:8
7	南京	幕府山3号墓	4	不明（扰乱）	"凸"字形单室墓	东晋中晚期	文物1990:8
8	南京	幕府山4号墓	4	不明（扰乱）	"凸"字形单室墓	东晋	文物1990:8
9	南京	富贵山大墓	4	墓室前部中部	"凸"字形单室墓	东晋	考古1966:4
10	南京	郎家山4号墓	3	不明（扰乱）	"凸"字形单室墓	东晋	文参1956:4
11	南京	马群1号墓	3	不明（扰乱）	"凸"字形单室墓	刘宋	考古1985:11

续表

序号	地点	墓葬名称	件数	出土位置	墓葬形制	墓葬年代	资料来源
12	南京	甘家巷6号墓	8	不明(扰乱)	"凸"字形单室墓	梁	考古1976:5
13	南京	甘家巷30号墓	2	不明(扰乱)	"凸"字形单室墓	梁	考古1976:5
14	南京	尧化门梁萧伟墓	6	不明(扰乱)	"凸"字形单室墓	梁中大通四年(532年)	文物1981:12
15	山东	邹城西晋刘宝墓	4	前室东北、东南隅,东耳室入口	附双耳室前后室墓	西晋末年	文物2005:1
16	洛阳	涧西七里河东汉墓	2	后室入口两侧	多室墓	东汉晚期(烧沟5~6期)	考古1975:2
17	洛阳	洛阳东郊178号墓	1	墓室中部	附耳室单室土洞墓	西晋早期	考古与文物1993:1
18	洛阳	洛阳东郊177号墓	7	墓室前部	前后室墓	西晋中晚期	考古与文物1993:1
19	洛阳	偃师杏园34号墓	5	不明(扰乱)	前后室墓	西晋	考古1985:8
20	洛阳	洛阳北郊C8M868	4	墓室中部	方形单室墓	西晋	文物1992:3

续表

序号	地点	墓葬名称	件数	出土位置	墓葬形制	墓葬年代	资料来源
21	洛阳	孟津 21 号墓	6	不明(扰乱)	双室土洞墓	西晋	文物 1991：8
22	洛阳	孟津三十里铺 116 号墓	2	不明(扰乱)	前后室土洞墓	西晋中晚期	华夏考古 1993：1
23	洛阳	谷水 FM5	2	假耳室入口两侧	附假耳室方形单室墓	西晋	文物 1997：9
24	山西	大同南郊 192 号墓	1	墓室南侧	长方形土洞墓	北魏太延五年—太和初(439—496 年)	山西大学 2006 年等
25	山西	大同南郊 253 号墓	1	墓室西侧	长方形土洞墓	北魏太延五年—太和初(439—496 年)	山西大学 2006 年等
26	山西	大同司马金龙墓	4	不明(扰乱)	多室墓	北魏太和八年(484 年)	文物 1972：3
27	山西	大同七里村 1 号墓	3	墓室后部所置棺木前侧中部及两端	方形土洞墓	北魏太和年间迁洛前(477—493 年)	文物 2006：10
28	山西	大同七里村 37 号墓	1	墓室后部所置棺木南隅	方形土洞墓	北魏太和年间迁洛前	文物 2006：10

续表

序号	地点	墓葬名称	件数	出土位置	墓葬形制	墓葬年代	资料来源
29	山西	太原北齐徐显秀墓	2	不明（扰乱）	方形单室墓	北齐武平二年（571年）	文物 2003:10
30	辽宁	朝阳袁台子墓	4	墓室前部漆案四周	柱式石板墓	前燕	文物 1984:6
以下 31—33：金属帷帐构建
31	南京	秦淮河河道	I式	—	—	或为南朝	—
32	洛阳	新安县C12M262	8	墓室后部棺床四周	附耳室方形单室墓	曹魏晚期—西晋早期	文物 2004:12
33	洛阳	洞西曹魏正始八年墓	9	前室北壁	附耳室前后室墓	曹魏正始八年（247年）	考古 1989:4

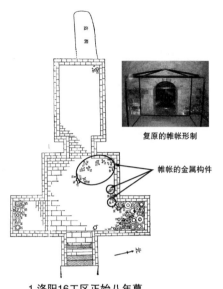
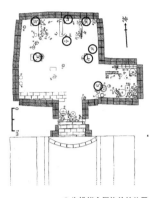

复原的帷帐形制

帷帐的金属构件

○为帷帐金属构件的位置
2 河南省新安262号晋墓平面图

1 洛阳16工区正始八年墓

图 33　设置帷帐的曹魏、西晋墓

东晋南朝墓葬虽然多数遭受过盗扰，但也有部分室内遗物分布明确的墓例（参见图 34）。镇江谏壁油库 M1 和 M3 是东晋时期两座平面偏细长的"凸"字形墓，墓室中部偏后沿墓葬主轴方向安置棺木，棺前置有凭几。M1 的凭几之前还设置了祭台。此外，M1 甬道中还置有陶瓷壶，M3 甬道中出土了砖质买地券。① 东晋晚期的南京象山 6 号墓亦呈狭长的"凸"字形，墓室中部偏后沿墓葬主轴方向安置棺木，棺前设置祭台，祭台上放置凭几。凭几与祭台两侧的壁龛内各置灯盏 1 件。据立于甬道西壁的墓志可知，该墓的墓主人为琅邪王氏家族王彬的继室夫人夏金虎，卒葬于东晋太元十七年（392 年）。② 南朝墓葬中也有保存较好的墓例，南京童家山南朝墓几近完好地保存了下来，墓室内的

————————————

① 林留根：《江苏镇江东晋纪年墓清理简报》，《东南文化》1989 年第 2 期。

② 南京市博物馆：《南京象山 5 号、6 号、7 号墓清理简报》，《文物》1972 年第 11 期。

遗物分布非常明确。墓室后约三分之二的地面上砌有棺床,棺床的后部沿墓葬主轴方向安置棺木,棺木前部的棺床上置凭几,凭几两侧安置大型的陶瓷壶。棺床下的墓室前部,正对凭几,偏东部空出了安置侍俑的空间。这个空间的两侧各安置一辆陶牛车,方向朝向墓门。西壁下则安置陶明器灶。甬道内安置墓志、陶瓷壶和镇墓兽。[①] 西善桥南朝墓在墓室前三分之一处砌出隔墙,将墓室分为前后二室。后室偏后的三分之一空间被砌成棺床,沿墓葬主轴方向安置棺木,棺床前的墓室地面中部设置祭台。前室最前部放置墓志。[②]

从以上墓例中可以看出,东晋南朝单室墓中明显存在着以棺木为中心的空间和以凭几为中心的空间这两种区划。具体说来就是由外往内存在着甬道、墓门——祭台或明器、餐饮具——凭几——棺床、棺木这一系列的空间区划,沿着这个区划顺序形成了墓葬的纵向动线。从中可以整理出东晋南朝墓葬中室内的基本形态:棺木置于墓室中部偏后,凭几置于墓室中部偏前,凭几前的空间放置餐饮具或其他生活用具。凭几的摆放位置几乎处于墓室的正中,从其与棺木和餐饮具、生活用具的相对位置关系来看,在墓室中具有中心意义。棺木是收纳遗体的器具,这一点无需多言。凭几是座席用具,那么坐在席位上的是什么人,不难推断应该就是墓主人。墓主人凭几而坐的生活情景跃然眼前,这个生活场所与安放遗体的棺木迥然有别,因此,凭几是隐喻墓主人灵魂栖息场所的随葬遗物。此外,正像童家山南朝墓所表现出来的那样,与甬道内守护墓室的镇墓兽以及具有祭祀意义的随葬品相对,墓室前部面向朝外的明器牛车和明器陶灶的规律性摆放、

① 南京博物院:《南京童家山南朝墓清理简报》,《考古》1985 年第 1 期。
② 南京博物馆:《南京西善桥南朝墓》,《文物》1993 年第 11 期。

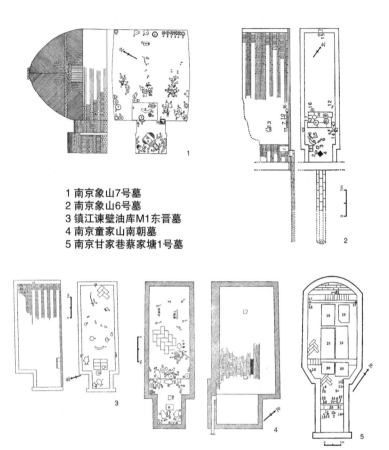

1 南京象山7号墓
2 南京象山6号墓
3 镇江谏壁油库M1东晋墓
4 南京童家山南朝墓
5 南京甘家巷蔡家塘1号墓

图34　东晋南朝墓墓室遗物分布图

凭几前方开放性的空间,共同构成了以墓主人为主体的视界空间。如此,墓室前部的空间,站在参与祭祀、礼仪一方来看,是向墓主人奉祭、供献的场面;反之,站在墓主人一方来看,则是迎接从墓门进入墓室的来访者的场面。放置水井、庖厨、牛车等模型明器的空间,则可比照为家屋的院子。东晋南朝墓葬的墓室空间构成,与居宅极其相似。

即使在长期以来认为是华北中原地区墓制影响下出现的墓

室平面呈方形、带短甬道的单室墓中,墓室内部空间的配置与构成,与上述长方形"凸"字形墓的要素基本相同。江南地区平面呈方形的单室墓,其代表墓例是东晋早期的象山 7 号墓。墓室中安葬了三人,三棺并列,中部是男性墓主,左右两侧是女性墓主,墓室四隅配置灯具,围绕置棺空间。墓室前部二隅附近,对着左右棺木足档部位放置壶、碗。正对墓门的祭台上只安置了 1 件凭几,并未在三口棺木的前方各置凭几,因此可以推断,这件凭几是为象山 7 号墓最主要的墓主设置的灵座。① 从墓门到祭台、凭几,再到棺木和后壁,均与墓葬的主轴线合致,可见平面方形单室墓的空间配置与构成,原理上与"凸"字形单室墓完全一致。

再者,象山 7 号墓的三具棺木,均位于墓室四隅所置灯具连接线的范围之内,如此,灯具就有了显示置棺空间的意义。象山 7 号墓的凭几和祭台,位于墓室前部两件灯具的连接线上。灯具可以围绕置棺场所摆放,也可以像象山 6 号墓那样放置在墓室前部稍偏的地点,从这些墓例中不难推测,灯具就有照亮某个特定空间的功能。当然,这些灯具也不能完全排除作为实用灯具在埋葬或举行祭祀典仪时使用的可能性,但很多墓葬出土的灯具往往是体形很小的灯盏,数量也不多,很难想象能起到实用照明的功能。这类灯具,与其是否实用可能并无关联,功能上所具"照明"的含义尤其重要,象征了由这些灯具构成的特定空间的意义。具有区分空间功能的灯具连线,或者可以说利用其照明功能显示出来的明暗界线,在其上设置祭台,放置凭几,与大多数长方形"凸"字形墓中凭几置于棺床前端并与祭台相对的现象,应该具有同样的意义。凭几与祭台,处于置棺场所与礼仪、生活场所的接点上。

---

① 南京市博物馆:《南京象山 5 号、6 号、7 号墓清理简报》,《文物》1972 年第 11 期。

内外这两个不同性质的空间,正是通过棺床与墓室地面的高度差、灯具的配置与明暗度等可视性界线来设定的。

第五节　十六国北朝的墓主画像

一、东汉魏晋十六国的墓主画像

在分析北朝墓葬的墓室空间时,我们将墓室壁画所绘墓主人像作为探讨对象。东汉至唐代华北中原地区的高等级墓葬中,时常出现墓主人像,正如近年来巫鸿、郑岩等人具体且详细的研究所显示的那样,墓主人像具有象征墓主人灵魂的性质,是了解华北中原地区统治阶级和贵族阶层丧葬文化最佳的材料。[①]

墓主人像是绘制在墓葬壁面上的墓主人或墓主人夫妇坐像,是东汉魏晋南北朝时期华北地区墓葬中经常出现的壁画题材。墓主人像既有侧面坐像也有正面坐像,尤其是正面坐像,几乎所有的墓葬对墓主人的脸面、姿势、服装和手持物品等均有一定的范式,因此可知这类画像并不是一个个墓主人的肖像画,很明显只是象征墓主人灵魂或生活场景的符号式画像。今天能够确认时代最早的墓例是河北省安平逯家庄东汉墓,墓葬后室顶部有"熹平五年"题记,熹平五年即公元 176 年。不过,时代为两汉之际的河南省新安县铁塔山 4 号汉墓中,也存在着旨趣略异的墓主人像。铁塔山 4 号汉墓后壁上部的壁画中,有一处绘有人物坐像,坐像周围有侍女侍奉,顶部和侧壁上部绘有神兽、四神、日月

---

① 巫鸿著,李清泉译:《无形之神　中国古代视觉文化中的"位"与对老子的非偶像表现》,《说"俑"　一种视觉文化传统的开端》,均载《礼仪中的美术——巫鸿中国古代美术史文编》,北京:生活·读书·新知三联书店,2005 年;郑岩:《魏晋南北朝壁画墓研究》,北京:文物出版社,2002 年。

星象等与天界相关的图像,侧壁下部绘有与现世生活相同的宴饮、舞蹈图像。[①] 将墓室壁面分成上下两层,上层绘制天界图像,下层绘制现世生活场景,是西汉墓葬壁画的特征,墓主人像的特征也与其他墓例大相径庭。[②] 可知这座墓葬中的墓主人像尚未定式化,并考虑到其所在位置与天界图像同处墓室上部,因此明显有别于东汉魏晋时期定式化了的墓主人像。这组与墓主人相关的壁画,其实依然延续着西汉时期的做法,就像西安交通大学西汉墓和西安理工大学西汉墓那样,壁面上没有绘制明确的墓主人画像,但在墓室的后壁上绘制引导墓主人灵魂升仙的羽人和神兽,用以表示墓主人的存在。[③] 虽然遗存的情况相对复杂,但依据较早的墓例可以推定,东汉末年灵帝时期这类墓主人画像已经出现了。墓主人画像及其基本构图,最早出现于东汉后期中原地区和华北平原的可能性很大。东汉魏晋十六国时期绘制墓主人画像的墓葬,多见于中原地区、华北平原和幽州地区,尤其是属于幽州地区的今辽宁一带留下了较多的墓例。在此,我们首先来了解一下东汉魏晋十六国时期墓主人画像的情况,然后再探讨北朝的墓主人画像。

　　洛阳朱村东汉壁画墓墓室长轴呈东西向,砖砌,墓室平面为长方形,券顶。北壁中部偏东设置甬道,以甬道西壁延长线为界,西侧有两层砖砌筑的棺床(图 35 - 1)。墓主人像绘于墓室北壁

---

① 洛阳市文物工作队:《洛阳新安县铁塔山汉墓发掘报告》,《文物》2002 年第 5 期。

② 黄晓芬:《中国横穴式墓的出现》(中国における横穴室墓の成立),《考古学雑誌》(考古学雜誌)第 83 卷第 4 号,东京:日本考古学会,1998 年;倪润安:《天地交通观念与西汉墓葬建构》,《四川文物》2007 年第 6 期。

③ 陕西省考古研究所、西安交通大学:《西安交通大学西汉壁画墓》,西安:西安交通大学出版社,1991 年;西安市文物保护考古所:《西安理工大学西汉壁画墓发掘简报》,《文物》2006 年第 5 期。

甬道门的西侧。墓室南壁绘制车马出行图,面向东。墓室西半部高出地面的棺床是置棺空间,东半部为祭祀或放置随葬品的空间。[①] 这个祭祀空间,或者立于甬道口所观看到的情景,不管从哪个角度看,都不面对墓主人像。即使面对棺位,也可以发现墓主人像与棺木并不在一条线上。这样的壁画内容与布局,在洛阳地区东汉壁画墓中颇具代表性。

北京石景山八角村魏晋墓为双室砖墓,带有较长的前甬道,前后室之间有甬道相通(图 35 - 2)。[②] 棺置空间虽然位于后室,但前室中也发现了遗骨,这种现象被解释为因地下水的关系后室的遗骨漂到了前室。前室东壁下置有石椁,石椁的正面绘制墓主人像。墓主人像的左右后三面被装饰成房屋形状,正面绘制手持麈尾端坐的墓主人,是典型的魏晋时期墓主人像。房屋右壁绘制牛耕、牛车图,左壁绘制侍女图,顶部绘制日月图。这是墓主人端坐于屋内向外观望、屋外风景展现于眼前的场景在墓室内的再现。

幽州地区这类绘制房屋墓主人像的壁画墓基本上都是带有回廊和梁柱的石板墓,墓室内部被分割成许多具有不同功能的空间,因此墓主人像的意义更容易把握。辽宁省辽阳市南郊街 M1 是一座东汉晚期的回廊梁柱式石板墓,墓壁和石柱上的墓主人像等壁画保存状况良好(图 36)。壁画有云气图、门吏图、回廊图、属吏奏事图、宴饮图、青山图、太阳图、车马出行图等 8 幅,其中的宴饮图,其实就是墓主人夫妇画像。墓主人画像与宴饮图、属吏奏事图均绘于与东侧相对的西壁和北壁上。位于墓室东侧的前

---

① 洛阳市第二文物工作队:《洛阳市朱村东汉壁画墓发掘简报》,《文物》1992 年第 12 期。

② 石景山区文物管理所:《北京市石景山区八角村魏晋墓》,《文物》2001 年第 4 期。

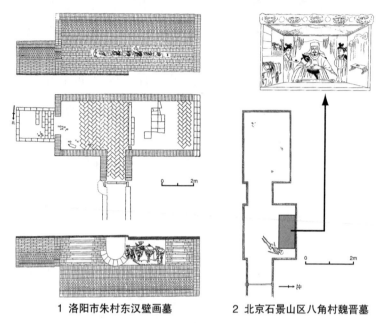

1 洛阳市朱村东汉壁画墓　　2 北京石景山区八角村魏晋墓

图 35　绘有墓主人像的东汉、魏晋壁画墓

廊和侧廊，与回廊图、太阳图、车马出行图一起，共同构成了身居邸宅、面向屋外的场景。[①] 类似的墓主人画像场景还见于东北地区多个石板墓，如辽宁省辽阳市上王家村墓、朝阳市袁台子壁画墓等。著名的东晋、前燕时期的朝鲜黄海南道安岳 3 号墓，是东北地区极具代表性的魏晋十六国墓。据壁画中残留的题记可知，墓主是卒于东晋穆帝升平元年（357 年）的亡命汉人佟寿（图 37）。墓葬为回廊梁柱式石板墓，带有甬道，呈横穴式。墓室由前室、棺室、西耳室、东耳室、后室等五个空间构成。室内绘有立人行列图、舞蹈女子图、鼓笛男子图，角抵图、立人行列图，卤簿出行图、鬼面图、云气图、门吏图、宴饮图、井边汲水图、厨房炊事图、车库

[①]　辽宁省文物考古研究所：《辽宁辽阳南郊街东汉壁画墓》，《文物》2008 年第 10 期。

图、牛舍图、马厩图、碓臼图等内容。宴饮图即为墓主人夫妇画像。西耳室正壁绘制的房屋内部为墓主人坐像,南壁的房屋内部绘有夫人坐像。

与墓主人像密切相关的墓例还有河西地区敦煌佛爷庙湾西晋墓(M37),这座多室墓的后室正壁绘制了没有人物形象的房屋图(图38-1)。后室中沿墓室主轴方向并置两棺,两棺棺盖上架横木,横木上挂有帷帐,遮挡住绘有房屋图的正壁。佛爷庙湾另一座西晋墓(M133)中,前室所附耳室的后壁也绘有没有人物像的房屋图,正对房屋图的空间放置这陶瓷餐饮器(图38-2)。[①] 两座墓葬均绘制房屋图,并且图前均置有餐饮器具,这明显暗示着房屋内的某个存在。此外,绘制于墓壁的房屋图远离墓室的主动线,这与前述墓主人画像的所处位置相同。这些未绘墓主人画像的房屋图,只是没有将墓主人的存在偶像化,却无疑象征着墓主人的存在。

如上所述,东汉魏晋十六国墓葬中的墓主人像,基本上均绘于单室墓的侧壁、前后室墓的前室、画像石墓或石板墓的前部耳室,均不在置棺空间。像洛阳朱村东汉壁画墓那样,立于甬道门或墓室内祭祀空间的动线来观察,也看不到墓主人像;即使面对置棺场所,墓主人像也不与棺位重合。北京八角村墓更是将绘有墓主人像的石椁与棺位分置于前后室中。东北地区的回廊梁柱式石板墓中,利用梁柱与隔墙将墓室分成多个空间,在不同的空间绘制不同题材的壁画,各空间的不同功能也因此得以区分。总之,均是在区隔不同空间的基础之上,将房屋墓主人像绘制于墓室动线之外。河西地区敦煌佛爷庙湾古墓群中,虽然仅绘房屋图

[①] 甘肃省文物考古研究所:《敦煌佛爷庙湾　西晋画像砖墓》,北京:文物出版社,1998年。

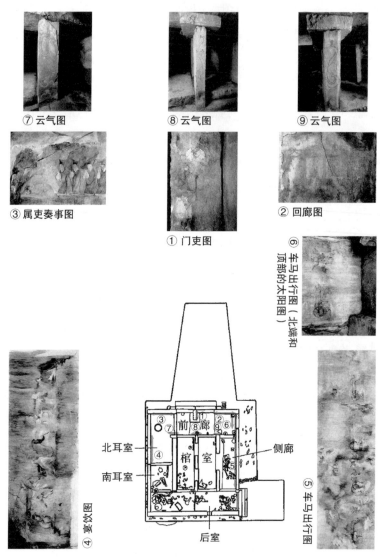

⑦ 云气图   ⑧ 云气图   ⑨ 云气图

③ 属吏奏事图   ② 回廊图

① 门吏图

⑥ 车马出行图（北端和顶部的太阳图）

③ 前廊   ⑧   ②
北耳室   ④   棺 室   侧廊
南耳室   ⑤
④ 宴饮图   后室   ⑤ 车马出行图

图36　辽宁省辽阳市南郊街东汉墓墓室壁画

而不绘墓主人像，但房屋图前悬挂帷幕以示遮挡，从这一现象中可以看出，在绘制房屋墓主人像的地区，依然要通过区划来隐蔽墓主人所在的空间。

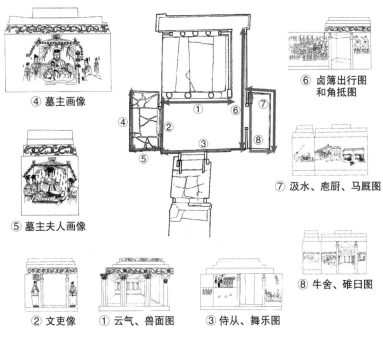

④ 墓主画像

⑤ 墓主夫人画像

⑥ 卤簿出行图
和角抵图

⑦ 汲水、庖厨、马厩图

⑧ 牛舍、碓臼图

② 文吏像

① 云气、兽面图

③ 侍从、舞乐图

图 37　朝鲜黄海南道安岳 3 号墓墓室壁画

以上现象若不作进一步深究,似乎只是依据棺木、壁画、随葬品的位置来将墓室内部空间进行功能上的区分而已,然而,如果只是单纯的墓室内部空间的功能性区分,即使在那些通过墙体或其他设施明确将墓室分为不同空间的墓葬中,墓主人画像避开进入墓室的动线或令人无法直视的做法都是不自然的。这种现象似乎暗示我们,如此布局的原因,并不是单纯地为了墓室空间功能上的区分,尽管因墓室结构的不同会出现各种差异,但其共同点在于客观存在的墓主人遗体与象征墓主人灵魂的画像之间的相互忌避。此外,除棺位空间放置随葬品外,房屋墓主人画像前也放置随葬品,很明显,这是两组不同性质的随葬品,不同随葬品的放置,同时也将两个空间区分了开来。从而可以判断,房屋墓

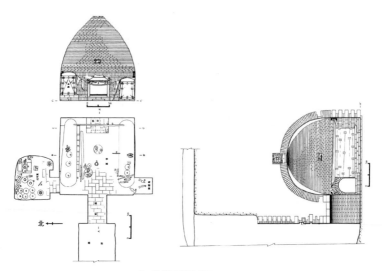

1 佛爷庙湾M37

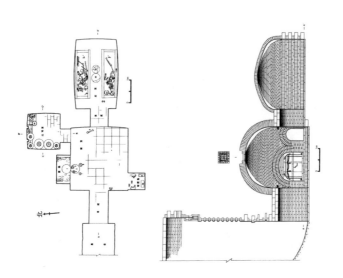

2 佛爷庙湾M133

图38 甘肃省敦煌佛爷庙湾西晋墓墓室

主人画像的绘制偏离自外而内的动线或位于无法直视的位置,有意识地与棺位空间区隔开来,是墓主人画像绘制的基本原则。

二、北魏的墓主画像

北魏基本继承了魏晋时期的华北墓制,尤其是迁洛以后,北魏墓葬的中原化进一步加速。迁洛以前的北魏墓主要集中在今山西省大同附近,墓制主流为平面呈梯形的竖穴土洞墓,平面呈方形的横穴式墓也有发现。迁洛后,洛阳附近墓葬的主要形式为平面方形或弧方形的单室墓,面对墓门,墓室中部偏左或左半部沿墓室长轴方向放置棺木。有的设有棺床,有的不设棺床。墓室右半部放置明器类生活用具和大量的陶俑。壁画墓因大多保存状况欠佳,题材内容明确的墓例并不多。能够确认墓主人画像的墓例仅大同沙岭北魏壁画墓、大同智家堡村北魏壁画石椁墓和洛阳孟津北陈村北魏王温墓等数例。①

大同智家堡村北魏壁画石椁墓,用平板石材组建家屋形石椁,墓主人遗体直接置于石椁内。石椁正面绘制墓主人像,侧面绘制侍从像(图 39 - 1)。墓主画像的面部和服饰与大同沙岭北魏壁画墓类似。墓葬营建的具体时间虽然不明,但作为北魏平城时期的遗存当属无疑。②

洛阳孟津北魏王温墓为平面呈正方形的单室墓,坐北朝南,后壁在北侧(图 39 - 2)。墓室东壁绘出房屋,墓主人夫妇端坐于屏风前,周围绘有侍女、景观石、树木等图像。数量不菲的陶俑集中摆放在墓室东南角至甬道门之间,呈带状分布。棺木虽已朽尽,墓室内人骨碎片和棺钉的分布散乱,但从墓室中部至后部未见随葬品这一现象判断,棺木应位于墓室中部偏后,与墓室主轴垂直,呈东西向。甬道内出土了石墓志,据此可知墓主为葬于北

---

① 洛阳北魏清河王元怿墓甬道内残存武士立像壁画,墓室内虽有绘制墓主人像的可能性,但因损毁严重无法确认。
② 王银田、刘俊喜:《大同智家堡北魏墓石椁壁画》,《文物》2001 年第 7 期。

魏太昌元年(532年)的安东将军、银青光禄大夫王温,是北魏末期三品高官的墓葬。[①]

大同沙岭北魏壁画墓为平面弧方形的单室墓,坐东朝西。后壁即东壁上绘有墓主人夫妇像(图39-3)。墓主人画像虽然手持麈尾端坐于房屋之内,保持着汉魏以来的样式,但面部与服饰与汉魏时期相去甚远。[②] 墓室西壁的甬道口两侧绘有武士像;南壁绘院落图,上部绘灵兽图;北壁绘出行图,上部绘灵兽图。甬道两壁绘武士像和灵兽图,顶部绘伏羲女娲像。棺位和朝向不明。墓主身份不明,但从漆片上残留的铭文可知,该墓为夫妇合葬墓,男性墓主死后,其妻"破多罗太夫人"与之合葬,女性墓主破多罗太夫人卒于北魏太武帝拓跋焘太延元年(435年),其子官"侍中主客尚书领太子少保平西大将军"[③]。

从以上数例中可以看出,北魏壁画墓墓主人像与房屋图绘制在墓室的正壁,紧靠图像放置棺木是基本做法。此外,很多北魏墓葬中的棺位位于墓室中部略偏左,方向与墓室主轴平行,墓室右半部较大的空间用来放置以陶俑和明器类生活器具为中心的随葬品,数量往往不少。[④] 在随葬品的分布上,以棺为中心放置卤簿仪仗和生活用具,周围放置武士俑和镇墓兽等,这样的分布特征很明显非常重视与棺木的关系。

不过,也有一部分墓葬棺位位于墓室中部偏后,棺的朝向与

---

① 洛阳市文物工作队:《洛阳孟津北陈村北魏壁画墓》,《文物》1995年第8期。

② 该墓还出土了许多漆片,推测是漆棺表面的残片。漆片上也残存类似墓主人夫妇的画像,但性质与所处位置不明。

③ 大同市考古研究所:《山西大同沙岭北魏壁画墓发掘简报》,《文物》2006年第10期;赵瑞民、刘俊喜:《大同沙岭北魏壁画墓出土漆皮文字考》,《文物》2006年第10期。

④ 偃师商城博物馆:《河南偃师两座北魏墓发掘简报》,《考古》1993年第5期。

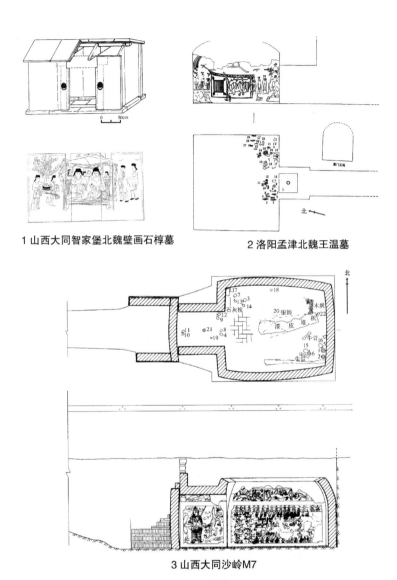

1 山西大同智家堡北魏壁画石椁墓

2 洛阳孟津北魏王温墓

3 山西大同沙岭M7

图39　北魏绘有墓主人画像的壁画墓

墓室主轴垂直,其中绘有墓主人像的代表墓例就是上述洛阳孟津北魏王温墓。在北魏墓葬中,王温墓墓主人像的所在位置比较特殊,画像位于墓室东壁上,既偏离墓室内部的动线,也偏离了棺位。从以上墓例中已基本可以看出北魏墓葬的墓主人画像与东汉魏晋墓葬同类画像性质上的差异,棺或棺位与墓主人画像在空间上必须分离这一东汉魏晋传统,到了北魏时期已基本上不再为人重视。其中,只有洛阳孟津北魏王温墓比较特殊,棺位与墓主人像之间的关系,似乎依然传承着东汉魏晋以来的旧习。然而,即使在王温墓这样的墓例中,随葬品已不再针对墓主人画像陈列,而表现出了与棺位之间的密切关系,从这一点上来说,与东汉魏晋的旧习之间已然有了较大的差异。

三、北朝后期的房屋墓主画像

中原地区北朝后期墓葬中绘有房屋墓主人画像壁画的有河北磁县湾漳北齐大墓、北齐高润墓、蠕蠕公主(间叱地连)墓、山东济南市北某道贵墓、济南市东八里洼墓、临朐北齐崔芬墓等。

湾漳大墓墓顶绘星象图,墓室内壁绘满壁画,但保存状态较差,北壁残留部分帷帐和羽扇图像,推测其中原本绘有墓主人画像。[①]

北朝后期的墓主人画像中,继承东汉以来图像形式的典型墓例是高润墓。高润墓的墓主人画像端坐于穹隆式帷帐的中央,正面,其两侧有奉持扇翣和伞盖的侍者(图 40)。侍者各人的动作姿态写实且华美,与墓主人同身大小,非常接近于现实。虽然继承了汉代的形式,但也具有鲜明的北朝特色。这幅墓主人画像当然是该墓中主体性的存在,墓室东壁还绘有伞盖、扇翣和骑马人像等相拥的贵人行列图,伞盖下原本应有的贵人也可能是墓主。因此,从高润墓的事例中,可以想象存在着两种不同性质的墓主

---

① 中国社会科学院考古研究所、河北省文物研究所《磁县湾漳北朝壁画墓》,北京:科学出版社,2003 年。

画像。蠕蠕公主棺床偏于墓室西侧,正壁即北壁绘制墓主画像,左右配置侍女与伞盖(图 41)。墓主画像与传统形式有较大的差异,类似于出行图的构图形式,与高润墓墓主画像之间可作比较。

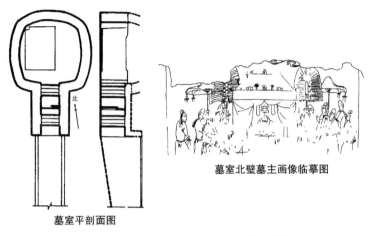

墓室平剖面图

墓室北壁墓主画像临摹图

图 40　河北省磁县北齐高润墓墓主画像

济南某道贵墓壁画中,正面像的墓主两侧,绘制与墓主躯干同样大小的侍者立像,基本上采用了与高润墓等典型墓例同样的构图,但背后绘制屏风这一点有别于其他墓例(图 42)。济南东八里洼墓中,墓主画像本身不是很明了,但在穹隆状的帷幕下,绘有安置了树下高士图屏风的床榻(图 43)。这类与纵长方形分割成屏风形式相伴的墓主人画像,邺城周边之外主要出现在青州地区的北齐墓葬中。青州地区的临朐崔芬墓,甬道门所在南壁之外的东、北、西三壁,均绘制屏风式壁画,包括 8 幅树下高士图在内,共计 15 幅(图 44)。崔芬墓在北齐墓葬中非常罕见,墓室南北向,北壁应为正壁,但墓主人像却绘制在西壁上,坐西朝东。墓主人画像也不同于东汉以来正面端坐的定式,采用的是贵人行列图的形式,这种形式通常认为是受到了传顾恺之所作《洛神赋图》的影响,可以说是一个特例。

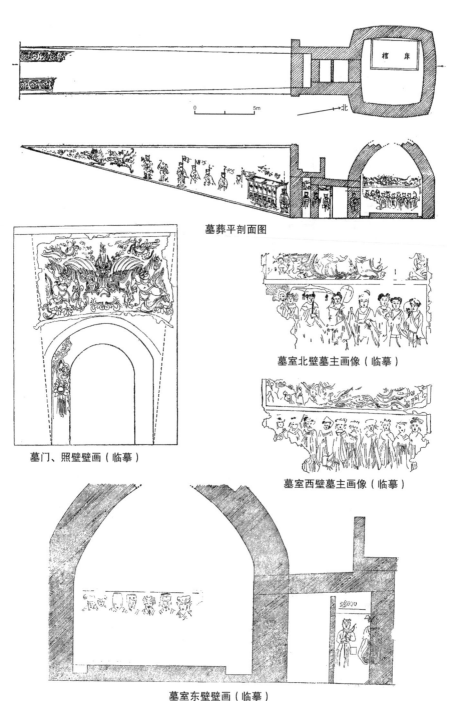

墓葬平剖面图

墓门、照壁壁画（临摹）

墓室北壁墓主画像（临摹）

墓室西壁墓主画像（临摹）

墓室东壁壁画（临摹）

图 41 河北省磁县蠕蠕公主墓墓室壁画

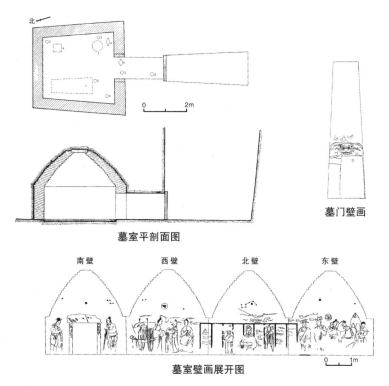

墓室平剖面图

墓门壁画

南壁　　西壁　　北壁　　东壁

墓室壁画展开图

图 42　山东省济南马家庄北齐某道贵墓

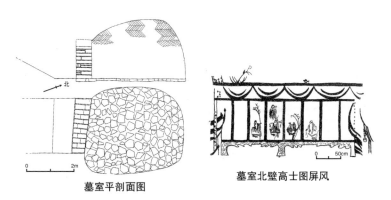

墓室平剖面图

墓室北壁高士图屏风

图 43　山东省济南东八里洼北齐墓

125

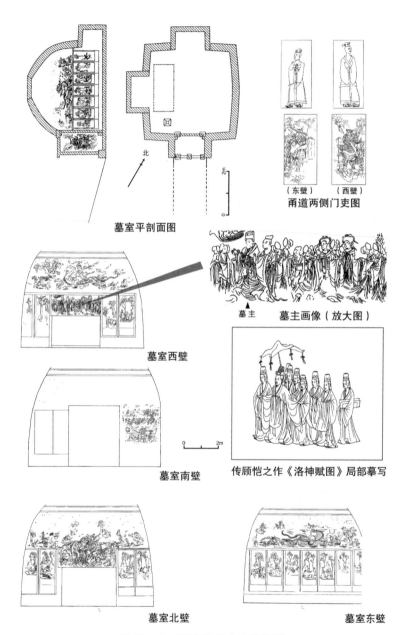

（东壁）　　（西壁）
甬道两侧门吏图

北

2m

墓室平剖面图

墓主　墓主画像（放大图）

墓室西壁

墓室南壁

0　　　2m

传顾恺之作《洛神赋图》局部摹写

墓室北壁

墓室东壁

图44　山东省临朐县北齐崔芬墓

上述北朝晚期绘有墓主人画像的墓葬有一个共同特点，即墓葬主轴与墓主人画像的位置均"坐北朝南"。换言之，墓主画像的面对方向与墓葬主轴即墓向一致，墓葬的动线与墓主人画像的位置处于正对的关系。只有崔芬墓的墓主人画像位于西壁，采用了"坐西朝东"的传统做法，这可能是因崔芬出身中古望族清河崔氏这一特殊身份所导致的例外现象。① 与崔芬墓的特例相比，其实更重要的是，墓主人画像必须正面端坐这一丧葬观念在北朝后期已经确立，这意味着墓主人可以具有明确的可视性，这一点非常值得关注。

第六节　围绕墓主的墓室空间结构

最后，以南北墓葬制度所见丧葬观念异同的考察作为以上话题的总结。

东汉魏晋墓葬中，单室墓墓室的后部或双室墓的后室为置棺场所，壁画中的墓主人画像要避开墓门—甬道的动线，也要避开与棺位重合的视线，置棺场所与墓主灵魂的栖息场所，原则上要有明确的区隔。帷帐也多与生活器具和祭台形成组合，与现实生活一样，构成了墓主死后的生活空间。与墓主人画像同时出现的"房屋"，是现实生活中居所的象征，除展示屋内空间这一基本要素之外，常常还绘有帷幕状简易顶棚等多种形态的附属构造，这

---

① 崔氏大致可分为冀北的博陵崔氏和冀南的清河崔氏两大支，两支均为东汉以来华北地区的豪门大族。崔芬属清河崔氏，其先随鲜卑后燕政权南迁青州，称清河青州房。崔氏在十六国北朝时期入仕各政权，成为华北冀州、青州一带拥有地方势力的汉人大族。即使入仕北魏政权，也依然保持强烈的汉人正统观的崔宏、崔浩等人亦为清河崔氏家族成员，考虑到这一点，也许可以理解清河崔氏家族长期保持汉人的传统礼制观念，并影响到墓主人画像位置的可能性。

类构造并没有特定的结构,往往依据各地域、各阶层现实生活中的居住形态采用不同的形式。也就是说,墓主人居坐于室内的图像,与各人现实生活中的房屋具有同样的意义。与端坐于此的墓主人画像一样,显示了这里就是墓主人日常起居的场所。墓主人画像或帷帐是灵座,是墓主人无形灵魂的栖息场所,隐喻的意义非常强烈。此外,车马出行图则是墓主人"生活"中出行的表征,面向均朝外。

东晋南朝墓的墓室空间也有相对固定的功能区分,置棺场所位于双室墓的后室或单室墓的中部偏后,象征墓主人灵魂的凭几位于中部偏前,餐饮器具和其他生活用品放置在双室墓的前室或单室墓的前部,虽然墓室平面形制略有不同,但在空间的利用上依然继承着东汉魏晋墓的传统。这种布局意味着从东汉至两晋南朝墓葬一直保持着一个传统,即墓主人在地下如生前般的生活场所,与死后遗体的安置场所,两者原本就是有区别的,墓主人"生"的一面与"死"的一面,原则上是要分开处理的。东晋南朝墓中,凭几在明确地作为供献对象的同时,也象征着墓主人的起居场所。从这些现象中可以看出,墓室被不断地建构成礼仪空间,在这个空间中,墓主人的灵魂有象征性的存在。

东汉以来生活空间与置棺空间明确分离这一传统,仍然被东晋南朝墓葬所继承。然而,隐喻墓主人"生"的凭几,与安置墓主人遗体的棺却安排在同一棺床之上,这种现象似乎又说明空间的区分并不是那么明确。但是,如果从"死"这个角度来看,凭几象征的是与遗体分离了的灵魂,如果从"生"这个角度来看,墓室就是居室。可以这么说,居室内凭几和附近空间,属日常生活空间,而置棺空间则隐喻了墓主人的卧室。东晋南朝墓中的棺床,是墓主人居室和卧室即居宅内部的私人空间。棺床不单纯是置棺场所，也是墓主人的生活场所，正因为有这一系列的意义，凭几与棺才能安置在同一个棺床之上。如此一来，与居室内部私人空间相对的一面，即放置生活用具、餐饮器具和牛车、陶俑等随葬品的单室墓中比棺床低一级的墓室前部或双室墓的前室，就是宴享会客的场所，而侍者、牛车所在的位置，就应该是住宅的前部的庭院。作为居宅的墓室空间构成，与现实中的中国传统建筑也很类似。例如四合院建筑中，东南方向开门，与大门相连的东西向排房称倒座房，进门后是院子，院子北侧是朝南的正房，正房两侧是厢房。正房是居宅主人生活的主要建筑，院子是会客或举办各种庆典仪式的场所。可以说，东晋南朝墓的墓室空间，与现实生活中的居宅具有相同的意义，在不同的世界中规划墓主人的居处与生活，在理念上是非常完整且有体系的空间设计（图45、图46）。

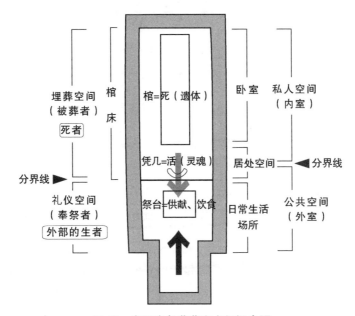

图 45　东晋南朝墓墓室空间概念图

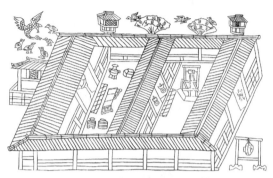

1 沂南北寨村画像石墓所见建筑形象

2 东吴青瓷坞堡（鄂城饮料厂1号墓）

图46　汉三国时期的住宅建筑

　　另一方面，从举行葬祭活动的死者家属等生人来看，东晋南朝墓的墓室又是举行供献（墓室前部）、祭奠（凭几）、遗体安放（棺）等一系列丧葬活动的场所，动线的方向与行为的对象都有明确的设定，从生者的葬仪行为上看，也是一套严整的空间构成。就随葬品的功能而言，供献祭器与餐饮用具因性质不同，原则上必须分开摆放。还有，凭几与棺同置棺床之上的做法，理由之一如前文所述，两者均具居室内起居的共性，这里还有一个理由可以考虑，这就是从生者举行葬祭的视线来看，设置高于墓室地面的棺床，后部置棺，前部放置凭几，这种位置关系，与举行墓前祭祀时设置的神主或祠堂等传统的宗庙之间也具有共性。

因此,东晋南朝墓的墓室,无论是作为墓主人的埋葬场所还是模仿墓主人的生前居宅,其空间意义基本上是合乎逻辑的。东晋南朝墓葬在继承东汉魏晋传统观念的基础上又有所发展,在墓室的居宅化这一点上,比东汉魏晋墓葬更加集约。总体而言,东晋南朝墓墓室的形态特征,可以归纳为如下三大要素,即墓室空间的居宅化、礼仪形态的定式化与灵魂的象征。这些要素意味着墓主人身上并存的两面性,一面是"生",是依然能够自由活动的一面,另一面是"死",是死后作为祭祀对象的一面。

这里,笔者想到了"招魂葬"这种丧葬习俗,这种习俗在六朝江南地区根深蒂固。所谓"招魂葬",是召唤死者的灵魂,将其引向墓室,然后举行仪式加以安葬的习俗。这种习俗源自春秋战国以来广泛流行于江南地区的楚文化,从《楚辞·招魂》中即可窥斑见豹。《楚辞·招魂》中,巫阳在与天帝对话之后,口中不停地发出召唤死者灵魂的言辞,言称东南西北哪个方向都充满危险,找不到安居的地方,天上地下也极其恐怖,还是回到现实中的楚地来吧;楚地已经为你的灵魂准备好了安息的居宅,楼宇豪华,美姝如云,醇醪佳肴,歌舞满席。神巫一遍遍地呼唤,以此吸引游魂的归来。正如神巫口中描述的居宅那样,"像设君室,静间安些""翡帷翠帐,饰高堂些",宽广的房间里架设了绣满翡翠色漂亮纹样的帷帐,这些都是灵魂生前居宅内室的模样。然后,"食多方些""华酌既陈,有琼浆些",各式美酒佳肴陈列于前。

在《楚辞·招魂》中,死者的游魂与生者一侧积极的仪式共存。这个仪式,因为将灵魂引入墓中安息之后就没有具体的描写了,从中似乎可以看出,反复召唤灵魂是其重点,甚至可以说招魂本身就是其目的。也就是说,招魂仪式以各种各样的言辞来展现不同的场面,以几乎固定的形式反复召唤灵魂,虽然过程显得有些复杂,但内容却是固定程式的反复。此外,通过言辞表现出来的情景能给我们很多的启发,墓葬是仿效现实生活中的居宅所建,由作为私人空间的内室和作为公共空间的大厅构成的墓室,摆放着各式家具和生活器具,架上帷帐,用于会客宴享。①《楚辞·招魂》中描述的情景,即固定的程式、死者的游魂、对现实居宅的模仿,与东晋南朝墓葬的墓室空间有着很强的共性。可以想象,东晋南朝墓葬的空间概念,受到了江南楚文化的深刻影响,带有极强的地域特点。西晋晚期以后江南地区的墓葬,"凸"字形单室墓逐渐成为标准型式,这种变化,不能单纯地归因为西晋朝廷制定了新的丧葬制度,还应该考虑到与江南地区根深蒂固的地域性之间融合的大背景。东晋时期,招魂葬在北方贵族阶层被视为异端,因有悖礼制,朝廷曾下令禁止,但现实中却无法彻底取缔,最终还是被吸纳到了礼制的范畴之中。因此,江南六朝墓虽然经历了从东吴墓葬向东晋南朝墓葬的巨大转型,但本质上并不意味着彻底接受了华北中原地区的墓制。江南地区六朝时期虽然在不断地接受中原文化的影响,但最基层的社会生活依然延续着本土的吴楚文化。在这个过程中,从西晋晚期开始,墓葬的形态上虽然呈现出了中原地区的样貌特征,但作为能够接纳江南招魂葬旧俗的墓制,居宅性质进一步得到加强的"凸"字形墓,逐渐成为墓葬的主流。

与之相比,北朝的墓室空间概念又如何呢? 北魏墓葬中,如果以墓主人为中心来进行观察,墓主人画像、房屋图绘制在墓室的正壁,画像前的墓室中部或略偏左置棺,棺与墓室主轴平行。北魏墓葬墓室的正壁往往在北,虽然可以依据昭穆制的观念把棺位设置成坐西朝东,然而,东汉依昭穆制设定的坐西朝东的葬制,

---

① 当然,《楚辞·招魂》成书的战国时期,墓葬形制是密闭性极高的竖穴墓,这里所言仿照现实居宅营建的墓葬,狭义上可以是墓前享堂一类的设施。

只适用于墓主人像的配置,也就是说,是墓主人"灵座"所处位置的设定。将这种观念用于棺位的配置,是北魏墓的特殊之处。墓室正壁在北,甬道、墓门、墓道在南,即所谓的"坐北朝南"的形式,在汉代也非常常见,西晋至北魏中原地区尤其是洛阳盆地的墓葬,这种形式已经成为墓葬营建的基本原则。坐南朝北的墓葬结构与坐西朝东的墓主人灵座的组合,显示了从外到内的居宅的主轴方向与基于家族内部人格尊卑关系的主轴方向的结合,这种二重原理在中原墓制中发挥了作用。

北魏墓葬中,墓室右侧(东半部)的广大空间中,往往放满了数量庞大的陶俑和明器类生活用具。陶俑象征着官吏、随从、将士等人群,与明器一样,供献的意义并不强,应是从属于墓主人灵魂的随葬器物。很明显,这个空间并不是留给确保丧祭仪式顺利进行的空间,相反,与礼仪行为相关的餐饮具、墓志等随葬器物被安排到了甬道之中。如此一来,位于自外向内的墓葬动线上的墓主就是墓主人画像,与东汉相比,虽然有着同样的二重原理在起着作用,但墓主应处的位置却正好相反。

另一方面,原本应该摆放在墓主人画像前的供奉器具却几乎无法确认。洛阳孟津北魏王温墓,墓主人画像的所处位置形式上虽然采用了东汉以来的传统,但是也不见墓主人画像前有专设的供奉类随葬品。所谓"坐西朝东",是指立于东侧向西侧礼拜,如今,棺位于墓室偏西部,棺在墓室中的主体性被大大加强了。结果,墓主的性质与北魏墓的空间构成之间的关系就变得有些复杂了。尽管墓主人画像位于自外而内的墓葬动线的北端,面部与外相对,具有可视性与象征性,但墓葬的主体实际上已经转变为棺,即躺在棺中的墓主人遗体。在这种形式下,墓主像与棺不再分别象征墓主人的魂和魄这两个侧面,两者均是墓主人的居处,只是分担了不同的角色而已。

可以这么说,北魏时期,棺(遗体)承担了象征墓主人的主体,但同时又是灵魂的栖息之所。墓室中分别象征墓主人魂、魄两面性的遗物和空间构成的消失,揭示了北魏时期魂魄观念一体化的事实。然而,哪怕两者已经合二为一,但墓主人像所体现出来的格式化图像和大量随葬的出行仪仗俑群等遗物的存在,看不见摸不着被称作"魂"的墓主人的活动依然可以想象。因此,与其说是两者合二为一,还不如从二元性上来把握,两者的存在意义已没有太大的差别,只是应对不同场面分别登场而已。这种形式的一个重要特性在于,墓主已然不具有主体性,是生者在对墓主的遗体和灵魂举行仪式时,能最大限度地利用棺位以外的空间。这种推测,与平城时代中期到迁洛以后的北魏墓葬中墓室内出现殿堂式石椁的现象似乎也有密切的关系(图 47)。为什么这么说,是因为在模仿现实居宅为墓主人营造安宁的生活场所的同时,居宅之内棺是安置遗体的最重要场所。如果视墓室为居宅,那么墓室内部就无需再屋下架屋了。通过将墓门建造成邸宅的门楼等形式,墓室已经具备了居宅的意义,但北魏还有一部分墓葬在墓室内放置取象于家屋的殿堂式石椁,用来安葬死者的遗体;还有的在墓室顶部绘制星宿、银河等图像,总之,在墓室内部再置家屋并表现出屋外的情景。星宿、银河是汉代以来传统的图像,然而,洛阳北向阳村孝昌二年(526 年)江阳王元乂墓、北齐湾漳大墓等北朝壁画墓中星宿、银河图的处理方法,与作为仙界图背景的汉代星象图趣旨迥异,墓室的顶部甚至绘出了银河图。此外,在原本就具有住宅意义的墓室中又放入了殿堂式的石椁,在墓室内重复营造出了另外一个屋外空间与住宅空间,墓室顶部描绘成了具象的天空,具备了某种宇宙观。这些做法,与汉代以来墓室作为死者居宅的传统大相径庭。北魏的墓室空间,少见东晋南朝墓所体现出来的那种理念世界的设计意识,灵魂与遗体的关系一体化,因而在棺的周围配置大量的陶俑,壁画中大规模绘制出行图、院落图,神仙世界的灵兽等形象也体格硕大,表现了庄严与力量。

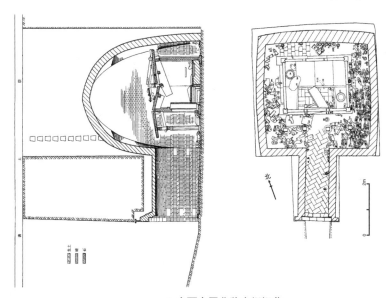

1 山西大同北魏宋绍祖墓

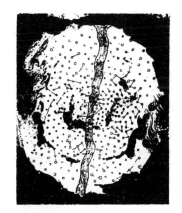

2 洛阳北魏元乂墓墓顶星象银河图

图 47　墓室内设置的殿堂式石椁与星象银河图

小　结

以上通过六个小节阐述了南朝帝陵与北朝帝陵在空间构造上的差异，基于这些认识，接下来以南朝帝陵为中心，就江南六朝陵墓营造的设计思想作一个概观。

首先，江南六朝陵墓，从东吴到南朝，墓葬的选址基本上位于山地或丘陵的缓坡上，前临低地或池塘、河道。这一特征是众所周知的，其由来于相墓术即风水思想这一点今亦已成为定说。也就是说，这样的选址所构成的陵墓空间，背倚山体主峰，左右有向外延伸的冈丘怀抱，前临带有水体的低地。这样的特征，与传说中郭璞《葬书》所述墓葬的选址原则基本一致，可以说是反映了风水思想的一种古老理念。

中国历代营建陵墓和都城的背景之中就包含着这样的风水思想，也存在着以天圆地方为代表的传统的宇宙观或地上世界观。中原都城洛阳就是选择在北倚邙山南临洛水的洛阳盆地营建的，都城之北的邙山上分布着数量众多的陵墓，也起因于上述的风水思想和宇宙观。

江南六朝陵墓从一开始就有不少依据风水思想营建的墓例，但从东吴到东晋这段时间内，完全依据风水思想来营建墓葬的做法并不彻底。然而到了南朝，至少在帝王陵墓的营建上，葬地选择同样的地形地貌似乎已经成为统一的标准。在中原地区，陵墓、都城"坐南朝北"作为一种原则已经基本得到贯彻，但江南六朝陵墓在考虑选址时仍以风水思想为最优先，至于陵墓的朝向，则未必统一。也就是说，从江南六朝墓葬中，我们更能读到忠实于风水思想来选择理想葬地并付诸实施的意味。

　　《葬书》对葬地选址的要求中,非常重视风水思想中所谓的"气"与"水","丘垄之骨,丘阜之支,气之所随",认为"气"发于主峰,然后沿山脊降至平地,而且"气"在土中,地高则气深,地低则气浅。水因"气"而生,因此,山体、土地与水是最重要的存在。草木茂盛的土地被视为最好的葬身之地,正是因为这样的土地充满了孕育生命的自然之气。这种观念的前提既有"经曰,气感而应鬼,福及人"的古典传统,更有"盖生者气之聚凝结者成骨,死而独留,故葬者反气入骨,以荫所生之法"这种基于风水思想的相墓法术,目的在于为死者选择一块好墓地,能够使其重具自然之气,从而生者能够在其气的保佑下永享现世的幸福。因此,葬地选择山体主峰和两翼高冈围成的地貌,使生于主峰的"气"停留在山谷之中而不发散。也就是说,祈祷能永享现世幸福生活的生者的愿望,是江南六朝陵墓选址和营建的前提。

　　与之相比,北朝后期帝陵在形式上与之稍有差异。北朝后期帝陵中不乏在墓室和墓道壁画中绘制文武官员形象的墓例,这是现实生活中门卫的具象表现。墓室内放置大量的俑类随葬品,与明器类生活用具和牛车等交通工具,营造出了出行或卤簿的场景。墓室作为墓主人居所的同时,还表现出了星空、居宅、天上世界、地上世界,墓道中也表现出了出行仪仗与天上世界,在墓室之外还营建了现实世界的礼仪设施,从中很难看出有什么一贯性的意义。各种各样的观念及愿望,能够想到的世界被压缩到了墓葬空间之中,因此,不同的场所表现出来的各种场面都有其不同的意义。可以说北朝后期帝陵的营建中,一方面为了皇帝的神圣性、物理上的权威和国力的可视性夸示,在墓葬空间内以卷轴画的形式展示了恢宏的场景,另一方面,在王朝的统治思想和丧葬观念的整齐性方面却乏善可陈。

　　从以上对北朝后期帝陵墓室和墓葬外部空间构造的叙述中可以看出，北朝晚期的帝陵可以说是为了达到某种目的而搭建的舞台，通过舞台上的表演，将墓主即死去的皇帝设定为灵庙式的崇拜对象，同时利用其存在感和对外的可视效果来夸耀王朝的威严与统治能力。而这种通过物理的形式来夸耀国力和威严的设计思想，与南朝陵墓之间有着明显的差异。

第二编

晋式金属带具研究

第五章　晋式金属带具的研究史

第一节　"晋式金属带具"的发现与命名

晋式金属带具一般指以前部边缘呈弧状后部边缘平直且透雕有龙虎形兽的变形长方形金属带扣、金属带头,以及透雕有芝草纹的銙为主构成的金属带具。此类金属带具出土于中国两晋(西晋、东晋,265—420),以及同时期周边地域的墓葬中,是晋王朝独特样式的带具。

中国最早发现的晋式金属带具出土于1931年发掘的广州大刀山晋墓。[①] 此后,1953年在调查发掘江苏省宜兴周处墓时,也出土了晋式金属带具,并迅速受到关注。[②] 截止到1977年,围绕以带具材质为主的问题,对宜兴周处墓出土晋式金属带具展开了大量研究。当时,对于这种金属带具尚未形成固定的命名方式,发掘报告、论文中采用如"晋墓带饰""晋代带具"等多种临时性称呼。值得关注的是1987年孙机探讨了这种带具在样式上的特殊

---

① 胡肇椿:《广州西郊大刀山晋冢发掘报告》,《考古学杂志》创刊号,广州:黄花考古学院,1932年。
② 罗宗真:《江苏宜兴晋墓发掘报告——兼论出土的青瓷器》,《考古学报》1957年第4期。

性和发展谱系,并指出其流行于晋代,应称为"晋式带扣"。①

另一方面,1885 年日本奈良县新山古坟随葬品中也发现有晋式金属带具,当时该带具由宫内省诸陵寮收藏。最初,高桥健自介绍了该带具的相关信息,并指出这种金属带具具备六朝艺术的特征。② 为撰写新山古坟的调查报告,梅原末治对相关实物进行了精细的考察,首次公布了详细的资料。③ 当时,中国尚未出土此类晋式金属带具,新山古坟的发现尚属孤例。梅原末治在肯定高桥健自观点的同时,还论及新山古坟出土晋式金属带具与熊本县江田船山古坟、京都府谷冢古坟、福井县西冢古坟、福冈县月冈古坟出土金属带具间存在相似点。进而还指出其与朝鲜半岛三国时代金属带具间也存在一定关系。在对比彼此的特征后,梅原末治指出"可以看出其间存在着时代上的差异"④。梅原末治不仅推测了这类带具的相对年代,还梳理了新山古坟出土金属带具与日本列岛、朝鲜半岛所见其他实例间存在的联系,其结论具有极高的学术价值。

此后,梅原末治获知广州大刀山晋墓与江苏宜兴周处墓出土了同类的金属带具,并接触到日本国内与欧美所藏的相关资料。基于对上述资料展开的细致观察与研究,确定了这种金属带具是中国六朝的遗物。⑤ 虽然梅原末治仅论及相关资料是"六朝初

---

① 孙机:《我国古代的革带》,《文物与考古论集——文物出版社成立三十周年纪念》,北京:文物出版社,1986 年,第 305 页。
② 高桥健自:《上古遗物所见大陆文化的输入》(上代遗物より見たる大陸文化の輸入),《考古学杂志》(考古学雜誌)第 14 卷第 15 号,东京:日本考古学会,1924 年。
③ 梅原末治:《佐味田及新山古坟研究》(佐味田及新山古墳研究),东京:岩波书店,1921 年。
④ 前引梅原末治《佐味田及新山古坟研究》,第 157—159 页。
⑤ 梅原末治:《关于金铜透雕龙纹金属带具》(金銅透彫竜紋带金具に就いて),《考古学杂志》(考古学雜誌)第 50 卷第 4 号,东京:日本考古学会,1965 年。

期"的产品,不过其强调了广州大刀山晋墓、江苏宜兴周处墓所属时代相近,以及出土带具特征上存在的相似性。最终,得出"是现存实例较少的汉代以降金属带具中的一种",以及"是此类金属带具中一种固定的形制"的结论。① 由此可以看出,当时梅原末治已认识到此类金属带具是晋代制作的产品,具有晋朝的样式。町田章在概述东亚金属带具时对其整体进行了分类,将晋式金属带具定名为"金属带具Ⅰ",并首次明确提出其为"晋代的金属带具"。町田章是在接受梅原末治观点后提出的上述结论。②

以下探讨有关晋式金属带具在考古学上的命名问题,笔者始终采用"晋式金属带具"的称谓。梅原末治、町田章共同奠定了晋式金属带具研究的基础,并且从东亚的视角出发明确了其在考古学上所具有的重要价值。不过,二者并未明确指出这种带具的称谓。此后,众多研究者也曾论及晋式金属带具,均未提及有关称谓的问题。梅原末治采用"透雕龙纹金属带具""龙纹透雕金属带具""龙纹錾金属带具"等用语。研究者们纷纷采用各自的称呼。

实际上,透雕龙形兽纹的金属带具不仅见于晋式金属带具,而是普遍出现在日本、朝鲜半岛等地墓葬出土的其他形式的金属带具上。由于上述称呼并不能指代特定的考古资料,因此不利于研究的展开。此外,临时性名称的泛滥还会造成论述时的混乱。随着对这种金属带具研究的深化,目前已普遍认同其形成于中国晋朝,这一认识过程具有重要的学术史意义。因此,根据梅原末治、孙机的论断,在称谓上冠以"晋式"的表述明确了相关资料的性质,是更为恰当的名称。

---

① 前引梅原末治《关于金铜透雕龙纹金属带具》,第10页。
② 町田章:《古代金属带具考》(古代带金具考),《考古学杂志》(中国考古学雜誌)第56卷第1号,东京:日本考古学会,1970年,第37页。

孙机采用"晋式带扣"的称呼,不过"带扣"本来是指将带具扣住的部分。因此,对于包括金属装饰部件在内的一套腰带带具,"晋式带扣"的名称显得不够全面。日本考古学界通常使用"金属带具"一词,虽然在材质上未必严密,不过大体合理。此外,这一称谓在字面上接近汉语的表述,彼此间没有明显的矛盾之处。从上述认识出发,并基于梅原末治以来的研究,以及孙机的命名,笔者最终采用"晋式金属带具"的称谓。

第二节　晋式金属带具的性质

中国一直将晋式金属带作为研究魏晋南北朝服饰,以及金银器工艺的一种实物。孙机曾概观性地考察了先秦至宋代官员的腰带,以及金属带具,[①]并关注到带扣的功能与形态,划分了金属带具演变的阶段。[②] 在探讨各时代服饰用品之际,孙氏将晋式金属带具作为资料较少的魏晋南北朝时代的代表性实例。他还考察了未被广泛关注的有关佩戴方式、带具组合等方面问题,研究视野广泛,具有重要的价值。

町田章曾指出装饰有金属带具的络带并非一般朝服、时服上的带,而是与戎服相伴的带。[③] 与此同时,他还依据中国的正史,以及随葬品组合等资料,指出基于中国的制度,金属带具具有表现身份阶层的性质,推测其与将军名号间存在着密切关系。尽管对于上述观点仍存在不同见解,但其有关金属带具性质的论断已成为学界的一种基本认识。

---

① 前引孙机:《我国古代的革带》。
② 孙机:《先秦、汉、晋腰带用金银带扣》,《文物》1994年第1期。
③ 前引町田章:《古代金属带具考》。

孙仲汇曾介绍上海博物馆所藏的一件玉制带扣①,王正书分析该带扣上的铭文,提出了重要的观点。② 在玉带扣两缘内侧记有以下铭文:

　　将臣范许　　奉车都尉臣程泾　　令奉车都尉关内侯臣张余

　　庚午　　御府造白玉衮带鲜卑头　　其年十二月丙辰就用工七百

王正书根据类似的金属带具断定这件玉制带扣为晋代的产品,与此同时指出由于玉制带具的破损,其铭文存在缺失,并复原铭文"将臣范许"之前原有"督摄卤簿典兵中郎"八字,即该玉制带扣的所有者范许曾担任正一品的高级武官"督摄卤簿典兵中郎将"。此外,根据铭文中的干支,王正书为第二行中"庚午"前缺失的国号、年号应为西晋怀帝司马炽的永嘉四年(310 年),或东晋海西公司马奕的太和五年(370 年)。根据这件实物资料可以确定最高等级正一品武官的带具为玉制,并由宫廷作坊制作而成。上述结论至关重要。结合王正书的研究与町田章的推论,可以明确晋式金属带具的性质,即这种带具为高级武官军装上带的组成部件,其材质与官品相应,是在相关制度体系下形成的一种饰品。

第三节　晋式金属带具的产地与发展趋势

本章第一节介绍了有关晋式金属带具的发现经过,以及早期

---

① 孙仲汇:《南朝宋文帝白玉衮带鲜卑头考证》,《上海博物馆集刊》第三期,上海:上海古籍出版社,1986 年。

② 王正书:《上博玉雕制品鲜卑头铭文补释》,《文物》1999 年第 4 期。

的研究史。此后主要以日本学者为主，展开了对晋式金属带具的研究。除第二节介绍的研究外，中国学界并未取得令人瞩目的成果。

町田章概观性地总结了春秋战国至汉代的金属带具，并对中国晋代、日本古坟时代、朝鲜半岛三国时代的金属带具进行了类型学研究。此外，其还依据中国的历史文献，考察了汉唐间金属带具的种类与具体情况，论述了金属带具所具有的标识身份的性质。可以说町田章奠定了有关金属带具研究的基础。① 梅原末治、町田章的研究主要从中国汉魏六朝与东亚文化的整体视野出发，分析相关考古资料并探讨其历史意义。

此后，1980 年至 2005 年间，有关晋式金属带具的研究成果相继发表。以千贺久②为首，小浜成③、宇野慎敏④、田中史子⑤等

① 前引町田章：《古代金属带具考》。
② 千贺久：《日本出土金属带具的谱系》（日本出土带金具の系譜），《橿原考古学研究所论集》（橿原考古学研究所論集）6，东京：吉川弘文馆，1984 年。
③ 小浜成《日本出土金属带具的变迁与制作——关于龙文系金属带具在国内的制作》（日本出土带金具の变遷と製作—龍文系带金具の国内製作について—）《古坟时代朝鲜系文物的传播》（古墳时代にみける朝鲜系文物の伝播），出版地点不明：埋葬文化财研究会关西理事会，1993 年。加古川市教育委员会：《行者冢古坟发掘调查概报》（行者塚古墳発掘調査概報），加古川：加古川市教育委员会，1997 年，第 93—96 页；小浜成：《金、银、鎏金产品生产的发展——金属带具所见 5 世纪技术革命的实态》（金・銀・金銅製品生産の展開—带金具に见る5 世紀の技術革新の实态—），《中期古坟的发展与演变——5 世纪的政治与社会面貌（1）》[中期古墳の展開と变革—5 世紀における政治的・社会的の变化の具体相(1)—]，出版地点不明：第 44 届埋葬文化财研究集会执行委员会，1998 年。
④ 宇野慎敏：《从日本出土的身体装饰品所见日韩交流》（日本出土装身具から見た日韓交流），《四、五世纪的日韩考古学》（4，5 世紀の日韓考古学），大邱：九州考古学会，岭南考古学会，1996 年；《龙纹錾金属带具及其意义》（龍文錾带金具とその意義），《纪伊考古学研究》（紀伊考古学研究）第 3 号，和歌山：纪伊考古学研究会，2000 年；《龙纹錾金属带具再考》（龍文錾带金具再考），《岛根考古学会志》（島根考古学会誌）第 20、21 集合刊，松江：岛根考古学会，2004 年。
⑤ 田中史子：《古坟出土的金属带具》（古墳出土の带金具），《考古学研究》（考古学研究）第 45 卷第 2 号，冈山：考古学研究会，1998 年。

均展开了相关研究。千贺氏、田中氏基于各自的观点,以晋式金属带具为中心,展开了详细的考察。千贺氏首先探讨了奈良县新山古坟出土晋式金属带具的产地及其历史背景。尽管在分析的过程与对资料的评价中存在不少问题,不过其整理了以往的资料,划分出晋式金属带具的两类纹样,并致力于探讨纹样的"系统"。此外,千贺久还关注到新山古坟出土金属带具与高句丽墓葬出土资料间的关系。可以说以上两点奠定了此后研究的方向。田中史子基于传统的类型学方法,将龙尾部形象的变化作为型式变迁的标准,对晋式金属带具进行分类,探讨了其变迁过程。在此之前,并不清楚晋式金属带具纹样中具体哪个部分可以清晰地表现型式的变化。田中史子的研究正是这一方面的成果。不过,田中史子未能对龙纹本身进行充分的分析,将原本存在差异的龙纹纳入同一系统的资料群。因此,其有关龙纹变化的结论并不正确。町田章划分的金属带具Ⅱ、Ⅲ型是指 5 世纪以降的资料,小浜成与宇野慎敏的研究仅将晋式金属带具视为Ⅱ、Ⅲ型的前身进行了简单的探讨。因此,其有关晋式金属带具分类、变迁的研究与此前町田章、千贺久等人的认识基本一致。[①]

当时的研究深受日本古坟时代考古学的影响,尤其关注渡来人与渡来文化。前述的研究状况正与此有关。因此,其研究方向主要集中在晋式金属带具是在哪里生产,又是如何演变的,即晋式金属带具的产地、谱系,及其时代方面的问题。研究者们特别关注以下诸问题,即日本列岛古坟出土的晋式金属带具的产地与流入日本的过程,以及由此所见古坟时代的对外交流情况;从中

---

① 前引小浜成《日本出土金属带具的变迁与制作——关于龙纹金属带具在国内的制作》《金、银、鎏金产品生产的发展——金属带具所见 5 世纪技术革命的实态》。前引宇野慎敏《龙纹錾金属带具及其意义》。

国、韩国的考古资料中,探寻尚缺乏依据的古坟时代的分期标准。① 这种研究取向归根结底是在日本古坟时代研究的范畴内,探讨日本出土资料本身的价值及其历史背景,未能将晋式金属带具作为中国魏晋南北朝时代的考古资料,系统地研究其历史定位。

20 世纪 90 年代中国辽宁省展开了对十六国三燕墓葬、遗迹的发掘调查工作。2000 年以后,相关成果陆续发表。② 此后,围绕其中发现的金属带具和高句丽墓葬的出土资料,有关晋式金属带具的研究获得进一步发展。东潮③、千贺久等人较早地关注到高句丽的带具,不过由于资料所限与分析方法上的问题,其结论并不妥当。通过与三燕金属带具的比较,高句丽的资料具备了参照的依据,在此基础上,探讨两类资料的历史定位和历史背景成为可能。④

最早探讨中国东北出土三燕、高句丽金属带具的当属王仁湘⑤与田立坤⑥。二人指出辽宁存在两种金属带具的铰具,即横

---

① 白石太一郎:《年代决定论(二)——弥生时代以降的年代决定》(年代決定論(二)—弥生時代以降の年代決定—),《岩波讲座 日本考古学 1 研究方法》(岩波講座 日本考古学 1 研究の方法),东京:岩波书店,1985 年。

② 辽宁省文物考古研究所:《三燕文物精粹》,沈阳:辽宁人民出版社,2002 年。

③ 东潮:《关于高句丽文物编年上的一个考察》(高句麗文物に関する編年学の一考察),《橿原考古学研究所论集》(橿原考古学研究所論集)10,东京:吉川弘文馆,1988 年。

④ 藤井康隆:《关于新出三燕金属带具》(三燕における帯金具の新例をめぐって),《立命馆大学考古学论集》(立命館大学考古学論集)Ⅲ,京都:立命馆大学考古学论集刊行会,2003 年;町田章:《鲜卑的金属带具》(鮮卑の帯金具),《东亚考古学论丛 日中共同研究论文集》(東アジア考古学論叢 日中共同研究論文集),奈良:奈良文化财研究所,2006 年;小池伸彦:《辽宁省出土的三燕金属带具》(遼寧省出土の三燕の帯金具について),前引《东亚考古学论丛 日中共同研究论文集》。

⑤ 王仁湘:《带扣略论》,《考古》1986 年第 1 期。

⑥ 田立坤:《论带扣的型式及演变》,《辽海文物学刊》1996 年第 1 期;田立坤:《三燕文化与高句丽考古遗存之比较》,载《青果集 吉林大学考古系建系十周年纪念文集》,北京:知识出版社,1998 年。

轴与扣舌分别加工而成，只有扣舌可以转动的铰具，以及扣舌
与其底部横轴一体的 T 字形可转动式扣舌，并且在带扣后部边
缘装有另一横轴的铰具；两者不仅构造不同，其与带的结合方
式也不相同，前者带体直接连接扣舌底部的横轴，后者带体连
接在后部边缘的横轴上；其中后者主要出现在高句丽。田立坤
还将后者称为"高句丽式带扣"。① 尽管可以肯定这种带具的分
布趋势，不过具有上述铰具的金属带具在纹样、制作技法上，也
表现出不少与中原金属带具间的联系。此外，有关同时期中原
地区，以及江南东晋南朝金属带具的情况尚不明确。因此，笔
者并不能完全认同将这种型式的铰具认定为"高句丽式"。此
外，田立坤还指出三燕金属带具中铰具的型式存在多个系统，
并且三燕文化本身也是由从属于不同系统的众多文化因素构
成的。② 目前，普遍认为三燕金属带具中存在中原制作与三燕仿
制的产品，并且在仿制品中还包括忠实于中原式的产品，以及具
有三燕独自特色的产品。非常值得关注的是从辽宁省、吉林省出
土的十六国时期金属带具的地域特征已较为明确。不过，有关各
类资料的产地、演变、谱系等仍存在不同的观点，尚未得出最终的
结论。③ 最近，辽宁省、吉林省的研究者对于三燕、高句丽考古资
料展开了进一步的调查研究，其今后的进展值得期待。

第四节　围绕材质与古代科学技术史的争论

关于 1953 年中国江苏省宜兴周处墓出土的晋式金属带具，

---

① 前引田立坤《三燕文化与高句丽考古遗存之比较》，《青果集　吉林大学考古系建
　　系十周年纪念文集》，第 337 页。
② 前引田立坤《论带扣的型式及演变》，第 40 页。
③ 前引拙稿《关于新出三燕金带带具》；前引町田章《鲜卑的金属带具》。

有报道称其为铝合金制的产品。① 由此围绕其材质引发了激烈的讨论。作为中国古代科学技术史方面的问题,西晋时期是否能进行铝的精加工与合金化,并用于器物制造,成为国内外关注的焦点。尽管其内容与本文并无直接联系,但由于涉及学术史上有关晋式金属带具的著名争论,因此这里梳理一下相关问题的争论过程。如果先讲结论的话,江苏宜兴周处墓出土的晋式金属带具并非铝合金制品,其已被证明属于银制品。

争论源于1957年发表的江苏省宜兴周处墓发掘报告②,该报告公布了南京大学化学系对出土金属带具的分析结果,即其包含有铝85%、铜10%,以及其他元素,是一件以铝为主体的铝铜合金制品。时任中国科学院考古研究所副所长的夏鼐考虑到该分析结果的重要意义,出于严谨的态度将金属带具残片的样本交由中国科学院应用物理研究所陆学善进行光谱分析,其结果依然为主要成分是铝。③ 不过,1958年同样关注这一重要发现的东北工学院轻金属冶炼教研室的沈时英获得了样本并进行分析,他得出了完全不同的结论,即带具的主要成分是银,并不含铝。④ 1959年获知这一结论的清华大学工程化学系杨根重新进行了光谱分析,并通过显微镜观察金属组织,检测出主要成分为铝。⑤ 此后,沈时英再次分析了1958年从南京博物院所获及从杨根处借取的两份样本,明确得出前者的主要成分是银,后者的

---

① 罗宗真:《江苏宜兴晋墓发掘报告——兼论出土的青瓷器》,《考古学报》1957年第4期,第94页。
② 前引罗宗真《江苏宜兴晋墓发掘报告——兼论出土的青瓷器》。
③ 杨根:《晋代铝铜合金的鉴定及其冶炼技术的初步探讨》,《考古学报》1959年第4期。
④ 沈时英:《关于江苏宜兴西晋周处墓出土带饰成分问题》,《考古》1962年第9期。
⑤ 前引杨根《晋代铝铜合金的鉴定及其冶炼技术的初步探讨》。

主要成分是铝的结论。也就是说，此前各自的分析均不存在错误。于是沈时英指出分析结果上的显著差异是由样本不同造成的，主张有必要检测金属带具的整体成分，弄清其主要成分究竟是银还是铝，并提出不论晋代是否能生产铝制的金属带具，首先应确定存在问题的这件金属带具是否为晋代的产品，同样有必要分析金属带具而非其中的某个残片。[①]

与此相对，宜兴周处墓的发掘者罗宗真提出反对意见。罗宗真于1963年强调金属带具出土时保持在原本的位置，大约处于人体的中部，并且从广州大刀山晋墓出土的类似实例来看，此类金属带具无疑为晋代的遗物。同时，罗宗真作为考古学者指出应尽量避免损伤出土遗物，因此提供分析的标本是极小的残片。[②] 同年，沈时英以回复罗宗真意见的形式，再次阐述自己的观点。沈时英指出如果这件金属带具确实是晋代产品的话，作为铝制品，其在世界范围内是极为古老的实例。沈时英同时还介绍了当时的两三年内中国、瑞典、法国、苏联等国对该问题的关注情况，指出在下结论之际必须足够重视该问题的影响与重要性。在此基础上，沈时英还表明自己并非完全质疑这件金属带具的出土事实和相关情况，仍然坚持希望对金属带具整体进行全面测定。

在获悉上述争论后，夏鼐决定再次通过科技手段对宜兴周处墓出土金属带具进行测定。1964年，金属带具再次被送到中国科学院应用物理研究所陆学善处进行分析。此次检测对象包括出土的全部金属带具，即南京博物院所藏的2件与北京中国历史博物馆所藏的14件，以及细片、粉末。检测采用密度测定、光谱定性分析、X射线物相分析三种方法，测定结果为：基本完整的

① 前引沈时英《关于江苏宜兴西晋周处墓出土带饰成分问题》。
② 罗宗真：《我对西晋铝带饰问题的看法》，《考古》1963年第3期。

16 件金属带具均为银制,而非铝制。获得这一结果的夏鼐在其论文的最后总结道:宜兴周处墓出土遗物中的小块铝片很可能是后代混入的,今后不应将该带具作为晋代已可以炼制铝的证据。[1] 此后,依据夏鼐的介绍,1976 年北京有色金属研究院确定宜兴周处墓出土完整的金属带具为银制,仅有存在问题的小片为铝制。并且,经北京钢铁学院分析,这件铝制小片并非一般的铝,其成分更像硬铝,是明显经过加工延伸的制品。[2]

这一争论的结果是最初用于分析的小残片并非金属带具的残片,应为盗墓时混入的物品。这件金属带具最终被确定为银制品。然而,发掘者罗宗真在该墓发掘 42 年后的 1999 年重申了自己的观点,即宜兴周处墓中存在铝制品。[3] 其论旨的核心是资料本身在材质上没有问题,发掘过程中自己对层位关系、出土状况、扰乱的影响等方面的看法无误,因此小铝片并非后代的混入物,强调了作为实际发掘工作者的自信与自负。尽管经过科学分析已获得明确的结论,不过仍需要关注这组金属带具在考古学方面尚未解决的问题。

---

① 夏鼐:《晋周处墓出土的金属带饰的重新鉴定》,《考古》1972 年第 4 期。
② 夏鼐:《考古学和科技史——最近我国有关科技史的考古新发现》,《考古》1977 年第 2 期;后收入其著《考古学和科技史》,北京:科学出版社,1979 年,第 122—129 页。
③ 罗宗真:《探索历史的真相——江苏地区考古、历史研究文集》,南京:江苏古籍出版社,2002 年,第 310—313 页。

第六章　晋式金属带具的发展过程

晋式金属带具是指由中国两晋王朝制作的,具有展示官号、官职等人物身份功能的文物。在两晋时期的中国和周边地区内,已发现有一定数量的晋式金属带具。自古以来,很多种类的文物在中国被赋予了政治或宝物的意义,用于赐给官僚和周边的民族、国家。晋式金属带具也属于此类文物中的一种,是了解两晋王朝官爵体系、对外交流等方面的重要文物。

目前,有关中国六朝时期金属工艺的资料仍较为有限,已取得的仍是片段式的认识,尚未全面厘清六朝金属工艺中的基本技术、技法,以及器物种类的整体情况。在这一点上已发现足够数量的金属带具实例,可以进行对比研究。此外,还可通过出土墓葬的建造年代、墓主人等信息,判断金属带具的时代。本章主要关注金属带具的加工技术,并通过型式学的研究对金属带具进行分类、分期,最终将探讨晋式金属带具的发展过程。

第一节　晋式金属带具各部位的名称

关于晋式金属带具各部件的名称,町田章基于唐代的銙带,将带体上的金属扣称为"铰具",将带体上的装饰性金属部件称为"銙";将装在带体的另一端,与铰具相对的金属部件称为"带头金属带具"①；将装在带头上宽度较窄的金属末端称为"铊尾"，用于穿过铰具的孔洞；②此外，将铰具中针状的部件称为"刺金"。③ 町田章的部分命名现在仍被使用，本文基本承袭了其命名，不过也修改了其中一部分名称。本文将町田章命名的铰具改称为"带扣"④，刺金改称为"扣舌"。这是因为考古学上铰具多指带具上专门用于扣接的装置，而在像晋式金属带那样铰具与纹样板一体的金属部件中，铰具的称呼很难表述究竟是仅指扣接的部分，还是指整体。此外，刺金这一称谓并不常用。

晋式金属带具中的銙存在着多样的种类与形态。町田章的分类未能明确地表现实际情况，其采用的銙 a、銙 b 等名称也具有较强的临时称谓的意味。因此，笔者根据金属部件的纹样、形状等，采用以下图示中的称呼(图 48)，希望明确相关用语。⑤

原本应探讨构成一条腰带的所有金属带具，不过目前几乎没有发现完整的晋式金属带具。因此，尽管可见到多种金属带

① 日语原文为"带先金具"。——译者注
② 此后町田章修改了一部分名称，将"带先金具"改称为铊尾[町田章：《古代金属带具考》(古代带金具考)，《考古学杂志》(考古学雑誌)第 56 卷第 1 号，东京：日本考古学会，1970 年。与此同时，将铊尾改称为"带先金具"[町田章：《鲜卑的金属带具》(鮮卑の带金具)，《东亚考古学论丛　日中共同研究论文集》(東アヅア考古学論叢　日中共同研究論文集)，奈良：奈良文化财研究所，2006 年]。不过，町田章对于自身旧稿的认识与旧稿的实际内容完全相反。因此，这种改称反而让意思变得更加模糊。此外，町田章自称上述改称是基于孙机的见解(孙机：《先秦、汉、晋腰带用金银带扣》，《文物》1994 年第 1 期)。然而，管见所及，孙机的论文中并未提出这样的观点。目前，很难了解町田章是如何考虑相关问题的。
③ 前引町田章《古代金属带具考》，第 33—35 页。
④ 日语原文为"带扣金具"。——译者注
⑤ "胜"起源于机织具，蕴含有永恒的意思，并被用作西王母的发饰，是一种祥瑞的图像。小南一郎：《中国的神话与故事》(中国の神話と物語り)，东京：岩波书店，1984 年；林巳奈夫：《汉代象征永远的图样》(漢代の永遠を象徴する図柄)，《史林》(史林)第 83 卷第 5 号，京都：史学研究会，2000 年。在画像石、装饰品等很多文物上常见有胜的图像。晋式金属带具中，不仅有胜形的銙板，在带扣、带头的边缘上也可见到胜的形象。

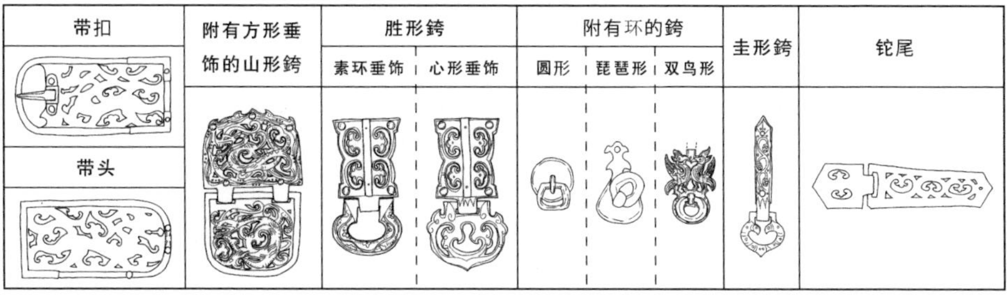

带扣	附有方形垂饰的山形銙	胜形銙		附有环的銙			圭形銙	铊尾
		素环垂饰	心形垂饰	圆形	琵琶形	双鸟形		
带头								

图 48　晋式金属带具各部件名称

具部件,但仍难以确定其究竟在何种程度上展现了原本的金属带具组合。由于资料上的限制,本章以保存实例较多,且在属性上可以进行明确对比的带扣与带头作为主要分析对象,展开探讨。

第二节　晋式金属带具的纹样

目前可以确定的晋式金属带具及其相关资料共 61 例(表五)。尽管出土地点明确的资料遍及中国全境,不过长江中下游流域的出土实例更为丰富。带扣和带头上的主体纹样是类似于龙虎的兽纹。基于图像内容和构图,纹样的基本形态可以分为"纹样构成 A"与"纹样构成 B"两大类型。其中纹样构成 B 还可根据施纹的技法与纹样的特征,再细分为两类(图48—图50)。此外,还存在一些不适用于上述纹样划分的实例。虽然将来有可能明确这些实例所属的类别,不过现在根据一种资料一个类型的原则,暂将这些不能划分类型的纹样统称为"纹样构成 C"。

表五　晋式金属带具和相关资料一览

序号	资料	出土地点	时代	材质	类型	出处
1	宜兴周墓墩1号墓（周处墓）	江苏省宜兴市	西晋	银	晋式 A1	罗宗真 1957
2	南京大学北园大墓	江苏省南京市鼓楼区	东晋	金铜	晋式 B1	南大 1973
3	东吴薛秋墓	江苏省南京市白下区	东吴	银	江南系	南京市博 2008a
4	江宁上坊大墓	江苏省南京市江宁区	东吴	银	江南系	南京市博等 2008
5	武汉熊家岭晋墓	湖北省武汉市汉阳区	东晋	金铜	晋式 B1	刘森森 1994
6	广州大刀山晋墓	广东省广州市	东晋	金铜	晋式 B1	胡肇椿 1932
7	西晋刘弘墓	湖南省常德市安乡县	西晋	不明	不明	安乡县 1993
8	西晋刘弘墓（金制马蹄形带具）	湖南省常德市安乡县	西晋	金		安乡县 1993
9	上海博物馆玉带具		东晋	玉		孙机 1986
10	洛阳西郊 24 号墓	河南省洛阳市孟津区	西晋	金铜	晋式 B2	河南省 1957
11	洛阳孟津大汉冢西 ZM44（曹休墓）	河南省洛阳市孟津区	曹魏	铜（金铜？）	（中原系？）	洛阳二队 2011
12	定县 43 号墓（东汉中山穆王刘畅墓）	河北省定州市	东汉	银	（中原系？）	定县博 1973

序号	资　料	出土地点	时代	材质	类型	出处
13	北京琉璃河墓	北京市房山区	不明	金铜	晋式 A	陕西省 1982
14	朝阳袁台子壁画墓	辽宁省朝阳市	前燕	金铜	辽宁型	辽宁省等 1984
15	喇嘛洞 Ⅱ M101	辽宁省北票市	三燕	金铜	辽宁型	辽宁考研 2002
16	喇嘛洞 Ⅱ M275	辽宁省北票市	三燕	金铜	辽宁型	辽宁考研 2002
17	喇嘛洞 Ⅱ M226	辽宁省北票市	三燕	铁制贴金箔	辽宁型	辽宁考研 2002
18	喇嘛洞征集品	辽宁省北票市	三燕	金铜	辽宁型	田立坤、李智 1994
19	十二台乡砖厂 88M1	辽宁省朝阳市	三燕	金铜	辽宁型	辽宁考研等 1997b
20	前燕奉车都尉墓	辽宁省朝阳市龙城区	前燕	金铜	辽宁型	田立坤 1994
21	集安洞沟山城下 M159	吉林省集安市	高句丽	金铜	辽宁型	集安县 1983
22	集安洞沟山城下 M152	吉林省集安市	高句丽	金铜		集安县 1983
23	集安洞沟禹山 M3560	吉林省集安市	高句丽	金铜		吉林省、集安市 1993
24	桓仁连江乡 M19	辽宁省桓仁满族自治县	不明		辽宁型	东潮 1998
25	鄂尔多斯博物馆			金铜		
26	台北"故宫博物院"玉带具			玉		町田章 1987

续表

序号	资 料	出土地点	时代	材质	类型	出处
27	新山古坟	奈良县北葛城郡广陵町	古坟前期	金铜	晋式A1	梅原末治1921
28	行者冢古坟	兵库县加古川市	古坟中期	金铜	晋式A1	加古川市1998
29	榊山古坟	冈山县冈山市北区	古坟中期	不明	不明	冈山县1986
30	(日本)国立历史民俗博物馆①A—196			金铜	晋式B1	藤井康隆2002
31	(日本)国立历史民俗博物馆②A—166			金铜	晋式B1	藤井康隆2002
32	(日本)国立历史民俗博物馆③A—371			金铜	晋式B2	藤井康隆2002
33	(日本)国立历史民俗博物馆④A—440			金铜		藤井康隆2002
34	出光美术馆			金铜	晋式B1	弓场纪知1980
35	京都大学综合博物馆	传来自中国		金铜	晋式B1	梅原末治1965
36	天理参考馆			金铜	晋式A1	藤井康隆2002
37	早稻田大学会津八一纪念博物馆会津八一藏品			金铜	晋式B1	藤井康隆2006

续表

序号	资 料	出土地点	时代	材质	类型	出处
38	东京国立博物馆小仓藏品	传来自韩国庆尚北道庆山市龙城		金铜		东博1982
39	大阪市立美术馆			金铜		大市美1976
40	大阪府立近飞鸟博物馆489			金铜		岩濑透1999
41	大阪府立近飞鸟博物馆491			金铜		岩濑透1999
42	大阪府立近飞鸟博物馆497			金铜		岩濑透1999
43	大阪府立近飞鸟博物馆498			金铜		岩濑透1999
44	大阪府立近飞鸟博物馆499			金铜		岩濑透1999
45	大阪府立近飞鸟博物馆492			金铜		岩濑透1999
46	大阪府立近飞鸟博物馆493			金铜		岩濑透1999
47	大阪府立近飞鸟博物馆495			金铜		岩濑透1999
48	大阪府立近飞鸟博物馆496			金铜		岩濑透1999

续表

序号	资料	出土地点	时代	材质	类型	出处
49	梦村土城	首尔市				全荣来 1999
50	传出自风纳土城	首尔市				权五荣 2004
51	社仓里古坟	忠清北道华城市			不明	权五荣 2004
52	大成洞 88 号墓	庆尚南道金海市	4世纪前期至中期	金铜	晋式 B1	大成洞博 2013、仁济大 2013
53	大成洞 92 号墓	庆尚南道金海市	4世纪前期至中期	金铜	胜形銙	
54	（韩国）国立庆州博物馆藏传荣州出土品①	庆尚北道荣州市			晋式 B1	庆州博 1965
55	（韩国）国立庆州博物馆藏传荣州出土品②	庆尚北道荣州市				庆州博 1965
56	（韩国）国立庆州博物馆藏传荣州出土品③	庆尚北道荣州市				庆州博 1965
57	（韩国）国立庆州博物馆藏传荣州出土品④	庆尚北道荣州市				庆州博 1965
58	（韩国）国立庆州博物馆藏传荣州出土品⑤	庆尚北道荣州市				庆州博 1965

序号	资料	出土地点	时代	材质	类型	出处
59	湖岩美术馆					湖岩美 1982
60	瑞典国立远东古代博物馆					梅原末治 1965
61	波士顿美术馆					梅原末治 1965

纹样构成 A(图 49)：表现了单头走兽的侧面形象。其身体长伸，作抬首状，足部为一爪。其尾部并未下垂至足部，而是从臀部直接呈 S 状(在带头上则呈反向 S 状)向上。带扣、带头上施有基本相同的兽纹。不过，为预留出供带体穿过的孔以及安装铰具的空间，带扣上的兽纹在前后两侧有所压缩。

纹样构成 B1(图 50)：带扣纹样展现出从斜前方向的视角所看到的兽的形象。身体呈明显向前弯曲的姿态，颈部的上半部向回弯转。在兽纹对面偏上的位置施有凤凰纹。带头纹样中的兽纹身体长伸，颈部明显向后方转折。与该兽纹相对的是一个没有身体仅表现头部以上部分的兽纹。此外，纹样构成 B1 在纹样外廓线的内侧以透雕的方式雕刻出主纹样，这一点与纹样构成 B2 之间存在显著区别。

纹样构成 B2(图 51)：主纹样较为粗糙，几乎没有表现出原本兽、凤凰的形象。与表现兽身体部位无关，混乱地刻画有曲线、直线，以及鱼子纹等纹样。

纹样 C 群(图 52)：包括身体修长的兽纹与锯齿纹带、在中央部分相向而对的两个兽纹、在中央部分相向而对的两个禽鸟纹等纹样。禽、兽的头部、身体、翅膀、腿等部位整体上较为单调、简略。

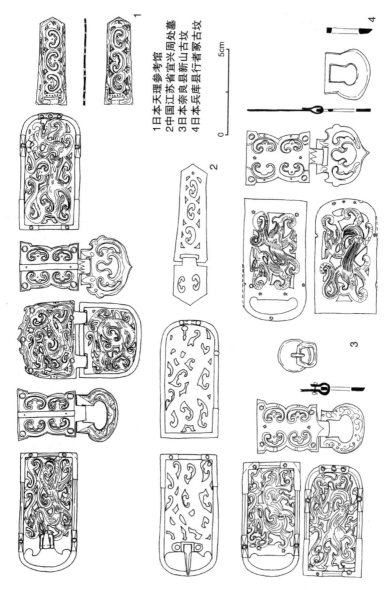

1 日本天理参考馆
2 中国江苏省宜兴周处墓
3 日本奈良县新山古坟
4 日本兵库县行者冢古坟

图 49　晋式金属带具 A 系列（纹样构成 A）

晋式金属带具纹样中兽足的爪部存在爪部不明显、整体呈圆润的造型，以及带有钩状爪两种形态。有观点认为前者属于百济

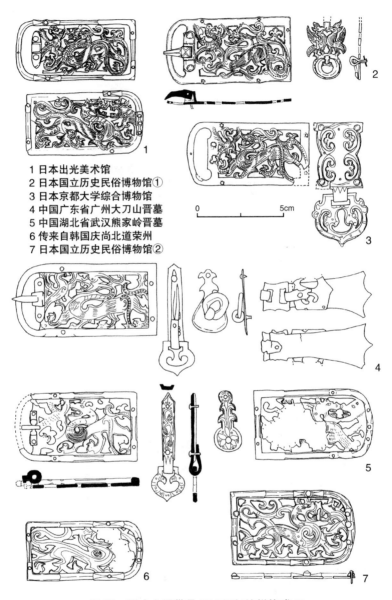

1 日本出光美术馆
2 日本国立历史民俗博物馆①
3 日本京都大学综合博物馆
4 中国广东省广州大刀山晋墓
5 中国湖北省武汉熊家岭晋墓
6 传来自韩国庆尚北道荣州
7 日本国立历史民俗博物馆②

0   5cm

图50 晋式金属带具 B1 系列(纹样构成 B)

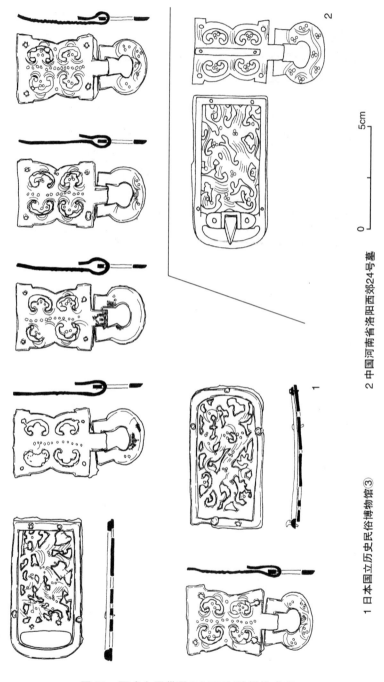

2 中国河南省洛阳西郊24号墓

1 日本国立历史民俗博物馆③

图 51　晋式金属带具 B2 系列(纹样构成 B)

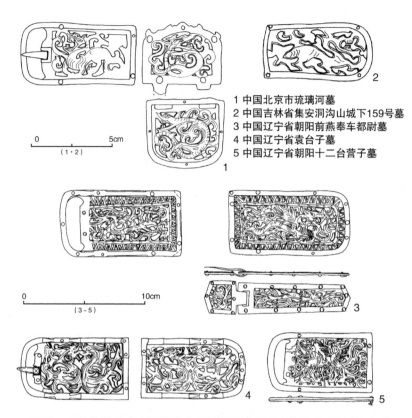

1 中国北京市琉璃河墓
2 中国吉林省集安洞沟山城下159号墓
3 中国辽宁省朝阳前燕奉车都尉墓
4 中国辽宁省袁台子墓
5 中国辽宁省朝阳十二台营子墓

图52 幽州地区晋式金属带具 A 系列与三燕晋式金属带具（纹样构成 C）

系，后者属于鲜卑、高句丽系。① 不过，上述特征也见于中国内地出土的实例中，前者大致与笔者所述纹样构成 A 对应，后者大致与纹样构成 B 对应。纹样构成 A 与纹样构成 B 在构图、兽的姿势，以及从侧面或从斜前方向的视角展现图像等方面存在着差异。考虑到前述差异的存在，两类纹样很可能原属于不同的图像系统。因此，并不能认为是由于不同的产地造成了纹样表现上的差异。在探讨晋式金属带具样式变迁的同时，必须明确其

① 千贺久：《日本出土金属带具的谱系》（日本出土带金具の系譜），《橿原考古学研究所论集》（橿原考古学研究所論集）6，东京：吉川弘文馆，1984 年。

165

图像的种类、纹样的差异所具有的意义。目前,尚未厘清有关晋式金属带具的一些基本问题,如在时代、系统、地域上存在的差异。因此,不应持有先入为主的观念,有必要开展基础性的研究。笔者认为在探讨的过程中,从制作技法上的不同特征,以及技术、纹样的谱系入手,自然而然地就能获得探讨金属带具产地的线索。

第三节 晋式金属带具的制作技术

晋式金属带具纹样雕凿采用的錾刻技法,以及带具部件结构的特征中,均表现出显著的制作技术上的差异。錾刻技法一般大体分为塑性加工与切削加工两类加工方式。晋式金属带具中并无采用切削加工錾刻技法的实例。关于塑性加工的錾刻技法,可以细分为 a—d 四类(图 53、图 54)。

a 技法:使用极小的錾,以近乎垂直的角度錾刻后留下錾痕。与每次的錾痕相应,可以见到圆形乃至半圆形镀金剥落的现象,这一点是此类技法的典型特征。尚不能确定镀金的剥落究竟是由于工具的形状、打击的方式造成的,还是在打样等其他环节中形成的。①

b 技法:每次錾刻后留下楔形的痕迹,是与"蹴雕"②相同的雕刻方法。不过,与每个錾痕相对,伴随有圆形或半圆形镀金剥落

---

① 镀金剥落的现象有的部分显著,有的部分并不明显。尽管有可能是打样造成的结果,但目前尚不能确定其真正的原因。依据传统金属工艺工匠的看法,在镀金膜非常薄或不甚稳固的情况下,錾刻时由于力度的影响,一部分镀金有可能会突然剥离。

② 蹴雕是日本金属雕刻工艺中的一种技法,即采用楔形的点构成线条组成纹样。——译者注

的现象,这一点与通常的蹴雕存在区别。

c技法:采用每个錾痕呈楔形的即通常的蹴雕技法雕刻。在錾痕周围完全不见镀金剥落等痕迹。

d技法:每个錾痕呈粗短的线状。

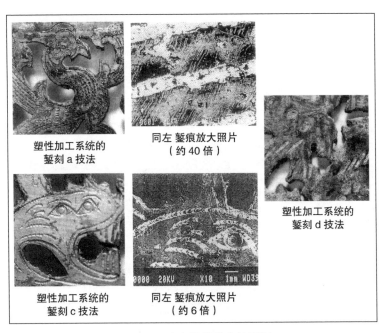

塑性加工系统的
錾刻a技法

同左 錾痕放大照片
(约40倍)

塑性加工系统的
錾刻d技法

塑性加工系统的
錾刻c技法

同左 錾痕放大照片
(约6倍)

图53 晋式金属带具上的錾刻

此外,关于中国吉林省集安市洞沟159号墓出土的实例,仅见有不清晰的照片,相关资料并不翔实。不过,其特征似乎与以上介绍的各类技法均不相同。与其他资料相比,这件带具的纹样板看上去极薄。其主纹样的雕刻技法不明,不过可以肯定纹样较为模糊,不甚鲜明。由于未能参照实物,因此很难确定其技法类型,只能看出其采用的錾刻技法,以及造型上的特征与其他资料存在本质上的不同。

正如千贺久所指出的那样,宜兴周处墓与天理参考馆的两件

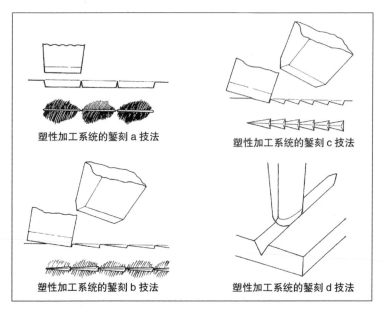

图 54　晋式金属带具錾刻技法推定模式图

实例是极为相似的产品。① 通过对比实测图,两者在透孔的位置、形状上,可以说是完全相同的,甚至可以重合。此外,在现存资料范围内,两者在带具组合上也是相同的。在制作透雕制品之际,时常会使用纸样,通过以上的对比,可以推定存在着相应的纸样。天理参考馆与宜兴周处墓的两件实例应是同一作坊的产品。

第四节　晋式金属带具的编年

基于前节的分类,本节将考察晋式金属带具样式的变迁。一般情况下,技术不会在短时间内发生急剧的变化。因此,施纹技法可以作为认识晋式金属带具不同发展阶段的依据。与此相对,随着时间的迁移,纹样会不断发生显著的变化。以下将梳理每种

① 前引千贺久《日本出土金属带具的谱系》,第313页。

纹样构成在型式上的变迁。而这种变化是否与施纹技法上的变化处于同步关系呢？本文将探讨检验两者关系的方法。

以下我们来看晋式金属带具纹样的变迁。

根据晋式金属带具纹样中兽的尾部，以及头顶至耳朵处的形象，比较容易看出不同时期的变化。此外，在各系列晋式金属带具中，兽的眼部、足部均具有各自的特征。

首先，纹样构成 A 中的兽尾经历了从大量装饰有芝草的华美形象，演变为几乎不见芝草的简洁形象。在纹样构成 B 中，兽尾从由臀部长出，转变为在臀部上尾根卷曲呈圆弧，整体游离于身体的形象。这一点可以参考田中史子的研究。[①] 在头顶部至耳部的形象上，从头部与耳部区分开来，明显突出耳朵的形象，转变为头部与耳部间仅呈较小的凹陷，几乎未突出耳朵的形象（图 55）。

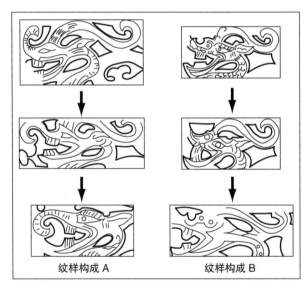

纹样构成 A　　　　纹样构成 B

图 55　晋式金属带具兽像头部形象的变化

---

① 田中史子：《古坟出土的金属带具》(古墳出土の带金具)，《考古学研究》(考古学研究)第 45 卷第 2 号，冈山：考古学研究会，1998 年。

1. 纹样构成 A

（1）天理大学附属天理参考馆例、中国江苏宜兴周处墓例

从纹样的外廓线看，天理参考馆与宜兴周处墓两件带具展现出相同的图像。天理参考馆藏带具的主纹样几乎没有刻画细密的羽毛。兽的鼻尖向上卷起，在尾部、四肢等处刻有细小的列点。眼睛呈杏仁状，没有采用鱼子纹点睛。耳朵从头部向斜上方显著凸起。

由于宜兴周处墓出土带具为银制的产品，氧化明显，主纹样不清晰。从纹样的外廓线来看，表现的是一条龙的侧面形象。两前肢大幅向前迈出，两后肢大幅向后蹬踏。尾部向上，与角衔接。在尾部、足部等处装饰有大量的芝草。

（2）奈良县北葛城郡广陵町新山古坟例

芝草纹较少，仅残留在后肢、尾的局部，以及脸的前部等处。长鼻与脸部前面的芝草已趋于同化，并转变为向下卷曲的形状。脸部也发生了变形，头部与脸部的区别不甚明显。耳朵变小，突起不显著。与此相伴，头顶部的线条先向着头部后侧倾斜向下，又在中途向上倾斜，通过这样的形象描绘出耳朵。

（3）兵库县加古川市行者冢古坟例

在兽的周围已不见芝草纹。后肢分出的两叉源于足部派生的芝草纹图像。脸部前面的芝草纹消失，长鼻转变为向下卷曲的形状。耳朵比新山古坟出土实例更大，头顶部接近水平，与耳朵上部边缘融为一体，变为一条直线。脸的后部凿有小坑，表现出耳朵与脸部的分界。

2. 纹样构成 B

（1）出光美术馆例、国立历史民俗博物馆例①

出光美术馆藏带具在兽、凤凰纹样外廓线内侧填充有细密的

体毛。带扣上兽颈部表现出写实的鳞片。前后腿的根部长有云气状的体毛，由三个短云纹组成圆形。尾部的末端位于臀部上侧，尾部与臀部融为一体，写实地表现出尾巴从臀部长出的样子。在臀部周围，从尾部派生出"葩"。葩的刻画较为写实，细腻地表现出原本植物的形象。凤凰的头部圆润，喙部前端呈钩状，尾巴笔直地伸向后方。足部的爪尖没有外廓线，前端呈直线与兽的颈部、右前腿相接。

国立历史民俗博物馆藏实例①在兽、凤凰纹样外廓线的内侧填充有细密的体毛。带扣上以錾刻的 C 形与流动的线形表现出兽颈部的鳞。前后腿的根部附有云气状的体毛。腿的根部一直延伸至后背周围。凤凰头部圆润，喙部前端呈钩状，整体样式写实。尾巴向后方延伸，尾梢向内侧卷曲，与兽的前足前端相接。足部爪端向内侧卷曲，表现出钩状，与兽颈部和右前腿相接。

（2）京都大学综合博物馆例

在兽、凤凰纹样外廓线的内侧填充有细密的体毛。錾刻的横格纹与流动的线条表现出兽颈部的鳞。身体附有云气状的体毛。较长的一条云纹呈弧状。仅在前腿的根部錾刻出鱼子纹的圆圈。尾部的末端位于臀部上侧，尾部与臀部融为一体，写实地表现出尾巴从臀部长出的样子。在臀部周围，从尾部派生出葩。葩由三根左右的放射状短直线构成，属于极为简略的样式。凤凰的头部有平缓的凹陷，喙部的前端呈圆润的鼻状。尾巴呈直线向后延伸。足部爪尖没有表现出外廓线，前端直接与兽颈部和右前腿相接。

（3）中国广东省广州大刀山晋墓例

兽、凤凰的体毛呈并不十分细密的流动线条状。采用鱼子纹和錾刻的条纹表现兽颈部的鳞。云气状的体毛并不清晰。尾梢位于臀部上,尾巴两端卷曲,并未与臀部融为一体,与身体处于近乎分离的状态。凤凰头部扁平,喙部不明显,前端较为尖锐。尾巴呈直线向后延伸。图像中未表现爪部,足的前端呈直线与兽的颈部和右前腿相接。

（4）国立历史民俗博物馆例②

该例属于带头上表现的兽纹。与(1)—(3)诸例相比,这件带具在纹样上省略了一些细节。兽的身体以錾刻的直线、曲线为主刻画而成。仅在前腿根部表现有云气状的体毛,其中一条长云纹呈弧形,并且还錾刻有圆形的鱼子纹。

基于上述对施纹技法与纹样的探讨,可以建立晋式金属带具的编年(图56)。以下参照纹样图像的变化与制作技术验证上述的编年,与此同时阐述作为晋式金属带具编年的依据,即型式的变迁。

定型化的蹴雕技法即施有连续楔形列点的采用塑性加工系统的 c 技法。从雕刻方式上可以推测,在成熟的蹴雕技法形成过程中,采用塑性加工系统的 a 技法属于较早阶段的技法。就实际资料而言,其包括天理参考馆例、出光美术馆例等 A、B1 两系列中最早期的资料。宜兴周处墓出土带具与天理参考馆藏例是使用同一纸型生产的产品。参照天理参考馆例,宜兴周处墓的带具使用的也应是塑性加工 a 技法。此外,塑性加工 b 技法兼具塑性加工 a 技法与塑性加工 c 技法的特征,因此可以将其视为处于两者之间的一种技法。使用该技法的实例,目前仅见京都大学综合博物馆藏的一件。该实例上的纹样与出光美术馆藏的样式相比时代更晚,而较广州大刀山晋墓、武汉熊家岭晋墓出土的带具更为古朴。这一点与塑性加工 b 处于塑性加工 a 与塑性加工 c 两技法之间的观点并不矛盾。集安洞沟 M159 出土带具属于纹样

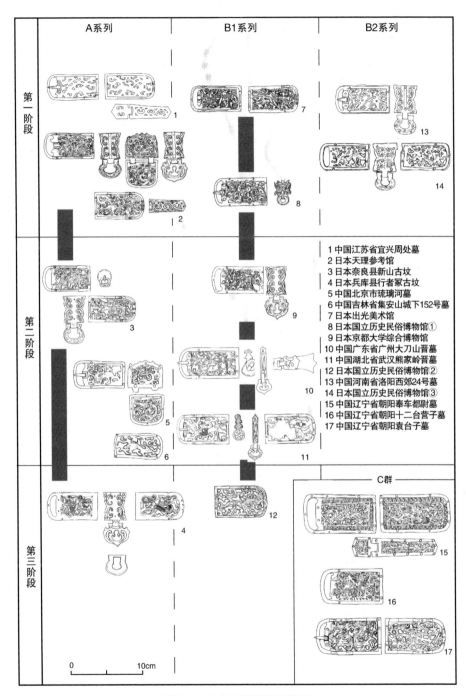

| | A系列 | B1系列 | B2系列 |

第一阶段
第二阶段
第三阶段

1 中国江苏省宜兴周处墓
2 日本天理参考馆
3 日本奈良县新山古坟
4 日本兵库县行者冢古坟
5 中国北京市琉璃河墓
6 中国吉林省集安山城下152号墓
7 日本出光美术馆
8 日本国立历史民俗博物馆①
9 日本京都大学综合博物馆
10 中国广东省广州大刀山晋墓
11 中国湖北省武汉熊家岭晋墓
12 日本国立历史民俗博物馆②
13 中国河南省洛阳西郊24号墓
14 日本国立历史民俗博物馆③
15 中国辽宁省朝阳奉车都尉墓
16 中国辽宁省朝阳十二台营子墓
17 中国辽宁省朝阳袁台子墓

C群

0　　　　　10cm

图 56　晋式金属带具的变迁

构成 A,不过其纹饰粗略,制作技法也明显不同于一般的纹样构成 A,可以认为其是属于不同系统的产品。

根据以上的探讨可以看出,錾刻技法的发展顺序为塑性加工 a 技法→塑性加工 b 技法→塑性加工 c 技法。这一点同纹样的变迁之间并不存在矛盾之处。可以说晋式金属带型式上的变化,与纹样、制作技法上的变化处于同步状态。因此,只要能明确相关资料的纹样或纹样技法中的一个,就可以在一定程度上推定其在编年中所处的位置。以下对现有的资料进行分期。

依据纹样上的显著差异与制作技法上的变化,可将 A 系列、B1 系列分为三个阶段。

第一阶段 在现有资料范围内,这是最早开始制作晋式金属带具的阶段。其所采用的技术以塑性加工 a 技法为主。塑性加工 a 技法即与此后蹀雕技术关系密切的初期錾刻技法。第一阶段的纹样非常精致,较好地展现了原本的图像。另一方面,这一阶段还出现了一些类似于 B2 系列的非正规的产品。

第二阶段 该阶段是晋式金属带具的制作技法、纹样发生质变的阶段。在纹样、制作的精致程度等方面,可以见到多种情况。整体上,并不存在严格的规制。在技术层面上,呈现出向塑性加工 c 技法发展的塑性加工 b 技法。并且,在该阶段中,还出现了塑性加工 c 技法。

第三阶段 该阶段是晋式金属带具定型并盛行的阶段。同时在辽宁的三燕、高句丽地区出现了不见于内地的晋式金属带具。

宜兴周处墓、广州大刀山晋墓在墓砖上刻有纪年铭文,由此为探讨晋式金属带具的变迁,提供了准确的纪年资料。宜兴周处墓发现有西晋元康七年(297 年)的砖铭,广州大刀山晋墓可见东晋大宁二年(324 年)的砖铭。如果大致推算各阶段的时间跨度的话,第一阶段的产品一直延续到 4 世纪的前 25 年内。也就是说,第二阶段的产品是在 4 世纪的前 25 年开始出现的。洛阳西郊西晋墓 M24 出土了属于 B2 系列的晋式金属带具。依据该墓所在墓群出土的纪年铭文砖,该墓群形成于 287—302 年左右。因此,呈现退化趋势的 B2 系列实际在第一阶段中就已出现。考虑到由原始形态分化演变而来需要一定的时间,笔者大胆推测第一阶段最早可以追溯至西晋元康七年(297 年)。

由于新山古坟出土实例与第一阶段的产品相比,在纹样上发生了变化很大,因此应将其视为第二阶段的产品。不过,在新山古坟出土金属带具中,采用了塑性加工 a 技法。如果关注到这一点,可以肯定这件带具出现于第二阶段中的较早时期。另一方面,考虑到纹样上的变化,宜兴周处墓、新山古坟、广州大刀山晋墓三件实例的制作年代间应存在一定时间差。如果机械地将新山古坟带具的制作年代推定为处于宜兴周处墓与广州大刀山晋墓两件实例之间,那么这件带具应制作于 310 年前后。基于上述推测,并假定广州大刀山晋墓带具的制作时间至第三阶段开始之间的间隔大约等同于新山古坟带具与广州大刀山晋墓带具之间的间隔的话,那么其彼此间至少相隔 10—15 年左右。这样一来,第三阶段的开始时间约在 330 年前后。目前尚难判断纹样 C 资料群在编年中所处的位置。不过,其所采用的施纹技法均为塑性加工 c 技法,因此其应相当于 A 系列、B 系列第二阶段中出现新样式的阶段,乃至第三阶段。朝阳袁台子壁画墓、奉车都尉墓、十二台乡砖厂 88M1 均出土有相关资料。根据对随葬品的断代,这些墓葬均属于 325 年以后的三燕墓葬。这与以上推定的第三阶段所处年代间并不存在矛盾。笔者认为前述有关各阶段的年代

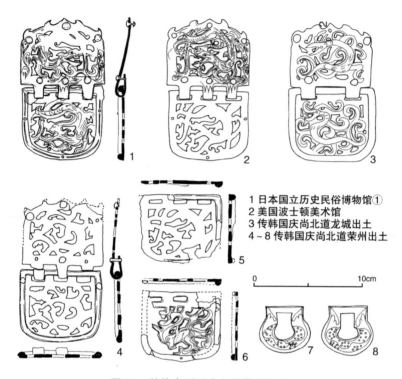

1 日本国立历史民俗博物馆①
2 美国波士顿美术馆
3 传韩国庆尚北道龙城出土
4～8 传韩国庆尚北道荣州出土

图 57　其他类型晋式金属带具举例

划分应无大误。

第五节　晋式金属带具的发展过程

　　晋式金属带具的纹样、形制均源于东汉的金属工艺。这一点可以很容易地从东汉时期采用细金工艺生产的马蹄形带扣，以及河北定县 43 号墓出土的胜形銙中看出。正如普遍认为的那样，自西晋时期开始形成了晋式金属带具。本节将阐述两晋时期晋式金属带具的发展过程。

　　依据纹样，已基本掌握了晋式金属带具的类型系列。从施纹技法的变迁、纹样图像型式的变化,以及墓葬的纪年等方面,可以看出 A 系列、B1 系列、B2 系列的开始年代比较接近。并且,A 系列与 B1 系列纹样变迁的总体趋势大致相同,仅在图像细节的特征、演变等方面存在一定差异。而 B2 系列的施纹技法从初期开始就与 A 系列、B1 系列有别,在纹样的完整程度上也相差悬殊。从前述情况来看,可以推定三个系列分别源于不同的制作者。本文将这样的制作系统称为"制作谱系"。

A 系列与 B1 系列在纹样本身与施纹技法的变迁上处于同步状态。在四肢、爪、尾部等处的形象上,存在着使用对方系列纹样要素的互换现象。因此,这两个系列虽属于不同的制作谱系,但关系较为密切。B2 系列采用了与 B1 系列相同的纹样图像,并且如前所述第一阶段就已出现 B2 系列的产品。尽管如此,包括国立历史民俗博物馆例③在内的 B2 系列产品不仅图像造型的完整度极低,在纹样技法上也与 A 系列、B1 系列的联系较少,整体制作非常粗糙。由此展现出从第一阶段开始,在部分实例中就已经出现制作粗糙、纹样明显形式化的制作谱系。考虑到 B2 系列在技法上与其他系列间的关联较少,因此该系列的制作谱系与其他两个系列并无直接关系。

近年在晋式金属带具的数量上,A 系列与 B1 系列的实例不断增加。与此相对,包括出土信息不明的资料在内,B2 系列仅见两例。可以推测,B2 系列原本的生产数量就非常有限。A 系列、B1 系列出土于高级武官的墓葬之中。① 与此不同,B2 系列带具

---

① 宜兴周墓墩 1 号墓的墓主人为西晋武将周处。周处是东吴名将周鲂之子,曾被西晋任命为建威将军,以刚勇、正直著称。西晋元康七年(297 年)在讨伐羌人的战争中取得战功,但随后被困。由于不趋炎附势的性格,周处遭到对其不满的官员的陷害,最终未能获得援军而战殁。因战功被追赠为平西将军,此后在归葬原籍阳羡(宜兴)时,又被加赠为前将军。

出土于一般官员的墓葬。以上现象可以从侧面印证前述对制作谱系的认识，并进一步推断制作 A 系列、B1 系列的工人系统属于官营作坊。中国古代王朝存在着制作玉器、金银器的作坊，制作 A 系列、B1 系列带具的应该就是此类作坊。而 B2 系列是私营作坊仿制奢侈品生产的产品。

辽宁地区的产品属于第二阶段中出现新样式的阶段至第三阶段，当地出现了模仿 A 系列、B1 系列的晋式金属带具，即 C 群的金属带具。可以推定其相当于 325—350 年左右的产品。尽管是仿制品，但其已展现出相当高超的金属工艺技术。其纹样中还采用了有别于中原地区晋式金属带具的图像，意义不明的错乱部分较少。在这些产品出现于辽宁地区的背后，是当时盘踞于此的鲜卑慕容部政权，即三燕的存在。除掌握着强大的骑兵部队外，三燕还重用汉人官僚①、士人，积极吸收中原王朝法制、技术、思想等方面的文化，一度成为强盛的国家。由此不难理解上述模仿品出现的原因。此外，高句丽应是在三燕的影响下，也仿制生产了晋式金属带具。

小　结

本章着眼于晋式金属带具中的錾刻技法，探讨了晋式金属带具的变迁、制作类型与发展过程。此前大多数有关晋式金属带具的研究仅单纯地对比了纹样属于写实或抽象的风格，并在单一的

---

① 从出土印章判断，朝阳奉车都尉墓的墓主人是曾担任"奉车都尉"的一名官员。报告中提示墓主人应是从东晋获得的上述官职。不过，这一时期，盘踞于辽宁的前燕正不断整理、吸收中原的制度与官僚机构。如果奉车都尉的金属带具并非中原产品的话，自然可以推测该墓葬的墓主人是在前燕的统治体制下获得了"奉车都尉"的地位。

发展序列中考察各资料的先后关系。本章阐明了各资料在编年中所处的位置,以及晋式金属带具存在多个谱系的情况。本文整理的晋式金属带具制作的发展脉络,将成为探讨晋式金属带具形成、发展的背景、过程的基础。

此外,本章还展现了在晋式金属带具制作技法中存在的两晋金属工艺的共性,并明确了錾刻技法的特征与变迁过程。由于錾刻是金属工艺中的常见技术,因此今后可以从相同的视角,展开对晋式金属带具与其他金属工艺品间的比较研究。

第七章 三燕金属带具的相关问题

近年,在中国辽宁省不断发现十六国三燕的遗迹、遗物。所谓"三燕",指由鲜卑慕容部建立的以"燕"为国号的政权,包括前燕、后燕、北燕诸国。鲜卑慕容部曾在中国的东北部形成强大的势力,并一度席卷华北,是十六国胡族中的代表性势力之一。在中国的辽宁省,曾发现有北燕王族冯素弗的墓葬,其中出土的高等级随葬品展现出相关文物对朝鲜半岛、日本列岛的影响。此后,又逐渐发现了一些有关三燕的考古资料。不过,随着近年对北票喇嘛洞墓群等遗址的发掘,相关调查工作获得了显著的进展,资料大幅增加。

十六国时期大量民族活跃于历史舞台,经历了复杂的历史进程。不过,十六国时期的物质文化资料一直呈现出碎片化的样态。在对上述三燕遗址展开调查的基础上,出版了《三燕文物精粹》(以下简称《精粹》)[1],辽宁省文物考古研究所还与日本奈良文化财研究所发表了共同的研究成果[2]。此外,还出版了众多有关三燕的报告、研究、图录,基础资料逐渐完备。随着对三燕考古

---

[1] 辽宁省文物考古研究所:《三燕文物精粹》,沈阳:辽宁人民出版社,2002年。

[2] 奈良文化财研究所、辽宁省文物考古研究所:《东亚考古学论丛 日中共同研究论文集》(東アヅア考古学論叢 日中共同研究論文集),奈良:奈良文化财研究所,2006年。

认识的丰富,有关三燕文化对于东亚世界的影响愈发受到重视。

第一节　中国东北地区金属带具概观

　　关于中国东北地区发现的三燕金属带具,比较著名的有朝阳市的袁台子壁画墓、十二台 88M1[①]、奉车都尉墓、王子坟山腰而营子 M9001,以及北票市的章吉营子西沟村墓出土的五件实例。此外,吉林省集安市的高句丽墓葬中也出土有数例。在三燕的考古资料中,前三者属于晋式金属带具。

　　本章将结合高句丽墓葬出土资料展开论述。以下首先介绍比较著名的相关实例。[②]

　　辽宁省朝阳市奉车都尉墓(图 58 - 1)　出土的晋式金属带具,是一件非常特殊的大型产品。带扣上刻画有一只身体修长的龙形兽的形象,除扣舌一侧外,其余的三边均透雕着锯齿纹带。主纹样的雕刻技法采用的是塑性加工 c 技法。该带具是一件金铜制产品。

　　辽宁省朝阳市袁台子壁画墓(图 58 - 2)　纹样的构图是两只相对的兽。带头与带扣上刻画有若干不同的兽形。在施纹技法上,采用透雕雕刻轮廓,采用蹴雕(塑性加工 c 技法)雕刻主纹样。蹴雕的孔非常细,刻画出流畅的线条。由蹴雕雕刻的主纹样

---

① 考古简报(辽宁省文物考古研究所、朝阳市博物馆:《朝阳王子坟山墓群 1987、1990 年度考古发掘的主要收获》,《文物》1997 年第 11 期)中记作"十二台乡砖厂 88M1",笔者此前也使用过这一名称。不过,最近"十二台 88M1"的表述更为常见。这里采用该称谓。

② 在章吉营子西沟村墓的出土资料中,还记录了数件其他的金属带具。不过,其中有的可能属于马具的部件,有的仅仅是极为零散的铰具断片。因此,这里仅采用整体样式比较明确的一件草叶纹金属带具。

相对朴素,呈较为完整的龙纹。边缘部分并非整体铸造而成,后部边缘在局部上是独立铸造的,并在连接处进行铆接。该带具是一件镀金银的产品。在透雕板内侧安装有金铜制的内板。

辽宁省朝阳市十二台88M1(图58-3) 带具表现出两只相对的禽鸟图像。禽鸟的头部、身体、翅膀、腿部等均由单一线条刻画,整体形象相当简略。边缘部分是整体铸造而成,上边较为平直。主纹样上的錾刻采用的是蹴雕技法,肉眼即可看出其楔形列点的间隔比较粗疏。该带具是一件金铜制产品。

吉林省集安市洞沟M159(图58-4) 带具的边缘部分并非整体铸造而成,通过在后部边缘的转角处进行铆接,形成一周完整的边缘。带具的上部平直且较宽。采用透雕方式表现出纹样的轮廓。根据报告中的照片,其主纹样应是用工具的前端按压表面形成的纹饰,纹样比较模糊,并不鲜明。

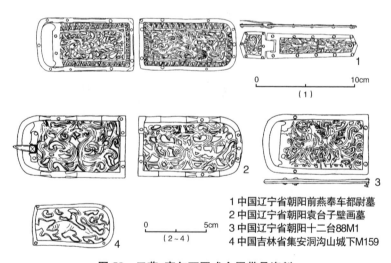

1 中国辽宁省朝阳前燕奉车都尉墓
2 中国辽宁省朝阳袁台子壁画墓
3 中国辽宁省朝阳十二台88M1
4 中国吉林省集安洞沟山城下M159

图58 三燕、高句丽晋式金属带具资料

辽宁省朝阳市王子坟山腰而营子M9001(图59-1) 由多个部件组成的一套金属带具,保存良好。带具中铰具已从纹样板上独立出来,转变为在长方形的环中安装有可转动式扣舌的样式。銙板的上边呈棘叶状。主纹样是透雕的草叶纹,而非錾刻的纹样。带具较厚,草叶纹较宽,纹样的前端并不尖锐。该带具是金铜制的产品。

辽宁省北票市章吉营子西沟村墓(图59-3)　由多个部件组成的一套金属带具,保存良好。其铰具前部边缘呈心形,两侧边缘较细长,并装有可转动式扣舌。铰具与纹样板独立分开,一枚横长的纹样板连接在铰具的后面。銙上的主纹样是透雕的草叶纹,而非錾刻的纹样。带具较厚,草叶纹较宽且前端并不尖锐。该带具是金铜制的产品。

通过整理以上内容,可总结辽宁发现的晋式金属带具的主要特征包括:① 全部材料的纹样均采用錾刻或蹴雕(即笔者分类中的塑性加工c技法)的方法;② 带扣、带头中边缘一圈并非整体铸造,后端的一部分或两部分是分开制造后通过铆接的方式连接到一起的;③ 纹样中的图案很多不见于中原制晋式金属带具,缺少统一性;④ 与中原制晋式金属带具相比,多见体型较大的实例。

根据①,三燕的晋式金属带具均属于前章编年中的第三阶段,相当于4世纪中叶至5世纪前叶。此外,②、③展现出不见于中原制晋式金属带具的特征。因此,可以认为这些资料是4世纪中叶以降三燕仿制晋式金属带具生产的产品。本文姑且将具有上述特征的在辽宁仿制生产的晋式金属带具称为"辽宁型"晋式金属带具。此外,4世纪时就已出现草叶纹金属带具,并且日本兵库县姬路市宫山古坟也出土有与其特征相仿的实例(图59-4)。这些带具与此后5、6世纪朝鲜半岛上新罗、百济流行的草叶纹金属带具具有一定的相似性。不过,两类资料在材质、制作技法、纹样特征等方面也存在着差异。可以看出草叶纹金属带具最初是由三燕创造的产品。

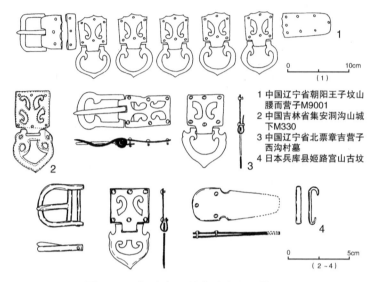

1 中国辽宁省朝阳王子坟山腰而营子M9001
2 中国吉林省集安洞沟山城下M330
3 中国辽宁省北票章吉营子西沟村墓
4 日本兵库县姬路宫山古坟

图59　三燕、高句丽的草叶纹金属带具

第二节　三燕金属带具的新发现

除前节介绍的资料外,《精粹》中还公布了以下辽宁省北票市喇嘛洞墓群出土的三件实例(图60、图61)。

喇嘛洞Ⅱ M275(图60-1)　该墓出土的带具属于晋式金属带具 B1 系列。边缘一周为整体铸造而成。从纹样构成、造型的精致程度、制作技法等方面来看,该带扣基本属于中原制晋式金属带具 B1 系列。不过,在銙的造型与纹样上,其又与典型的中原制晋式金属带具 B1 系列存在以下若干差异。第一,带头的纹样比较特殊,刻画了两只上下相对、盘旋姿势相反、左右相向的兽。在其他的带具中未见此类图像;第二,山形銙上有着多样的纹饰,其中包括回旋呈盘龙状的兽纹、身体复杂地缠绕在一起的兽纹，以及同样是这两类图案，但兽的姿势不同的图像；第三，在胜形銙心形垂饰的中央，透雕出三叶纹。这些特征均不见于以往的晋式金属带具中，不过可以肯定其图像的内涵与理念源自汉代以来的工艺谱系。

喇嘛洞 II M101（图 60 - 2）　在纹样构成上，该墓出土带具属于晋式金属带具 B1 系列。其兽纹、禽鸟纹采用透雕雕刻出较粗的轮廓，錾刻的主体纹样明显变形，眼睛、腿、爪，以及身体各部位均出现走样，展现出形式化的趋势。主纹样中所见蹴雕的各楔形列点在各处随意脱离主线，方向并不统一，构成了混乱的线条。此外，在透雕的轮廓上，錾刻的痕迹非常混乱，断口处的毛刺也比较明显。整体而言，从纹样、技术上来看，该带具是一件相当粗糙的产品。边缘部分是整体铸造而成的，上边比较平直，横截面呈扁平的梯形。

喇嘛洞 II M196（图 61）　该墓出土的带具由可动扣舌式方形铰具、透雕双叶纹銙、心形垂饰、带有步摇的花形銙、纵长方形銙、小型心形垂饰、铊尾构成。方形铰具的横截面呈极为扁平的板状。在透雕二叶纹銙左右两片叶纹的上下各有一个铆钉，总计共四个铆钉。通过这些铆钉，将銙与带体固定在一起。此外，在銙的中央有一金铜制的棒状物，将銙分为左右两个区域。单独制造的舌状部件穿过垂饰上的环，在銙的内侧通过铆接的方式固定。在铰具、銙，以及垂饰的边缘部位，连续錾刻有半圆形中带有一点的纹样，其錾刻技法应属于塑性加工 c 技法。此外，垂饰上透雕有草叶状的纹饰。其余部分没有纹饰。

以上，介绍了《精粹》所揭新发现的三燕金属带具。其特征包括：①均采用蹴雕（塑性加工 c 技法）雕刻纹样。此外，②、③两点

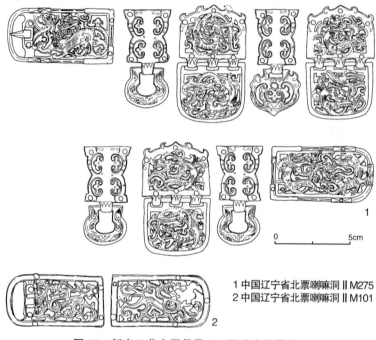

1 中国辽宁省北票喇嘛洞Ⅱ M275
2 中国辽宁省北票喇嘛洞Ⅱ M101

图 60　新出三燕金属带具（1）〈晋式金属带具〉

图 61　新出三燕金属带具（2）〈喇嘛洞Ⅱ M196 出土金属带具〉

均与晋式金属带具有关，即②带扣、带头上装饰有不见于中原制
晋式金属带具的纹样，并且其彼此间也存在着差异；③其中部分

实例的边缘部分并非整体铸造,且在后部边缘采用铆接方式连接。这些特征同样见于以往发现的三燕金属带具,可以认为其属于"辽宁型"。值得注意的是喇嘛洞Ⅱ M196 出土带具的形状特殊,不见于此前的实例。下一节将结合上述介绍的资料,探讨三燕金属带具的变迁和相关问题。

第三节　辽宁金属带具的变迁

前文已明确了晋式金属带具的编年,并将其变迁划分为三个阶段(图 56)。与此同时,论述了施纹中采用的錾刻技法与纹样型式同步变化的情况。因此,只要能准确判断采用的錾刻技法或纹样,就可以确定某件带具在编年中的位置。从纹样上采用塑性加工 c 技法,以及纹样的散漫与变化等方面判断,"辽宁型"晋式金属带具应属于 325 年以降(第三阶段)的产品。在此前考察的基础上,图 62 展示了第三阶段以三燕为中心生产的金属带具的变迁过程。笔者将其分为四期。

笔者认为随着晋式金属带具的传入,三燕最初较为忠实地模仿其样式生产晋式金属带具。喇嘛洞Ⅱ M275 出土的正是西晋末至东晋初期由中原王朝制作并传入三燕的晋式金属带具。辽西的袁台子壁画墓、前燕奉车都尉墓、十二台 88M1、喇嘛洞Ⅱ M101 出土的则属于仿制品。这些实例属于"辽宁型"晋式金属带具,其主纹样中存在着不见于中原制晋式金属带具的图案。在十二台 88M1 中,与金属带具一同出土的还有金铜制龟甲龙凤纹鞍具,以及金铜制的长柄马镫等遗物。根据从墓中出土的陶器、马具、装饰品的时代,及其与安阳孝民屯 M154(4 世纪中叶)、冯素弗墓(5 世纪初期、415 年)的关系,可以确定十二台 88M1 的建

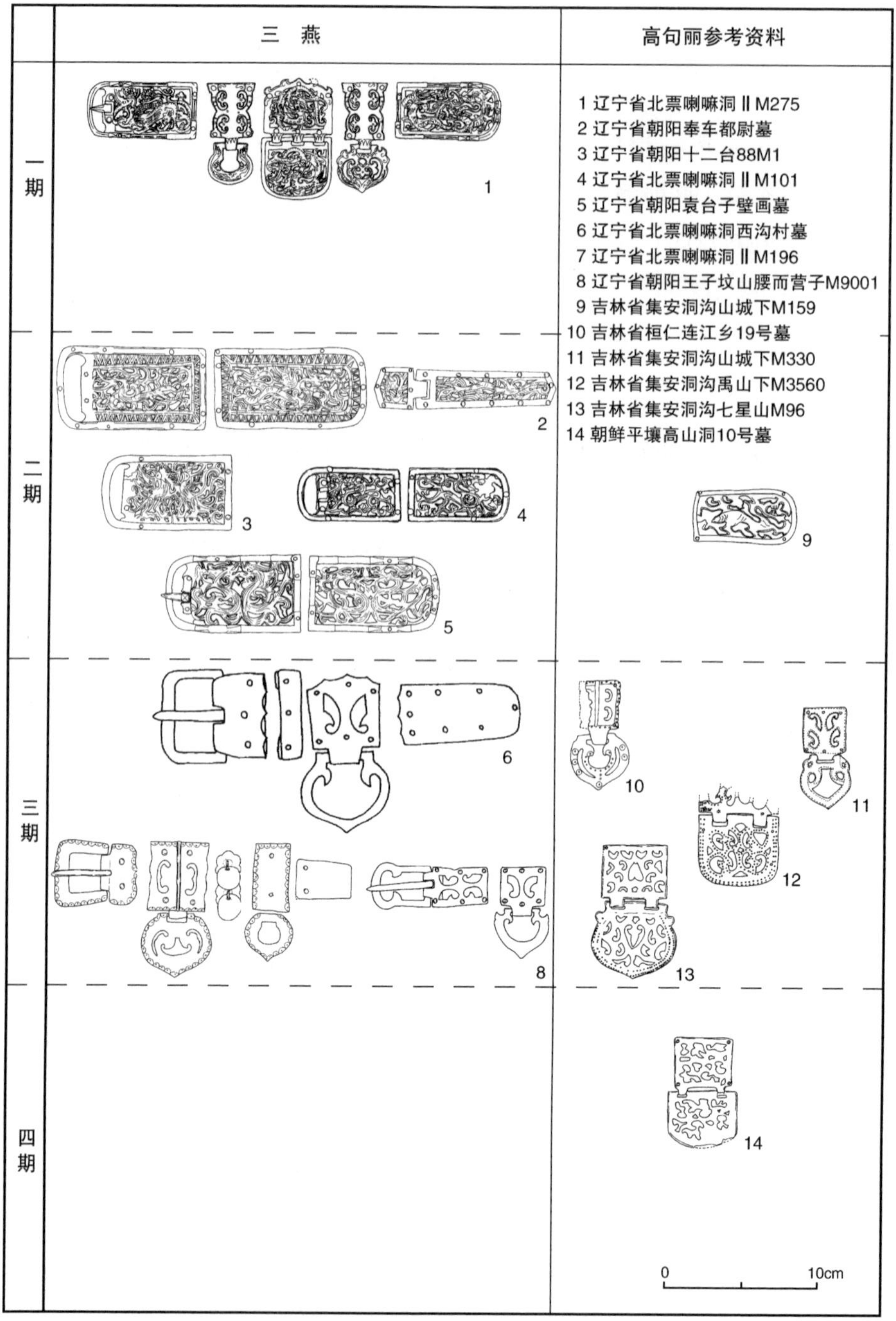
三 燕
高句丽参考资料
一期
二期
三期
四期
1 辽宁省北票喇嘛洞Ⅱ M275
2 辽宁省朝阳奉车都尉墓
3 辽宁省朝阳十二台88M1
4 辽宁省北票喇嘛洞Ⅱ M101
5 辽宁省朝阳袁台子壁画墓
6 辽宁省北票喇嘛洞西沟村墓
7 辽宁省北票喇嘛洞Ⅱ M196
8 辽宁省朝阳王子坟山腰而营子M9001
9 吉林省集安洞沟山城下M159
10 吉林省桓仁连江乡19号墓
11 吉林省集安洞沟山城下M330
12 吉林省集安洞沟禹山下M3560
13 吉林省集安洞沟七星山M96
14 朝鲜平壤高山洞10号墓
1
2
3
4
5
6
8
9
10
11
12
13
14
0
10cm

图 62　三燕金属带具的变迁

造年代应相当于4世纪前叶至中叶前燕迁都邺城前。同样,喇嘛洞Ⅱ M101也应建造于4世纪前叶至中叶。① 此外,尽管喇嘛洞Ⅱ M196出土带具不同于晋式金属带具,但其所展现出的设计风格应源于晋式金属带具,并且其构成一条完整带具的部件组合也与晋式金属带具相同。根据形态、纹样、部件组合可以明显地看出,喇嘛洞Ⅱ M196出土带具与晋式金属带具间存在着对应关系。如附有心形垂饰的透雕二叶纹銙对应于晋式金属带具中的透雕芝草纹胜形銙;附有步摇的花形銙对应于附有环饰的花形或圆形銙;附有小型心形垂饰的纵长方形銙对应于附有心形垂饰的圭形銙。这组带具并非仿制品,但其明显继承了晋式金属带具的型式。并且,从整体设计风格上已发生转变,以及采用可动扣舌式方形铰具等方面来看,喇嘛洞Ⅱ M196出土带具已开始脱离晋式金属带具的制作规范。考虑到墓中同出的铁制板状镳的样式,该带具应属于4世纪后叶至5世纪初期的产品。

辽东高句丽集安洞沟山城下M159墓出土带具属于"辽宁型"。有观点指出其是4世纪前叶比较早期的实例②,笔者认为这样的观点并不妥当。尽管其纹样图案与广州大刀山晋墓出土带具较为相似这一点似乎可以作为上述观点的依据,不过正如前章已阐明的那样,即使具有相似的纹样图案,也并不意味两件晋式金属带具属于同一时期。洞沟山城下M159的资料明显属于"辽宁型",因此不可能制造于325—350年之间。这件带具应是

① 王宇:《辽西地区慕容鲜卑及三燕时期墓葬研究》,吉林大学硕士学位论文,2008年。
② 东潮:《高句丽考古学研究》(高句麗考古学研究),东京:吉川弘文馆,1998年;东潮、田中俊明:《高句丽的历史与遗迹》(高句麗の歴史と遺跡).东京:中央公论新社,1995年。

从三燕流入的产品。在高句丽领域内发现的金属带具中,桓仁连江乡 19 号墓出土的实例一直备受关注(图 63-3)。[①] 该带具的样式具有一定特色,尚未有学者对其展开论述。不过,根据喇嘛洞 Ⅱ M196 出土三燕带具,可以确定连江乡 19 号墓出土带具属于辽宁地区模仿生产的晋式金属带具,并且其表现出了独立化的趋势。这件带具中的銙近似方形,边缘上的凹陷并不明显,中央位置上装饰有连续的圆形、半圆形纹饰,透雕芝草纹边缘上的凹陷也比较小。连江乡 19 号墓与喇嘛洞 Ⅱ M196 两件实例在上述方面,存在较多共通之处。由此可以判断洞沟山城下 M159 出土的带具也应是从三燕流入的产品。

以下再来关注辽宁地区另一类金属带具,即草叶纹金属带具。其实例包括辽西地区的朝阳腰而营子 M9001、北票章吉营子西沟村墓、辽东高句丽范围内的集安洞沟山城下 M330 出土的带具。辽宁的草叶纹金属带具由厚度 1 毫米左右或更厚的金铜板制成,且宽度较宽。其草叶纹的前端并不尖锐,样式朴素。草叶纹金属带具在此后的 5 世纪盛行于朝鲜半岛,特别是新罗。不过,其中大多数是由厚度为 0.5 毫米以下的薄金板、银板制成的。其制作中采用了冲压技术,很多銙的边缘向内侧弯折。此外,草叶纹比较流畅,宽度较细,且叶片前端明显呈尖状,整体形象极为尖锐。在这些方面,其与辽宁的草叶纹金属带具存在形制上的差异。辽宁的草叶纹金属带具有可能源于晋式金属带具中的芝草纹胜形銙,并被起源于三燕地区的高句丽所继承,进而影响至朝鲜半岛。

尽管依然存在很多难以确定的情况,不过根据以上介绍的发

---

① 东潮在书中展示了该带具的图片(前引东潮《高句丽考古学研究》),但并未介绍相关资料与出土遗迹。由于笔者尚未获得该带具的原始资料,不能确定其具体内容,因此这里依据的是东潮的著作。

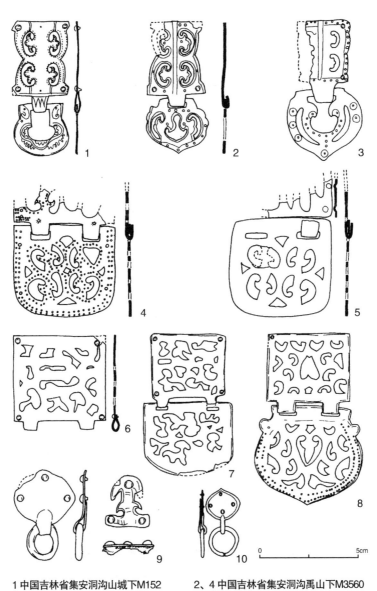

1 中国吉林省集安洞沟山城下M152　　　2、4 中国吉林省集安洞沟禹山下M3560
3 中国吉林省桓仁连江乡19号墓　　　　5 中国吉林省集安洞沟禹山下M3142
6 中国吉林省集安洞沟七星山M873　　　7 朝鲜平壤高山洞10号墓
8、10 中国吉林省集安洞沟七星山M96　　9 中国吉林省集安洞沟山城下M332

图63　辽东、高句丽的金属带具

展趋势,可以对图62所示三燕金属带具的分期作如下说明。一期,从两晋传入了中原制晋式金属带具(大致相当于中原制晋式金属带具的第二阶段)。当时尚未形成三燕的独立样式。二期,三燕开始模仿制作晋式金属带具,出现"辽宁型"。除模仿中原制的纹样外,还多见以兽、禽鸟形象为主体的新式构图。三期,逐渐脱离中原制晋式金属带具的制作规范。在铰具的形态、纹样图像等方面,形成自身的特征。装饰有清晰的兽、禽鸟纹的带具减少,与此相对出现了几何图形化的纹样,以及草叶纹的金属带具。此后,此类带具还传入朝鲜半岛,并形成当地盛行的草叶纹金属带具。四期,尚不能确定属于这一期的实际资料,不过其应与第三期相近,装饰着兽纹的晋式金属带具与草叶纹金属带具并存。整体而言,三燕金属带具经历了中原制产品的流入、龙凤纹时期、龙草纹共存时期的变迁过程。

小　结

晋式金属带具最初形成于中原王朝,并被分赐给周边的国家、集团。这一过程中,晋式金属带具得以在东亚范围内传播。此后,在混乱的五胡十六国时代,三燕导入了中原王朝的制度、文化,与此同时积极地仿制晋式金属带具。由此,金属带具在辽宁地区独立发展,形成了不见于晋式金属带具的、可称之为辽宁式的草叶纹金属带具。此后,这种带具还影响至高句丽。

三燕是由鲜卑慕容部建立的政权,其曾积极地吸收中原王朝的思想、制度,完备自身的体制。337—340年,前燕慕容皝采用皇帝称号,同时期的考古资料中还可见到"奉车都尉"的官职。这些现象展现出当时的前燕已建立起一定的官僚机构。并且,三燕

积极接纳在政治动荡、战乱中流亡的汉人,这些汉人的存在很大
程度上促进了三燕获得、吸收中原王朝的思想、制度。不难想象,
在流亡的汉人中也包括为数不少的金属工匠。正如此前所指出
的那样,三燕金属带具的制造始于 4 世纪中叶以降,当时正处于
三燕国家重要的转折期。金属带具很可能是作为官僚机构内标
识身份的文物流入三燕的。政治制度与制作机构在不断完善的
过程中相辅相成,由此促进了辽宁地区以金属带具为首的各类装
饰品、装饰马具等金属工艺的发展。另一方面,在朝鲜半岛与日
本列岛出现了辽宁式金属带具与中原王朝式金属带具共存的现
象。其中辽宁的草叶纹金属带具应是 5、6 世纪流行于朝鲜半岛
新罗、百济的草叶纹金属带具的原型。5 世纪前叶,高句丽曾实
际掌控着新罗王都庆州。新罗草叶纹金属带具的出现与流行可
能正是受到这一事件的影响。高句丽洞沟禹山下 M3105、
M3162、M3296 出土了横长椭圆形金属带具与方形金属带具扣接
在一起的带饰(图 64 - 1、64 - 2)。这种形态的带具还常见于 5 世
纪以降百济、新罗等地的王族、贵族墓中。七星山 M96 出土了由
晋式金属带具中的山形锛变形而来,并施有草叶纹的带具(图 63
- 8)。类似的实例还见于新罗庆州皇吾里 5 号墓(图 64 - 3)等
处。这些金属带具展现出三燕的文化经高句丽传播至朝鲜半岛
的过程。日本古坟时代的相关实例极为有限,但可以见到如姬路
市宫山古坟、福冈县饭冢市栌山古坟等墓葬出土的草叶纹金属带
具。姬路宫山古坟出土金属带具(图 59 - 4)厚度约 1 毫米,锛板
边缘并未向内侧弯折,草叶纹并不尖锐、细长,且较为朴素。这些
特征与新罗、百济带具在制作技法、纹样上存在差异。其应是辽
宁地区生产的草叶纹金属带具。5 世纪以北燕、南燕的灭亡为契
机,三燕的文物也传播至日本列岛。

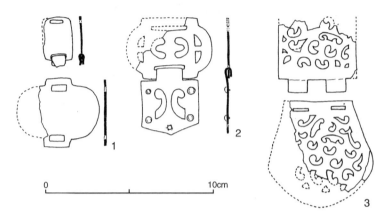

1、2 高句丽墓葬出土连锁状带饰　3 韩国庆州吾皇里5号墓出土金属带具

图64　高句丽、新罗出土的特殊金属带具

在辽东特别是高句丽主要发现的是三燕占据辽宁时期生产的晋式金属带具。仅在4世纪的洞沟山城下M152、4世纪后半的洞沟禹山下M3560出土了附有心形垂饰的胜形銙。其中洞沟山城下M159出土的带具是高句丽为数不多的晋式金属带具之一。其属于"辽宁型"，是325年以降生产的产品。东晋孝武帝太元十年（385年）高句丽王安接受后燕慕容宝的册封。在此基础上，三燕与高句丽在政治、外交方面建立起紧密的关系。在高句丽的金属带具中，可能存在着基于这种关系从三燕流入高句丽的产品。这样的文物印证了三燕在东北地区曾效仿中原王朝实施统治。进入5世纪前叶，三燕开始衰退，最终以北燕冯弘一族被高句丽杀死宣告覆灭。5世纪前叶以降的洞沟禹山下、七星山等墓葬出土的晋式金属带具展现出三燕灭亡后高句丽继承了其金属工艺。中原王朝的政治、文化曾广泛影响东亚世界，这其中不仅有来自中原王朝的直接影响，也包含以三燕为中介产生的间接影响，在这一方面三燕发挥了重要作用。

第八章　晋式金属带具的造型样式与思想内涵

在此前的 15 年间，有关晋式金属带具和类似金属带具的认识不断深化，相关资料持续增多，研究也取得进展。此外，前章通过对三燕、高句丽资料的探讨，一定程度上揭示了中原王朝周边地区金属带具的情况。有关晋式金属带具的编年、年代判定、制作地，以及其在政治史、交流史上所发挥作用等方面一直备受关注。目前可以从中原王朝的文物及其在周边传播的视角，探讨两晋、十六国之际文化发展的动向。本章将介绍有关晋式金属带具的新资料，与此同时考察其纹样图像的内涵，以及晋式金属带具蕴含的思想背景，即这种带具所具有的文化意义。

第一节　新资料的情况

本章介绍的新资料是早稻田大学会津八一纪念博物馆藏的一件带具（图 65）。目前只能确定该带具为会津八一的藏品，而有关其出土地、入藏经过等方面的信息均不明确。该带具属于笔者划分的晋式金属带具 B1 系列①中的带头部分，不过其边缘已

---

① 根据纹样的构图、样式可将带具划分为不同型式，而各型式的出现在时间上具有连续性。由于这种连续性蕴含着发展顺序的意义，因此本文采用"系列"一词作为分类的称呼。

经缺失,仅保留有纹样板。该带具长 7.5 厘米、宽 4.1 厘米、厚
0.7～1 毫米,与晋式金属带具的平均大小相当。[1] 表面附有铜锈
与污迹,致使一部分纹样难以观察。残存的镀金部分金色并不明
显,接近于黄铜色。带具的边缘已经变色,存在脱落的痕迹。带
具边缘上共有六个直径 1.5 毫米的孔洞,其中前部边缘三个,上
下边缘各一个,后部边缘处两个。这些孔洞原本用来贯穿铆钉,
以此固定金属带具的边缘。

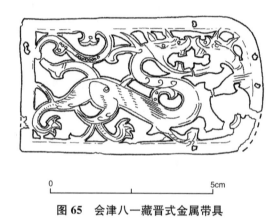

0   5cm

图 65　会津八一藏晋式金属带具

这枚带具的主纹样与 B1 系列中带头的纹样并无区别,刻画
有一只无角或独角的兽与另一无角兽头相对的图案。[2] 其施纹
技法采用的是笔者划分的塑性加工系统 c 技法,即通常所谓的踢
雕技法。由于氧化现象,带头上存在难以用肉眼观察的部分。因
此,未能在图上表现出相关部分的纹样。纹样中兽的身体上刻画

---

① 晋式金属带具一般长 7.0～7.5 厘米、宽 3.4～4.2 厘米,长宽比为 2∶1。从服饰
　的礼制规格来看,与带体的宽度相应,带具的宽度也应具有一定意义。不过,此前
　的研究并未关注这一方面的问题。
② 带头上的兽纹头部刻画有两个突起,关于突起究竟是耳朵还是角,存在不同的解
　释。在汉镜等资料上可以见到神兽头部刻画有极小的双角,因此不能将这种突起
　一概视为耳朵。如果将带头上兽纹头部的突起视作耳朵的话,那么其刻画的是无
　角的兽;如果将突起视作角的话,刻画的就是双角兽。

有较为密集的线条,而从兽的颈部至头部的线条比较稀疏。如果从纹样的变形程度、蹴雕线条的疏密来看,这件带具没有国立历史民俗博物馆①、出光美术馆藏品那般精致,但尚未达到国立历史民俗博物馆②那种变形的程度,蹴雕线条也没有其稀疏。① 依据以上的特征,会津八一纪念博物馆藏的这件带具属于笔者划分的第二阶段(图 56),即 4 世纪前半中国生产的产品。

第二节　两种晋式金属带具

晋式金属带具的演变可以划分为三个阶段。第一阶段与第二阶段间的变化包括从极为精致的纹样向简单朴素的风格演变;在纹样技法上从几乎没有蹴雕的塑性加工系统 a 技法向蹴雕的塑性加工系统 b、c 技法转变。进入第三阶段后,施纹技法与纹样的形象趋于稳定,周边地区开始生产仿制品。为探讨晋式金属带具的时代特征,在从工艺、生产角度观察晋式金属带具的演变时,有必要结合其本身在文化上的特性,进行宏观的阶段划分。

首先关注构成一条晋式金属带具的部件组合。这是因为晋式金属带具原本就不是单独的金属器具,而是作为带的组成部件出现的。通过金属带具的组合,可以了解一条完整的带。可以说在某一时代的文化、制度中,是带具组合让带体本身具有了特定的意义,成为一种展现制度的服饰。

以下,结合第六章中有关晋式金属带具的编年,探讨具体的金属带具组合(图 66)。第一阶段的组合包括带扣、附有长方形垂饰的山形銙板、附有心形垂饰的胜形銙板、附有素环垂饰的胜

---

① 这里所说的疏密并非指蹴雕线条楔形列点间的间隔、密度,而是指由楔形列点构成的线条的密度。

形銙板、带头、圭形铊尾(图 66 - 1)。第二阶段的组合包括带扣、附有垂饰的胜形銙板①、附有环饰的銙板、附有心形垂饰的圭形銙板、带头、鱼尾形铊尾(图 66 - 2)。在第二阶段的资料中,与胜形銙板组合的实例仅见 A 系列的金具,尚未见到属于 B1 系列的资料。不过,正如第一节所述,这两个系列的产品具有非常密切的联系。因此,可以推定 B1 系列中也采用了胜形銙板。此外,还有必要关注武汉熊家岭晋墓出土的金属带具,其包括带扣 1 件、附有环饰的琵琶形銙 1 件、附有心形垂饰的圭形銙板 7 件、带头 1 件。刘森淼展示了这些金属带具的实测图与复原图(图 67)。② 其中只有圭形銙板数量较多,与其他实例相比,属于比较特殊的金属带具组合。不过,该资料是在机械取土作业时发现的,不能确定金属带具组合等是否展现了原本的状态。也许在第二阶段的后半期出现了一条带上仅有个别类型的带具数量较多的现象。③ 目前,尚缺乏有关第三阶段金属带具组合的资料,相关情况不明。虽然 B2 系列中存在属于第一阶段的资料,不过其应为私营作坊的产品。已知 B2 系列带具的组合包括带扣、附有素环垂饰的胜形銙板、带头(图 66 - 3)。根据复原推测,原本应有铊尾,不过尚未发现铊尾与其他带具共存的实例,这在金属带具组合中是非常特殊的现象。

基于技法、纹样划分的金属带具的各阶段中,尤以第一阶段

---

① 第二阶段胜形銙板的垂饰可见有新山古坟出土的素环垂饰。不过,尚不能确定该阶段的胜形銙板是否采用了心形垂饰。

② 刘森淼:《湖北汉阳出土的晋代鎏金铜带具》,《考古》1994 年第 10 期。

③ 武汉熊家岭晋墓出土带具的实测图中纹样不清晰。即使考虑到实测图的精度问题,从以下特征来看,其也应属于第二阶段中比较偏后的产品。例如在兽的形象上,采用长线表现从胸部延伸至身体上的羽毛,各部位体毛样式的区别不明显,尾巴从臀部的后端长出,并且只有尾巴与身体呈分离的样式等。

与第二阶段间的变化最为显著、关键。这是因为两阶段间带具的基本要素发生了飞跃式的变化，如纹样上的显著变化、施纹技法从塑性加工系统的 a 技法转变为 b、c 技法。从这个意义上看，与第二、三阶段间的变化相比，第一、二阶段间的转变更为明显。虽然第二阶段与第三阶段在技法、纹样上存在着不同，但属于连续性的变化。甚至可以说两阶段间最为显著的差异在于进入第三阶段后在辽宁三燕这样的周边地带开始生产晋式金属带具。也就是说，第二、三阶段的晋式金属带具具有非常相近的发展脉络。因此，笔者认为前述情况不明的第三阶段，应与第二阶段拥有相同的金属带具组合。如前所述，第一、二阶段是基于纹样的技法、图像划分的，而晋式金属带具的组合同样在第一、二阶段之间发生了显著的变化。可以说以第一、二阶段之间为界，纹样的技法、图像，以及带具组合等晋式金属带具的主要构成要素均发生了显著的变化，因此可以将其视为晋式金属带具最主要的变化阶段。

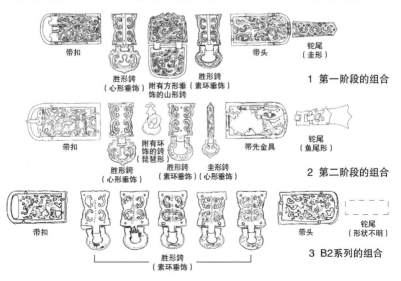

图 66　晋式金属带具的组合

1 湖北省武汉熊家岭晋墓出土晋式金属带具

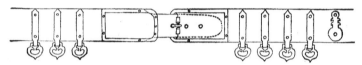

2 湖北武汉熊家岭晋墓出土晋式金属带具的复原图（刘森森）

图67　武汉熊家岭晋墓出土晋式金属带具和复原图

笔者认为第一阶段与第二阶段的分界在于4世纪最初的25年，并且第二阶段最早的实例即新山古坟出土带具应制作于310年前后。晋式金属带具分别基于组合与制作特点所划分的阶段是相互重合的，这一点至关重要。在金属带具的制作工艺、纹样，乃至组合均发生根本性变化时，其背后很可能蕴含着重大的历史事件。如果探讨这一历史背景，必须考虑到西晋王朝的崩溃，以及在大量移民南渡基础上东晋王朝的建立。[①] 因此，以上述晋式金属带具发生显著变化为界，可将此前此后的带具分别称为西晋式与东晋式。

第三节　晋式金属带具的传播与发展
——基于辽宁地区的情况

本节将基于两晋王朝领域外发现的晋式金属带具，考察其在

---

① 公元290年武帝司马炎去世，西晋王朝随即陷入八王之乱、永嘉之乱。至317年愍帝司马邺去世，西晋王朝彻底覆灭。此后，东晋王朝于317年建立。

周边地区的传播。这里将以十六国时期三燕所在中国东北地区辽宁出土的金属带具(图 62)为中心,展开讨论。

　　三燕地区最初的晋式金属带具是从中原王朝流入的产品,自辽宁二期即 330 年左右开始仿制中原王朝的样式,生产"辽宁型"带具。值得注意的是这一时期与慕容皝自称燕王[①]处于同一阶段。中原王朝生产的晋式金属带具在两晋之交发生了样式上的改变。辽宁一期相当于中原王朝生产的晋式金属带具流入三燕的阶段。至辽宁二期,出现了"辽宁型"带具。不过,尚不能确定当时模仿的是哪个阶段的晋式金属带具。喇嘛洞Ⅱ M266 出土了铁制晋式金属带具,其组合包括带扣、附有心形垂饰的胜形銙板、附有长方形垂饰的山形銙板、带头,并且两种銙板交替配置。[②] 由于其带具组合与西晋式金属带具相同,因此第二阶段的辽宁型晋式金属带具可能是以西晋式金属带具为原型制作而成的。此外,值得注意的是喇嘛洞Ⅱ M266 出土的是铁制带具。其纹样板是在铁地上贴金箔制成,并附有铜制的边缘。[③] 辽宁型中采用了不见于中原王朝晋式金属带具的材质。不仅如此,如果其材质确实是铁地贴金的话,那么有必要关注其在技术上的发展程度。

　　辽宁三期的"辽宁型"带具开始展现出脱离晋式金属带具制

---

① 前燕实际成立于 337 年慕容皝自称燕王之际,当时前燕已建立起包括官制在内的统治体制。341 年慕容皝被东晋正式册封为燕王,慕容皝之后的慕容儁于 348 年即位,并于 352 年自称皇帝。

② 辽宁省文物考古研究所、朝阳市博物馆、北票市文物管理所:《辽宁北票喇嘛洞墓地 1998 年发掘报告》,《考古学报》2004 年第 2 期。

③ 考古报告(前引辽宁省文物考古研究所等《辽宁北票喇嘛洞墓地 1998 年发掘报告》)中记载喇嘛洞Ⅱ M266 出土带具为"铜质嵌丝和嵌框"。由于没有实测图,且照片不清晰,因此不能确定"铜质嵌丝"的含义。根据文字判断,应为使用了铜丝一类的装饰,这是一件极为特殊的实例。

作规范的独立化趋势。从这样的情况来看,当时作为模仿对象的应是东晋式金属带具。喇嘛洞Ⅱ M196 被认为是前燕高等级墓葬,其中出土的金属带具非常值得关注。该金属带具的銙板呈中部凹陷的方形,并且附有心形垂饰。尽管该带具较为特殊,不过从銙的形态可以看出其明显是以晋式金属带具的胜形銙板为原型生产的产品。由此来看,附有心形垂饰的纵长方形銙板、附有环饰的花形銙板分别相当于晋式金属带具中的圭形銙板与附有环饰的銙板。也就是说,这件带具中銙板的组合也对应于东晋式金属带具(图 68)。

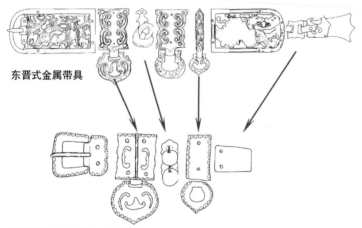

东晋式金属带具

喇嘛洞Ⅱ M196 出土金属带具

图 68　东晋式金属带具与喇嘛洞Ⅱ M196 出土金属带具的对应关系

通过以上的探讨,可以发现辽宁的晋式金属带具具备如下的地域特色,即出现以铁制代替原有材质的产品,展现出当地掌握了生产此类产品的技术能力;其产品在模仿晋式金属带具的基础上,风格发生了转变;铰具转变为反向 D 字形具有可动扣舌的样式。

第四节　晋式金属带具的思想内涵

晋式金属带具是一种在样式、纹样图像、组合等方面具有显著规范性的文物。这种规范性并非单纯出于装饰美感的需要,其同样是由一以贯之的思想内涵所确立的。并且,各金属带具形态、纹样上的特征具有各自特定的形成背景。本节将在前人研究的基础上,考察晋式金属带具形成的思想背景。

一直以来,笔者将三叶纹銙板等金属带具称为胜形銙板。"胜"指西王母发饰中的金胜、玉胜(图 69 - 1),其也作为西王母的象征而单独出现(图 69 - 2、69 - 3)。胜形装饰是从汉代至魏晋南北朝时期比较常见的纹样,晋式金属带具带扣、带头边缘的部件上也可见到胜形装饰。胜形銙板上的三叶纹实际就是芝草纹,代表着西王母所在昆仑山上的仙草。为表现胜形銙板上芝草纹的藤蔓,胜形中央的圆形部分被加工成凹陷的样式。并且,胜是象征永恒的图案,与"∞"状纹样有着密切的关系。[①] 胜形銙板上可见透雕的连续芝草纹,而宜兴周处墓、天理参考馆带具铊尾上同样透雕有连续反转的芝草纹。考虑到上述实例,金属带具的芝草纹不仅代表着与西王母关系密切的昆仑山仙草,其无疑也被作为一种象征永恒的纹样。

基于带扣上的纹样,晋式金属带具一直以来又被称作龙纹透雕金属带具等。然而,带头纹样刻画的是头上无角、身上有斑纹的兽,未必属于龙的造型。如果将其视为虎,那么晋式金属带具蕴含的是龙虎相对、阴阳合一的理念。仔细观察带扣上的兽纹,

---

① 林巳奈夫:《汉代象征永远的图样》(漢代の永遠を象徴する図柄),《史林》(史林)
　　第 83 卷第 5 号,京都:史学研究会,2000 年。

2 胜形环状金饰

1 西王母与"胜"的图像

3 河南省邓州学庄南朝墓 墓门壁画

图 69　西王母与胜

可发现其头部是一角。先姑且不论晋式金属带具 A 系列中侧面
形象的兽,B1 系列中从斜前方视角刻画的兽同样是一角。这一
点非常耐人寻味。林巳奈夫将汉镜上常见的长有一角的龙形兽
称为辟邪或天禄,并指出其是与虎形兽成组出现的一种基本构图
主题。① 晋式金属带具带扣上所刻画的兽与神兽镜上的兽(图
70),以及南朝帝陵神道石兽(图 71)间存在诸多相似之处。考虑
到这一点,其表现的可能不是龙,而是天禄、辟邪之类的神兽。带
头上的兽并非一只,与完整的兽正面相对的是一个没有身体的兽
头。尚不清楚这种图案所代表的含义。不过,其构图可以让人联
想到盘龙镜的纹样。带头上的兽同样可能是辟邪、天禄一类的
神兽。

　　现阶段仍难以阐明晋式金属带具上兽纹所具有的含义。不

---

① 林巳奈夫:《二三种汉镜的纹样(续)》(漢鏡の図柄二、三につて(續)),《东方学报
京都》(東方學報　京都)第五十册,京都:京都大学人文科学研究所,1978 年。

图 70　神兽镜的纹样

过,其表现的应是龙虎的图像,属于林氏所谓"禽兽"类图像。[1] 如此看来,与汉镜上的"禽兽"像、南朝陵墓石兽一样,晋式金属带具上的兽同样是保护宇宙免遭不祥,维持其秩序正常运行,带给人们长寿、子孙繁盛、富裕的形象。

　　在希望维持宇宙秩序、现世繁荣、生命永恒的思想下,形成了晋式金属带具整体的纹样与装饰图案。由此奠定了晋式金属带具的制作规范,并被一直沿用下来。

图 71　江苏省丹阳市齐景帝修安陵石兽

---

① 前引林巳奈夫:《二三种汉镜的纹样(续)》。

小　结

本章阐明了伴随着两晋更迭,晋式金属带具的样式发生了改变。中国自汉代以来的传统思想塑造了带的样式。在传统思想下,带具的纹样、形态,以及组合得以确立。晋式金属带具源于中国的传统思想,是深受中国制度影响的文物。

晋式金属带具中的东晋式金属带具在东晋十六国时期广泛传播,并被周边地域积极模仿。原本称霸华北地区的十六国诸国理应继承的是中原正统王朝西晋的制度。尽管如此,这些国家却选择了东晋式金属带具,即南渡江南的"边缘化"中原王朝东晋的文物。至少西晋式金属带具没有成为三燕的主要模仿对象。有关这一点,并不能简单地用时间上的原因来解释。

第九章　晋式金属带具的形成背景

2004 年南京发现了一座东吴时期的墓葬。2008 年,相关的发掘报告正式公布,详细地介绍了墓葬的具体情况。[①] 这座东吴墓建于孙吴中晚期,墓主为折锋校尉薛秋。本文将这座墓葬称为东吴薛秋墓,对其展开考察。

东吴薛秋墓的出土遗物中包括了一组金属带具。从金属带具的形状、组合等方面来看,可以很容易确定其与晋式金属带具有关。不过,与标准的晋式金属带具相比,该金属带具在制作技法、纹样上存在特殊之处。笔者认为其特征展现出与晋式金属带具形成背景相关的某些情况。本文将考察由东吴薛秋墓出土金属带具所见有关晋式金属带具形成的背景问题。

第一节　东吴薛秋墓概要

东吴薛秋墓位于南京市中心南部的白下区大光路,即从明故宫向南延伸的御道街与护城河交界处前。2004 年 12 月当地进行基建施工时发现该墓,南京市博物馆随即展开抢救性发掘。墓葬未被盗掘,保存完好。该墓由短甬道与长方形墓室组成,甬道、

---

① 南京市博物馆:《南京大光路孙吴薛秋墓发掘简报》,《文物》2008 年第 3 期。

墓室均为券顶，是一座单室券顶砖墓。砖室全长 5.32 米，墓室长 4.64 米、宽 2 米、高 2.28 米，甬道长 0.7 米、宽 1.07 米、高 1.25 米。出土陶器、青瓷器、漆器、木器、金银器、铁器、铜器共计 80 余件，铜钱 1000 余枚。木器中羊形、马头形、人形的木俑在南京和周边六朝墓葬中属于非常罕见的发现(图 72)。

墓葬呈东西向，墓室内南北平行放置两棺。北侧棺内葬有一名男性，棺内除银制金属带具外，还出土了木名刺、木印章、石印章、铁环首刀等。南侧棺中安葬的是一名女性，棺中出土有鎏金钗、鎏金戒指、金环、铁镜等。木名刺共五件，书写格式、内容相同，形状、大小也基本相仿。其中一件长 24.8 厘米、宽 3.4 厘米、厚 0.4 厘米，墨书有"折锋校尉沛国竹邑东乡安平里公乘薛秋年六十六字子春"。安徽马鞍山东吴朱然墓、湖南长沙走马楼吴简等考古资料中均发现有木名刺。此外，石印章印面上阴刻"折冲校尉"四字。据此，可以判明墓主人的籍贯为沛国竹邑东乡安平里，生前曾拥有"折冲校尉"的官职与"公乘"的爵位，名叫薛秋，字子春，66 岁去世。

薛秋子春不见于史料记载，难以确定其身份、事迹。不过，关于东吴的沛国竹邑薛氏，史料中记载有太子少傅薛综，威南将军、大都督薛珝，东吴光禄勋、西晋散骑中常侍薛莹父子。这些人物作为重臣自孙权以来一直支持东吴政权，是当时颇具势力的家族。报告中也指出了这一点，薛秋应与薛综、薛珝、薛莹父子同族。[①] 目前尚不清楚"折冲校尉"具体是何种官职，不过其无疑为武官，在东吴时掌握有一定的军权。

由于该墓的墓室、随葬品中未发现纪年材料，并且薛秋在史

---

① 前引南京市博物馆：《南京大光路孙吴薛秋墓发掘简报》。

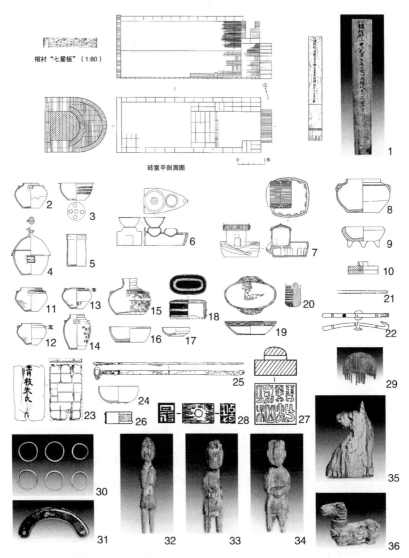

1 木刺；2—7 陶器；8—10 陶器；11—15 青瓷器；16、17 青瓷器；18 漆盒；19 漆耳杯；20 漆柄；21 金簪；22 铜带钩；23 漆椁；24 漆盆；25 铁环首刀；26 鎏金戒指；27 "折锋校尉"石印；28 木印；29 木栉；30 金环；31 漆凭几；32—34 人形木俑；35 马头形木俑；36 羊形木俑

图 72　东吴薛秋墓及其随葬品

料中失载,因此不能确定墓葬的具体年代。发掘者根据陶器、青瓷器的特征,铜钱的铸造、使用年代,木名刺及其格式等判断,东吴薛秋墓属于"孙吴中晚期"。目前,有关六朝墓葬、陶瓷器的编年研究尚未取得最终的结论。不过,由于湖北鄂城六朝墓中有关分期编年的资料充分且完备,可以作为论述的依据。[①] 当然位于长江中游的鄂城与下游的建业间存在着地域特色上的差异,但其基本面貌并无大的差别。[②] 参照鄂城的编年资料,可以确定东吴薛秋墓相当于"孙吴中期"。报告中考虑到地域特色上的差异,将该墓判定为"孙吴中晚期"是基本妥当的。《鄂城六朝墓》中将"孙吴中期"定义为"孙权在武昌称帝并还都建业后的黄龙、嘉禾、赤乌和太元的二十余年间(公元 229—252 年)"[③]。那么,东吴薛秋墓的年代应大致相当于这一阶段。

第二节 东吴薛秋墓出土金属带具的特征

一、金属带具形状与制作上的特征

东吴薛秋墓出土带具包括带扣 1 件、带头 1 件、附有圆角方形垂饰的銙 4 件、附有心形垂饰的胜形銙 5 件、铊尾 1 件,共计 12 件。除铊尾外,其他带具均有施纹。纹饰以透雕方式雕刻出轮廓,但并未錾刻具体的主纹样。带具的材质均为银质(图 73)。

---

① 南京大学历史系考古专业、湖北省文物考古研究所、鄂州市博物馆:《鄂城六朝墓》,北京:科学出版社,2007 年,第 307—325 页,附录 12—14。

② 蒋赞初:《关于长江下游六朝墓葬的分期和断代问题》,《中国考古学会第二次年会论文集》,北京:文物出版社,1982 年;蒋赞初:《长江中游六朝墓的分期和断代——附论出土的青瓷器》,载其著《长江中下游历史考古论文集》,北京:科学出版社,2001 年;蒋赞初:《长江中下游孙吴墓葬的比较研究》,载其著《长江中下游历史考古论文集》,北京:科学出版社,2001 年。

③ 前引南京大学历史系考古专业等《鄂城六朝墓》,第 311 页。

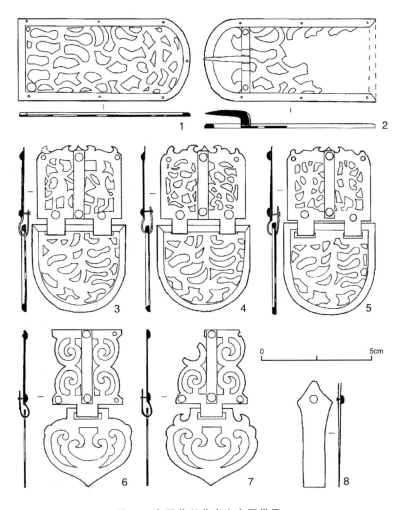

图73　东吴薛秋墓出土金属带具

　　带扣前侧边缘呈弧形,后侧边缘平直,前端有供带体穿过的反向 D 字形孔。在孔内的纹样板上有两个突起,分别向上下对称伸出。铰具采用可动扣舌的型式,在纹样板扣舌的基座上有两个较大的钉。扣舌安装在基座的中部,通过轴实现转动。纹样板从中部至后部边缘处存在破损,边缘部分的后端呈斜向切削的形态,后侧边缘已遗失。由于破损,带扣纹样未能完整保存。不过,其应与带扣上的纹样相同,透雕有一只身体修长的兽的侧面形象,以及围绕在周围的云气纹、芝草纹。带扣残长8厘米,宽3.8厘米。

带头前部透雕有人物形象,后面透雕有身体修长的兽的侧面形象。纹样板后端边缘的转角处各有一孔,其中一个还保留有较大的铆钉。前端边缘中央有一铆钉,上下两侧边缘上各有三个铆钉,通过这些铆钉将边缘与纹样板固定在一起。带头上的铆钉较小,从边缘的正面穿入,并嵌入边缘内,是一种隐藏式的铆钉。边缘的前端与上下两边是一体制造而成的,两边的末端事先被加工成斜向切削的形状。后部的边缘是单独制造的。

附有圆角方形垂饰的山形銙在表面的中央铆接有长方形的银板。垂饰的边缘同样是分段制造的,在左右两侧上部,分别有一个隐藏式的小铆钉。銙上的纹样以长方形银板为界,左右分别透雕有一个人形的图像,垂饰上似乎透雕的是兽与羽人的图像。附有心形垂饰的胜形銙在表面的中央铆接有长方形的银板。以银板为界,左右对称透雕有旋涡状的芝草纹。心形垂饰有两种样式,一种在两肩上仅装饰有圆润的突起,另一种除圆润突起外还装饰有一对尖状卷曲的突起。两类垂饰均装饰有透雕的芝草纹。铊尾为两片对折的银片,末端呈剑首状,其上可见铆钉。铊尾长4.8厘米,最宽处1.7厘米。

东吴薛秋墓出土金属带具最值得关注的特征是其边缘部分并非整体制造的。

此外,其特征还包括:在边缘内侧的纹样板上,用大型钉帽的铆钉将金属带具与带体固定在一起;并未采用由錾刻的细小列点构成的线条刻画主纹样;材质为银质。

二、纹饰特征

薛秋墓出土带头上刻画有在人的身后追随着兽的图像,其中兽身体修长,且表现的是侧面的形象。带扣上装饰着与带头相同的兽纹,但并未刻画人像。尽管可以辨认出带具描绘的所有形象,但这些形象整体上已与周围透雕的云气、芝草纹样融为一体。兽的基本形态为内侧的前肢向前踢出,外侧的后肢向后有力地蹬踏,外侧的前肢与内侧的后肢稳健地踏在地面上。从身体上延伸出 S 状的颈部。人像屈膝站立,两臂弯曲向上举起,头部向后回首。上述人像与兽像的组合正是所谓的羽人戏龙(虎)图,即手持芝草的羽人戏弄身后龙、虎的图像。

在山形銙上,左右分别刻画有一个立人,立人身上升起云气,应属神仙、羽人一类的图像。尽管山形銙下圆角方形垂饰上的纹饰难以判别,不过还是可以分辨出左上部的兽头与下部的四肢。其描绘的是一只颈部向后扭转、身体修长的兽。不过,该图像已明显纹饰化,身体各部位与周围纹样融合,难以明确区分两种图案。垂饰右半部所见 S 形、反向 S 形的图案原本应为兽尾,但由于过度重叠,基本形态已不清晰。垂饰中央兽背部的纹样同样不甚明了,不过似乎能看出人的头部与四肢,因此应为羽人、神仙的图像。

胜形銙芝草纹内的上下左右共穿有四个透孔,均表现为旋涡状的芝草纹。在旋涡状的叶片上,可见到与纹样本身无关、将叶片与边缘连接在一起的部分。芝草纹分为左右,各有两个大叶片。纹样呈几何图形的写意形象。

带头表现的羽人戏龙(虎)图是汉代画像石等资料中常见的图像。羽人戏兽图周边多伴随有云气,以及与芝草相近的草叶、藤蔓,并且兽的数量不限于一只。前述山形镑上所见的是神仙、羽人跨在兽身上的羽人骑兽像,这种图像同样也装饰有云气等图案,并常见于画像石、画像砖上。也就是说,薛秋墓出土金属带具上的纹样是一种图案化的图像,展现了汉代以来传统神仙世界的题材。

第三节　东吴薛秋墓出土金属带具与晋式金属带具

如前所述,中原王朝制造的晋式金属带具是以两晋官营作坊为中心生产的产品,并且不论生产的作坊是官营还是民营,其产品均遵循了王朝确立的样式规范。总之,不同系列的晋式金属带具在尺寸、制作技法,以及纹样等方面存在着一定的规格标准。

东吴薛秋墓金属带具中可见到不同于晋式金属带具规制的地方。不过,该带具整体上类似于晋式金属带具,两者具有显著的共性。为明确两者间的相同点与不同点,以下参见表六。

表六　东吴薛秋墓出土金属带具与晋式金属带具特征对照表

	东吴薛秋墓出土金属带具	晋式金属带具
带扣、带头的形态	前部边缘呈圆弧状的长方形	前部边缘呈圆弧状的长方形
金属带具的组合	带扣、带头、山形镑、胜形镑、铊尾	(西晋)带扣、带头、山形镑、胜形镑、附有环饰的镑、铊尾 (东晋)带扣、带头、胜形镑、圭形镑、铊尾
扣舌的结构	基座、爪形扣舌	基座、爪形扣舌
带扣上供带穿过的孔的形状	反向的D字形、突起	(A)反向D字形、突起 (B)反向D字形

续表

	东吴薛秋墓出土金属带具	晋式金属带具
带扣、带头的尺寸	长 8.0 厘米、宽 3.8 厘米	平均长 7.3 厘米,平均宽 3.6 厘米
边缘部分成形的方式	分段制造	一体成形
边缘部分的固定方式	通过隐藏式的小钉固定在纹样板上	将长钉从带具边缘部分贯穿纹样板、带体
纹样	羽人戏兽、羽人骑兽、神仙、走兽、单叶纹	走兽、兽鸟、双兽、蟠龙、三叶纹

根据该表,可以看出东吴薛秋墓出土金属带具的基本形制大体上与晋式金属带具相同。不过,这并不意味着晋式金属带具的形成可以追溯到西晋之前,或者说薛秋墓的金属带具是晋式金属带具的一个特殊亚种。如果重新审视晋式金属带具的制作系列和变迁过程的话,可以发现东吴薛秋墓出土金属带具展现了晋式金属带具的形成过程。

先说结论的话,东吴薛秋墓金属带具是继承东汉带具制作谱系的三国时代的金属带具,可以说是晋式金属带具的原型之一。以下根据该金属带具的特征,检索类似的实例,探讨东吴薛秋墓出土金属带具在金属带具发展史上的位置。

东吴薛秋墓出土金属带具中带扣、带头纹样的特征为:展现的是身体修长的兽的侧面形象,并且兽与云气、芝草纹融为一体。同样的兽纹还见于江苏宜兴周处墓、天理参考馆的晋式金属带具,这两件实例均为晋式金属带具 A 系列最初期的产品。与东吴薛秋墓出土金属带具不同,前述两件带具上并未见到羽人的形象。不过,在兽的姿态与纹样等方面,这两件带具非常相近。江苏宜兴周处墓、天理参考馆的晋式金属带具同样表现的是走兽的侧面形象，并且云气、芝草纹与兽的尾部、四肢融为一体，呈现出抽象化的样式。此外，其以下几点特征也与东吴薛秋墓出土金属带具存在共通之处，即兽纹头部的形状；兽的身体修长，颈部呈 S 状抬起，整体作行走姿态；足端已芝草纹化；尾巴从臀部呈 S 状（或反向 S 状）向上升起。

主纹样中兽、羽人的形象与云气纹、芝草纹融合，难以严格区分。这种表现形式同样见于晋式金属带具 A 系列中（图 74）。晋式金属带具 A 系列刻画了主纹样的细节，展现出明确的图像。不过，如果仅关注透雕的纹样轮廓的话，可以发现各处均存在着与芝草纹、云气纹融为一体的现象，难以明确分辨具体的图像。另一方面，晋式金属带具 B1 系列不仅与东吴薛秋墓出土金属带具的纹样构成不同，并且在透雕的纹样轮廓上也未采用写意的刻画，表现出的是写实、具象化的风格。因此，晋式金属带具 B1 系列与东吴薛秋墓金属带具间并不存在可比性，两者没有直接的联系（图 75）。

基于上述情况，东吴薛秋墓金属带具在纹样的表现与图案上，属于与晋式金属带具 A 系列关系密切的谱系。身体修长的走兽纹从最初期开始就出现了与云气纹、芝草纹融合的现象。因此，认为晋式金属带具 A 系列是从 B 系列派生而来的观点不过是一种臆测。[①] 基于东吴薛秋墓出土金属带具上与云气纹、芝草纹相融合的走兽纹，可以肯定这种纹饰并非图案退化的结果，原本就存在着此类风格的纹样。

胜形銙上采用的是旋涡状的单叶芝草纹，呈现出几何图案化

① 千贺久：《日本出土金属带具的谱系》（日本出土带金具の系譜），《橿原考古学研究所论集》（橿原考古学研究所論集）6，东京：吉川弘文馆，1984 年。

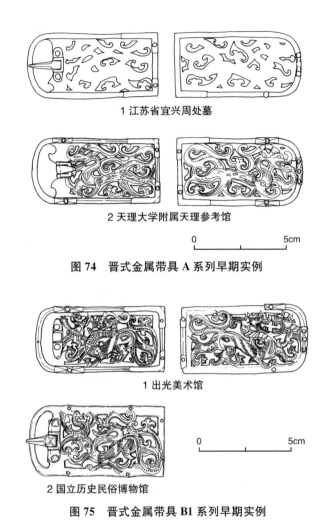

1 江苏省宜兴周处墓

2 天理大学附属天理参考馆

0　　　　　5cm

图 74　晋式金属带具 A 系列早期实例

1 出光美术馆

2 国立历史民俗博物馆

0　　　　　5cm

图 75　晋式金属带具 B1 系列早期实例

　　的造型。河北定县 43 号墓中出土的胜形銙上已出现相同造型的
单叶芝草纹。其芝草纹更加肥大圆润，呈现出朴素的样式，不同
于东吴薛秋墓金属带具上那种齐整的纹样。晋式金属带具胜形
銙上的芝草纹为三叶状，蔓采用"8"字状连续流畅的造型。然而，
河北定县 43 号、东吴薛秋墓出土胜形銙上的芝草纹则与此有别
（图 76）。笔者认为东吴薛秋墓出土胜形銙上的芝草纹源于东汉

时期的纹样。

1 河北省定县43号墓　　2 天理参考馆

图 76　胜形锌

在技法层面上,东吴薛秋墓出土金属带具具有以下两点显著特征,即边缘部分为分段制造,以及采用大头钉将纹样板固定在带体上。这些技法不见于中原制造的晋式金属带具。中原制造的晋式金属带具中,不论系列,其带扣、带头的边缘均是一体铸造成型,不见分段制造的方式。此外,中原制晋式金属带具在将金属带具固定在带体上时,采用将长钉从边缘处贯穿纹样板、带体,在带内侧露出长钉的末端,再装上钉帽的安装方式(图 77)。总之,两类金属带具在带具部件的组合,以及带具的安装方式方面,均存在差异。这种差异意味着东吴薛秋墓出土金属带具与晋式金属带具在生产的技术谱系、制作体系上并无直接关系。

因此,东吴薛秋墓金属带具虽然与晋式金属带具 A 系列处于同一发展脉络,但其更接近东汉阶段的技术谱系。此外,该金属带具与晋式金属带具在形状、制作技术上具有一定的共通性,而同时在制作的规格、加工等方面也存在着显著的差异。正是基于这些差异,相比东吴薛秋墓金属带具,晋式金属带具表现出飞跃式的进步。东吴薛秋墓金属带具意味着三国时期就已出现与晋式金属带具存在一定差异的制作谱系,并且其与晋式金属带具

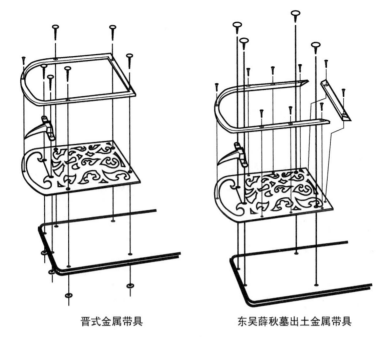

晋式金属带具　　　　　　　东吴薛秋墓出土金属带具

图77　金属带具的组装结构与安装在带体上的方法

的形成关系密切。可以说东吴薛秋墓金属带具的制作谱系是晋式金属带具的技术来源之一。

　　以上探讨了东吴薛秋墓金属带具在制作谱系上的特殊性，以下围绕其谱系，分析这件带具的具体特色。

　　东吴薛秋墓金属带具中可以见到与云气纹、芝草纹相融合的比较复杂的羽人骑兽图。这种纹饰还见于湖北鄂城 M2112[①]、山东邹城市郭里镇刘宝墓[②]、江苏南京大学北园东晋大墓[③]等墓出土冠饰上的透雕纹样（图 78）。此外，河南南阳一带汉墓的画像石、画像砖，以及南京周边南朝帝陵墓室砖画上也可见到羽人戏

---

① 前引南京大学历史系考古专业等《鄂城六朝墓》。
② 邹城市文物局：《山东邹城西晋刘宝墓》，《文物》2005 年第 1 期。
③ 南京大学历史系考古组：《南京大学北园东晋墓》，《文物》1973 年第 4 期。

兽图。值得注意的是此类图像常见于南方的汉画像石、砖，以及汉镜的纹样中。根据前人有关画像石的研究，戏兽类、骑乘驾驭类羽人主题的图像属于以南阳地区为中心的楚系文化，是南方地区的一种地域特色。① 笔者认为本章所述金属工艺中的羽人形象也与这种地域特色有关。

1 江苏省丹阳胡桥吴家村南朝大墓 "羽人戏龙" 拼镶砖画

2 江苏省丹阳胡桥吴家村南朝大墓
"羽人戏虎" 拼镶砖画

3 江苏省高淳固城东汉画像砖墓
"羽人戏龙虎" 画像砖（部分）

4 山东省邹城西晋
刘宝墓金冠饰

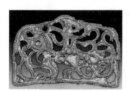

5 湖北省鄂城M2112金冠饰

6 江苏省南京大学北园
东晋大墓金冠饰

图 78　羽人戏兽图与羽人骑兽像的实例

不仅上述的这些纹样，晋式金属带具中类似于龙、虎的兽纹，以及芝草纹等同样源于汉代以来涉及神仙思想、宇宙观的传统图

_____

① 李建：《楚文化对南阳汉代画像石艺术发展的影响》，《中原文物》1995 年第 3 期；岳亚莉：《由汉墓中的羽人形象看神仙思想》，《华北水利水电学院学报（社会科学版）》第 25 卷第 4 期，2009 年。

像。不过,两者在纹样的表现方式上存在差异。东吴薛秋墓出土
金属带具与上述冠饰上的纹样显然是一种定型化的神仙思想主
题图像,具有宗教、信仰方面的内涵。与此相对,晋式金属带具虽
然基本上继承了金属器具整体的纹样内容①,但每件带具上的兽
纹均呈现出独立的精致化图案,而所表达的故事性与精神内涵已
比较淡薄。总之,晋式金属带具上装饰的是从某类图像中选出的
特定纹样化纹饰。与此相比,东吴薛秋墓出土金属带具,以及前
述冠饰上的纹样更多地展现出前代以来的传统思想。由此说明,
东吴薛秋墓金属带具的制作谱系与汉代画像石具有相同的地
域性。

　　以下再来看金属带具的材质。晋式金属带具多为金铜制,此
外还存在着如宜兴周处墓出土的银制带具那样的产品。这种材
质上的差异一直被视为其使用者在官品、官职上存在高低不
同。② 不过,除宜兴周处墓外,东吴薛秋墓、南京江宁上坊东吴大
墓中均出土有银制金属带具。除此以外,南京大学北园东晋大墓
还出土了金铜制的圭形銙。③ 出土上述带具墓葬的墓主人分别
为西晋的平西将军与前将军、东吴的折锋校尉、东吴的皇帝或皇
族、东晋的皇帝,很难看出其中表现了明确的阶层序列。目前,尚
不能确定在金属带具中银制带具是否是一种固定类别的产品。
不过,就现状而言,银制的产品全部属于晋式金属带具 A 系列,

---

① 藤井康隆:《晋式金属带具补考》(晋式带金具補考),《古代》(古代)第 119 号,东
京:早稻田大学考古学会,2006 年。

② 町田章:《古代金属带具考》(古代带金具考),《考古学杂志》(考古学雜誌)第 56 卷
第 1 号,东京:日本考古学会,1970 年,第 37 页;藤井康隆:《晋式金属带具的制作
动向》(晋式带金具の製作動向について),《古代》(古代)第 111 号,东京:早稻田
大学考古学会,2002 年。

③ 东潮:《晋式金属带具与马韩、百济》(晋式带金具と馬韓・百済),《地域与古文
化》,橿原:《地域与古文化》(地域と古文化)刊行会,2004 年。

并且主要出现在江南。这一点非常值得关注。

从纹样图像的地域特点、图案化的样式,以及具体的实例等方面来看,东吴薛秋墓出土金属带具可能属于江南地区的制作谱系。其纹样谱系上的特点被晋式金属带具 A 系列所继承,可以说薛秋墓金属带具的制作谱系对晋式金属带具的形成产生了一定影响。本文将这一制作谱系称为"江南系"。

第四节　晋式金属带具的各系统与制作上的发展趋势

前节揭示了三国东吴时期就已存在与 A 系列密切相关的制作谱系,并且根据现有资料,该制作谱系具有江南地域特色,可将其称为"江南系"。基于以上结论,笔者制作了图 80,用以展示晋式金属带具从形成以前的东汉、三国,至两晋时期的发展过程。

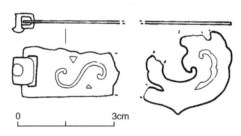

0　　　　　3cm

图 79　洛阳孟津送庄乡三十里铺村曹魏墓(曹休墓)出土金属带具

正如本章第二节在论述晋式金属带具的变迁时所指出的那样,晋式金属带具的形成背景尚不明了。如果重新审视这一问题的话,可以肯定晋式金属带具中存在多个制作系列。在现有资料范围内,根据纹样构成与制作技法的不同,存在 A、B1、B2 三个系列的中原制金属带具。除此以外,自第二阶段后半以降,三燕、高句丽还创造出了"辽宁型"。其中 A 与 B1 两系列在晋式金属带具中占据主体地位。此前已指出上述两系列间并不存在型式上的先后或派生关系。B2 系列与 B1 系列具有共同的纹样构成,但B2 系列的图像更为粗糙,技法上也存在明显的特殊性。因此,B2应是从 B1 系列,或者是与 B1 系列共同的原型中派生出的系列。在中原制金属带具 A、B1 两系列的变迁过程中,可以见到纹饰中兽的姿势、某些细节存在转移、交换的现象。这种变迁过程中形成的互动性始于第二阶段初期。而除制作技法与形制外,尚难以看出两者在第一阶段中存在共通性。两系列形成之初,就各自保持有一定的独立性,很难说其彼此间具有相似的制作环境。如此看来,"江南系"金属带具与 B1、B2 系列的关联性较弱,仅与 A 系列具有一定的联系。因此,不能将其视为全体晋式金属带具的原型。尽管目前尚未发现相关资料,但可以推断除 A 系列以外的系列或产品很可能也存在着各自制作谱系的原型。

笔者认为正是基于上述的形成过程,晋式金属带具形成了多个系列。东吴薛秋墓出土金属带具间接地展现出晋式金属带具的原型乃至制作谱系并非单一的,其是由多个谱系发展而成的。

另一方面,晋式金属带具中的一些制作技法、纹样不见于东吴薛秋墓出土的"江南系"金属带具。总之,有必要进一步考察晋式金属带具中整体成形的边缘部件、纹样构成 B、金属带具的组合、安装在带体上的方法,以及铆接方式等构成要素是如何形成的。基于"江南系"金属带具谱系的发现,可以想见晋式金属带具可能是从某一未知的原型中继承了上述要素。尽管纹样构成 B 有可能是在西晋创造出来的,不过此外的诸要素未必是晋式金属带具独有的技术或纹样。可以说正是基于西晋的建立与统一,金属工艺、图案造型获得了整体上的完善、发展。在这一过程中,"晋式"产品的基本结构、加工顺序、技法等得以定型。如此一来，笔者认为在可称之为"中原系"制作谱系的基础上，西晋建立了自身的制作体系。尽管目前尚缺少确凿的证据，不过洛阳邙山曹休墓出土金属带具很可能正是"中原系"的产品（图79）。

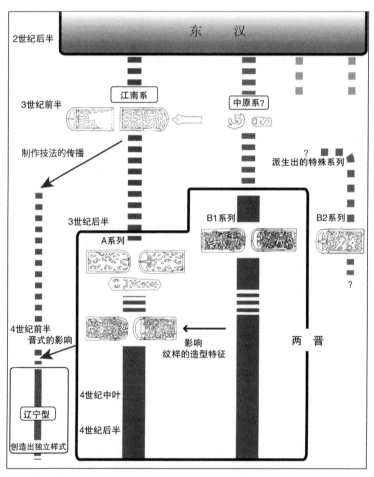

图80　晋式金属带具的形成过程与制作谱系

此外，"辽宁型"与中原制两类晋式金属带具间存在着显著的区别。东吴薛秋墓出土金属带具的发现对于认识"辽宁型"

的形成背景同样具有重要的启示作用。东吴薛秋墓金属带具与"辽宁型"具有以下共同特点,即带具的边缘部分并非一体铸造,而是分段加工成型,并在后部边缘的两侧进行连接;在连接处的端面进行整形加工;大头钉直接钉在边缘内侧的纹样板上。

"辽宁型"最典型的特征是带扣、带头的边缘部分并非整体铸造,而是在后部边缘的一角通过铆钉的方式结合成一周。这种加工方法并不见于辽宁一带的金属工艺谱系,无法确定其在此前的发展脉络。东吴薛秋墓出土金属带具中分开成型的边缘部分酷似"辽宁型"所见特殊的制作技法,是中国内地可以确认的最早实例。并且,它们制作于比"辽宁型"早 100 年的三国时代。此外,两者之间还存在着下述差异,即在边缘部分的连接点上,"辽宁型"仅有一处,而薛秋墓出土金属带具上为两处;在边缘连接处端部的形状上,"辽宁型"为曲尺形,东吴薛秋墓出土金属带具为斜向的截面。不过,这种差异不过是分割成型或连接处端部形状上的不同,并非技术、技法上的本质差异。两者总体在技法层面是非常接近的。

就纹样而言,"辽宁型"类似于中原制晋式金属带具 A 系列中的纹样构成 A。从纹饰中身体修长的走兽、兽的四肢与尾部的形象、整体的姿势、头部的形状等方面来看,朝阳奉车都尉墓出土金属带具中的兽纹近似于纹样构成 A。虽然朝阳奉车都尉墓金属带具上的纹饰与纹样构成 A 并不完全相同,但两者应是从同类图像演变而来的。[1] 此外,集安洞沟山城下 M159 出土金属带具的纹样尽管有些变形,但其依然属于纹样构成 A 的纹饰。[2] 北

---

[1]　田立坤:《朝阳前燕奉车都尉墓》,《文物》1994 年第 11 期。
[2]　集安县文物保管所:《集安高句丽墓葬发掘简报》,《考古》1983 年第 4 期。

京琉璃河墓出土金属带具同样采用的是纹样构成 A。① 总之，与 A 系列相同，纹样构成 A，以及与其关系密切的晋式金属带具集中出现于幽州地区。以上结论仅依据了少量实例，不免有夸大的嫌疑。A 系列的实例同样较少，但可以看出其还集中出现于江南的建康与三吴地区。那么，幽州地区也应是上述金属带具集中出现的区域。

由于目前东汉至三国时代金属带具的整体情况尚不明确，因此仅依据技术上的联系仍难以探讨"辽宁型"的谱系。不过，在江南常见的非整体成型的带具边缘、纹样构成 A，以及与其同类的纹样也见于"辽宁型"之中，集中出现在幽州地区。由此可见，江南与幽州存在着共通的纹样原型与独特的技术。以上展开了重复迂回的推测，总而言之"辽宁型"晋式金属带具引入了以东吴薛秋墓金属带具为代表的"江南系"金属带具的谱系。笔者认为正是由于三国时期"江南系"金属带具的流入，或相关工人定居幽州，因此导致当地开始仿制晋式金属带具，最终形成"辽宁型"。

第五节　晋式金属带具的传播及其背景

基于东吴薛秋墓金属带具的发现及对其展开的分析，有关晋式金属带具形成背景的若干问题被联系到一起。以下介绍笔者对相关历史背景的认识。

有关东汉时期金属带具的实际情况尚不明确。不过，其实例

---

① 陕西省文博考古专业干部业务技术职称评定委员会办公室：《三国——宋元考古（上）（中国考古学之五）》，出版地点不明，1982 年。

包括河北定县 43 号墓出土的胜形鎊，以及采用细金工艺加工的金制、铜制的马蹄形兽纹金属带具等（图 81）。河北定县 43 号墓被认为是东汉末灵帝熹平三年（174 年）亡殁的第四代中山王即穆王刘畅的墓葬。① 尚不能确定这件胜形鎊是在刘胜生前至死亡期间具体何时制作的，不过其大致应为 2 世纪后半的产品。新疆金疙瘩墓地、辽宁省大连营城子汉墓群、朝鲜石岩里 9 号墓出土的相当于 1 世纪东汉时期的实例展现出细金工艺金制马蹄形金属带具制作年代的上限。湖南安乡县西晋刘弘墓（306 年）出土的带具展现了其制作年代的下限。总之，这种工艺的带具始于公元 1 世纪，至少延续到 3 世纪后半乃至 4 世纪。

制作于 3 世纪前半的东吴薛秋墓金属带具继承了上述东汉的金属带具工艺，并兼具三国时期的江南地域特色。由于三国时期诸国、诸势力有着各自的制度、文物，因此东汉末至三国期间出现了以东汉产品为标准并带有地域特色的金属带具。东吴薛秋墓出土的正是在东汉金属带具基础上生产的具有独自特色的金属带具。换言之，以这件带具为首的"江南系"金属带具是东吴"王朝"的金属带具。

至迟从西晋惠帝元康七年（297 年）起，已开始出现晋式金属带具。在晋式金属带具的形成阶段，就遵循了西晋朝有关技法、制作工程、纹样图案的规制。另一方面，晋式金属带具形成后，残留有"江南系"金属带具特色的 A 系列产品依然存在。这表现出西晋的相关制作机构是在吸收各地主要的制作谱系后成立的。就西晋吸收"江南系"金属带具而言，其得以实现的背景无疑是太康元年（280 年）西晋灭吴统一天下。当然，晋式金属带具也正是

---

① 定县博物馆：《河北定县 43 号汉墓发掘简报》，《文物》1973 年第 11 期。

1 定县43号墓出土胜形銙

2 新疆焉耆博格达沁金疙瘩墓地出土
细金工艺马蹄形金属带具

3 湖南省安乡西晋刘弘墓出土
细金工艺马蹄形金属带具

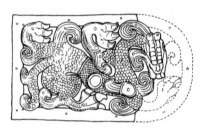

4 上海博物馆藏玉制带扣

图81　与晋式金属带具处于同一发展脉络的带具

形成于这一阶段。

　　东汉时期采用掐丝炸珠工艺加工的金制马蹄形带具上的兽纹及其表现手法还见于上海博物馆藏玉制带具的纹样中。这件玉制带具与东汉以来的马蹄形兽纹带扣，以及晋式金属带具间存在着谱系上的联系。其外形与晋式金属带具相似，呈前部边缘为弧状的长方形。在这件带扣长边的内侧刻有"将臣范许奉车都尉臣程泾令奉车都尉关内侯臣张余""庚午御府造白玉衮带鲜卑头其年十二月丙辰就用工七百"的铭文。可以确定这件玉制带具是由朝廷御府的作坊制作的产品。从形制上看，其属于晋式金属带具中的一种。根据"庚午""十二月丙辰"的铭文，该带具可能制造于西晋怀帝永嘉四年（310 年）或东晋海西公的太和五年(370 年)。①

综上所述,晋式金属带具与东汉采用掐丝炸珠工艺生产的金制马蹄形带具有谱系上的联系。不仅如此,西晋时期依然存在采用掐丝炸珠工艺生产的金制马蹄形带具,御府的作坊还制造了玉制的晋式带具。因此,晋式金属带具可能同样为宫廷作坊生产的产品,而且宫廷作坊成体系地生产了形状、纹样基本相同的玉制晋式带具、掐丝炸珠工艺的金制马蹄形带具,以及晋式金属带具。《三国志·魏书·少帝纪》记载:"减乘舆服御,后宫用度,及罢尚方御府百工技巧靡丽无益之物。"《三国志·魏书·王观传》记载:"少府统三尚方御府内藏玩弄之宝。"曹魏的宫廷作坊包括由少府统管的左、中、右三尚方与御府。此外,《三国志·吴书·孙和何姬传》裴松之注引《江表传》:"使尚方以金作华燧、步摇、假髻以千数。"可见,东吴也设置有尚方,主要生产各类金制的装饰品。三国时期存在多种制作谱系,并且当时已形成见于此后晋式金属带具制作技法等方面的规制。考虑到上述情况,不难想象中原的西晋王朝在创造晋式金属带具时,其制作体系主要继承的是东汉,乃至曹魏的尚方、御府的制作谱系。

以"辽宁型"为首的晋式金属带具分布于幽州辽东地区。其中部分产品是在东吴薛秋墓出土的那种"江南系"金属带具的影响下创造形成的。东吴薛秋墓金属带具制作于 3 世纪前半,当时东吴孙权自立黄武年号,取得事实上的独立,此后改元黄龙,登基称帝。这一时期孙权密切关注着东部的海域,反复派遣船只出海。并且,为牵制曹魏,还向辽东的公孙氏派遣使者,册封其为燕王。可能正是在此背景下,"江南系"金属带具的制作技法、纹样

---

① 王正书:《上博玉雕精品鲜卑头铭文补释》,《文物》1999 年第 4 期。

传播至幽州辽东地区,被当地的技术体系吸收,并一直延续到十六国时期。东汉至西晋时期的技术传统等又被十六国继承。这种现象在十六国中并不罕见,并且诸政权在继承过程中还形成了一定差异。①

另一方面,日本列岛出土的晋式金属带具同样是中原制晋式金属带具 A 系列的产品,吸收了"江南系"金属带具的因素。与此相对,千贺久曾指出日本新山古坟与三燕、高句丽出土金属带具间存在着相似性。实际上,其彼此间的发展脉络并不相同,可以认为两者均是由"江南系"金属带具派生出土的谱系。幽州至辽东的晋式金属带具与日本出土的晋式金属带具的原型之一为"江南系"金属带具,因此其彼此间具有共通的特征。如果对比两类资料外在的共同点的话,可以将日本出土的晋式金属带具视为幽州辽东生产的产品。目前已知朝鲜半岛生产的晋式金属带具具有相同的情况。总之,分布于幽州辽东、朝鲜半岛、倭的 A 系列,乃至变形 A 系列的晋式金属带具,均属于同一网络中的产品。从这样的视角来看,可以说"江南系"晋式金属带具,以及作为其后继的晋式金属带具 A 系列一直具有向东方传播的趋势(图 82)。从曹魏至西晋统一天下,中国王朝面对幽州辽东的公孙氏、高句丽、乌桓、鲜卑等东方势力,努力经营着东北地区。东吴有着自身的东方海域战略,西晋在打败东吴后吸收了其战略、文化、技术,以旧东吴的江东为据点形成新的经营东方的战略。可以说"江南系"金属带具与晋式金属带具 A 系列向东方的传播正体现了上述战略的发展。

---

① 桃﨑祐辅:《七支刀错金铭文技术所见中国尚方的影响》(七支刀の金象嵌铭技术にける中国尚方の影響),《文化财与技术》第 4 号,2005 年。

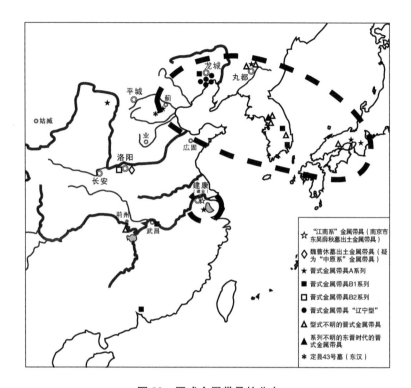

图 82　晋式金属带具的分布

致谢:笔者于 2010 年 3 月在南京市博物馆参观了东吴薛秋墓出土金属带具的实物,获得时任南京市博物馆保管部主任研究员顾苏宁先生、南京大学文化与自然遗产研究所所长贺云翱先生、南京市中山陵园管理局文物处路侃先生的大力协助。在此表示衷心的感谢!

第三编

两晋南北朝的金属工艺

第十章 六朝"龙"的造型

　　在中国,龙的概念和图像具有悠久的传统,是根植于中国文化的代表性神兽。龙的形象可追溯至约 6 000 年前,河南省濮阳市的仰韶文化西水坡遗址、辽宁省阜新市的兴隆洼文化查海遗址中均发现有由贝壳、石块铺成的龙虎造型。汉代龙作为重要的神兽,出现在装饰品、纺织物,以及汉墓的画像石、壁画之上,有大量的相关遗存保存至今。

　　六朝时期①,"龙"出现在各种各样的器物之上。这一时代的雕刻、金银器、玉器等各类文物上均可见到"龙",并且在墓葬壁画中也描绘有巨大的"龙"的画像,其形象极为丰富。在造型上,唐代以降"龙"表现为具有张开的双目、长而大的口部、较长的双角、强而有力的四肢、锐利的爪、修长的身体上覆盖铠甲状鳞的固定形象。而这种形象在六朝时期已经出现。"龙"形象的普及,以及在造型艺术上的成熟是六朝时期非常值得关注的现象。并且,装饰有"龙"的文物广泛分布于这一时代中国各地和周边地区。本

---

① 本文主要以 4—6 世纪的东晋南朝,以及同时期的华北作为考察对象。当作为这一时代的总称时,"六朝时期"也包含华北在内。原本将该时代称为"六朝"并不准确。不过,4 世纪至 5 世纪初,华北仍然处于局势混乱的五胡十六国,尚未形成南北对峙的局面。而南朝不包含东晋,同时期的华北也不属于北朝。因此,为避免有关这一时代的烦琐称呼,本文将江南六朝时期与华北的同一时期统称为"六朝时期"。

文希望着眼于"龙"的图像和造型特征,考察上述的趋势、现象中展现出的文化传播与文化的多样性、共通性问题。

第一节　六朝时期三件与"龙"有关的实例

近年,有关六朝时期"龙"①的图像,出土了非常值得关注的资料。其中包括笔者在此前从未见过,但与以往"龙"的图像、纹样关系密切的资料。这里首先介绍相关的新资料。

一、安徽省当涂县青山 M23 出土玉璜②

当涂青山 M23 建造于东晋中后期,位于安徽省马鞍山市当涂县太白镇太白村。马鞍山位于安徽省最南部长江以南的"皖南"地区,其拥有长江上的渡口,且东邻南京,因此成为六朝都城建康西部的要地。

在此墓出土的玉璜上可以见到线刻的典型的龙(图 83)。墓中共出土两件玉璜,在两件玉璜的表面分别刻画有"青龙""白虎"的图像。而两玉璜的内侧分别绘有 S 形反转的卷草纹,以及云气纹。"青龙"的头部具有突出的三角形狭窄前额、横置等腰三角形的眼睛、眼睛中没有眼珠、张开的口部,以及翻卷的上下颚、刻画的牙齿等特征。同一墓葬出土的玉珩上,玄武中龟与蛇的头部也采用了相同的表现手法。

---

① 正如后文所述,汉至六朝的龙形神兽未必为真正的龙。除根据题材可以判断,以及伴随有题记的情况外,难以从图像本身确定龙的形象。各种并无明确区别的兽形也非常常见。因此,这里在统称与龙形象相同的各类兽时,采用带引号的表述方式。

② 安徽省文物考古研究所:《安徽当涂青山六朝墓发掘简报》,《文物》2011 年第 4 期。

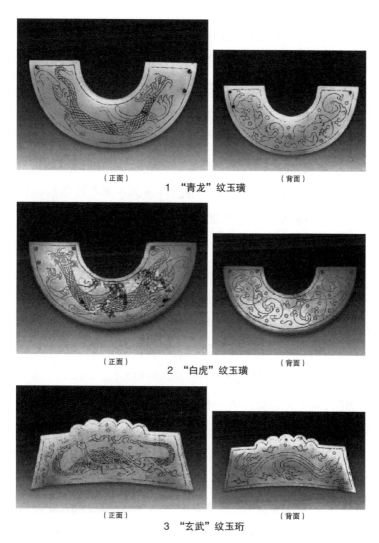

（正面）　　　1　"青龙"纹玉璜　　　（背面）

（正面）　　　2　"白虎"纹玉璜　　　（背面）

（正面）　　　3　"玄武"纹玉珩　　　（背面）

图 83　安徽当涂青山 M23 出土玉璜、玉珩

二、甘肃省高台县地埂坡 M4 出土龙形簪饰[①]

高台地埂坡墓葬群位于从关中至西域间河西走廊一隅的甘

① 吴荭:《甘肃高台地埂坡魏晋墓》,国家文物局编《2007 中国重要考古发现》,北京:
文物出版社,2008 年。

肃省张掖市高台县河西村西南的地埂坡。① 与"地埂坡"这一地名相应,当地处于祁连山东麓经黑河侵蚀、堆积作用而形成的基岩台地的边缘。M4 是在地埂坡发现的五座长斜坡墓道土洞墓中的一座,建造于东晋中后期(十六国时期)。

M4 是一座前室平面近方形,后室平面呈纵长方形的双室墓,墓室地面铺砖。前室四壁绘有农耕图、放牧图、狩猎图、人物像、神兽像等丰富的彩绘壁画。此外,顶部用黑色线条绘出仿木构建筑的结构,墓室设计明显模仿了现实的宅邸。

从 M4 出土的龙形金簪饰同时采用了金属拉丝与錾刻工艺,是一件形象且立体的优质产品(图 84)。这枚簪饰表现出正在飞驰的龙形兽的侧面形象。龙形兽扭曲的形象表现在颈部呈短而极度弯曲的 S 状,身体部分则为直线造型。此外,其头部较大,整体呈夸张的变形。龙形兽的眼睛为圆形,其后大致沿水平方向伸出长而尖的耳朵。头顶长有末端卷曲的角,耳朵下部水平生出细长的体毛。上下颚的口吻部呈卷曲状,口部细长且张开,其中有镂空的长孔。口部前端吐出舌头或云气。

角、口、耳、面部均采用錾雕的方式刻画出细部,身体上用鱼子纹圆圈表现出圆形的鳞片。此外,整体造型采用了拉丝工艺,从侧面看四肢的重叠,尾部呈螺旋状上升的形象,以及翅膀等身体各部分均表现出立体感。

三、山西省大同市云波里路 M1 甬道南壁壁画②

大同云波里路 M1 位于山西省大同市市区南端。该墓为北

---

① 甘肃省文物考古研究所、高台县博物馆:《甘肃高台地埂坡晋墓发掘简报》,《文物》2008 年第 9 期。

② 大同市考古研究所:《山西大同云波里路北魏壁画墓发掘简报》,《文物》2011 年第 12 期。

图84 甘肃高台地埂坡 M4 出土龙形簪饰

魏平城时代的墓葬,是一座墓室平面呈正方形的长斜坡墓道单室砖墓。距该墓不足 100 米处坐落着大同南郊北魏墓葬群。由于大同为北魏迁都洛阳以前的都城平城,因此其被认为是一座北魏贵族阶层的墓葬。

墓室四壁、甬道两壁的上部已经坍塌,并且残存壁面的局部灰浆层已脱落。砖壁表面较厚的灰浆层上绘有彩绘壁画。壁画包括墓主宴饮图、狩猎图等题材,在画面的周围还绘有卷草文、云气纹等图像。

甬道南壁的壁画绘有"龙"的图像。壁画分为三层,下层用朱红色线条将画面分为六个长方形方格,长方形方格内绘有龙形,以及凤鸟形的兽(图 85)。红色彩绘的龙形兽与蓝色彩绘的凤鸟形兽各有三幅。

龙形兽昂着头,修长的身体呈奔跑状,头部长有如兔子一般长而大的耳朵,口吻部较长,尾巴从臀部呈舒缓的 S 状向上抬起。口吻部的前端呈卷起状,从口中吐出舌头或云气。四肢表现出用力踏步或是向外踢出的形象,足部前端没有画爪部,而是呈圆润卷曲的形状。四肢的关节后均绘有卷曲的体毛或云气。此外,头部、身体、尾部也绘有同样的体毛或云气。

凤鸟形兽圆形的头顶部绘有冠毛,外挺的胸部以上为 S 状扭曲的颈部,长而宽大的尾巴分为两叉并向后方延展,翅膀展开。

凤鸟形兽嘴部的前端呈尖锐的钩状,足部的三爪表现为强而有力的钩状。与龙形兽相同,凤鸟形兽的腿部关节、尾部、翼部等多处均装饰有卷曲的体毛或云气。

图85　山西大同云波里路 M1 壁画

第二节　"龙"图像的造型与表现

如同晋式金属带具所展现的那样,六朝时期"龙"的图像表现为龙形身体的兽,不过实际在大多数情况下并不能明确地断定其表现的究竟是哪一种兽。只能推测这种形象应是保护宇宙秩序免遭灾祸,为人间带来幸福的一类神兽。一般被视为龙的图像中也包括有此类想象的龙形神兽。龙的图像本身就具有多元化的起源,以及多样的形象。而且,自汉代开始,除传统的龙、虎造型外,还大量出现了难以与龙、虎区分的,在题记、铭文中被称作禽兽、辟邪、天鹿等明确属于不同类别的兽。六朝之际虽然存在众多神兽的概念与称呼,但作为图像,这些神兽缺少严密的特征与定义。

从这个意义上来说,在上述"龙"的图像中,包含着难以确定是否属于龙的实例。不过,本文最终希望探讨的是在图像上作为同一种类的龙形的造型特征,因此不对龙或者不是龙的龙形兽作严密的区分。

前节所举的三件"龙"均符合"龙"的基本形象,这一点也可以从这些"龙"的姿态中看出。本节将以三件实例与"龙"的基本形象进行对比,探讨这一时代"龙"的图像。"龙"的基本形象具有下述的特征。

这里姑且将"龙"的基本图像称作"奔龙"①。其形象为修长的头部向上抬起,身体呈长 S 状,后肢分开有力地撑地,前肢则向前踢出;长长的尾部弯曲地向上方抬起。表现奔龙的图像在汉代以来的画像石、画像砖中极为常见。

如果着眼于六朝时期展现"奔龙"的文物的话,可以在晋式金属带具 I A 系列(图 86-1)中见到与当涂青山 M23 出土玉璜所见龙形兽具有同样特征的兽形。应注意到两种兽的头部特征极为相似,即突出的呈三角形狭小的前额,没有眼球的三角形眼睛,张开并向上下卷曲的口吻部等造型如出一辙。此外,两件修长的龙形兽的侧面形象也基本相同,尽管身上的鳞片等方面存在差异,但两者在图像与造型手法上基本属于同一体系。这种龙形兽的造型还见于墓室壁画。甘肃高台地埂坡 M1、佛爷庙湾墓葬群等位于河西走廊的西晋彩色壁画墓中"龙"的头部也具有与上述资料相同的特征(图 87)。

当涂青山 M23 还出土有一件刻画有虎纹的玉璜,玉璜正面表现出虎倾斜的脸部(图 83-2)。其线条特征类似于晋式金属带具 I B1 系列的兽形(图 86-2)。斜向的兽像上,绘有正向的眼、耳等五官,用鼻梁的线条区分开面部的两侧,两类兽形图像在

---

① 此类图像并无特定的名称,仅有"龙"或"走龙"等权宜的称呼。因此,"奔龙"并非普遍的叫法,本文姑且采用这一称谓。

1 天理参考馆藏

3 波士顿美术馆藏

2 出光美术馆藏

图86 晋式金属带具

1 甘肃省高台县地埂坡M1

（照片）　　　　　　　（摹写）

2 甘肃省敦煌市佛爷庙湾M133

图87 河西走廊出土西晋彩色画像砖

这一特殊的表现手法上具有强烈的相似性，并且遍布玉璜反面的卷草纹与晋式金属带具所见兽像的体毛，以及云气的纹饰也基本相同。这种表现形式还见于晋式金属带具中绘有旋龙图像的山字形銙与圆角方形垂饰上(图 86 - 3)。

可以说晋代普遍采用线描、透雕的手法表现古朴、简洁的造型。这与汉代的"龙"缺乏具体的细节刻画,而仅作为一种概念性形象的特点具有共通之处。晋代造型在图像形态、细节表现等方面更为精致,这是基于汉代造型发展而来的。

高台地埂坡 M4 的龙形簪饰似乎展现出相较晋代更为超前的造型。兽像的面部、头部上绘有凹凸有致的长鼻梁、从面部延伸至下颚的髭状体毛、圆睁的大眼,以及细节处的羽毛、皱褶等均表现得更为具体化。与汉、两晋所见朴素、简洁、奇异姿态的兽像不同,这件兽像已具备了后代龙的特征。高台地埂坡 M4 龙形簪饰中的"龙"呈紧缩的 S 状,从以头部为中心的整体特征来看,其与辽宁省北票喇嘛洞三燕墓地、日本誉田丸山古坟、集安万宝汀 78 号墓出土的金属鞍具上表现的龙纹(图 88)属于同类图像。不过,这些龙纹的四肢前端呈圆润的卷曲状,并且身体各处生有云气纹,是一种云气化的"龙",在造型的细节方面与高台地埂坡 M4 龙形簪饰存在一定差异。管见所及,汉魏晋之际并未有与此相同的图像,以及云气化的"龙"。不过,北魏平城时代的大同云波里路 M1 壁画中,可以明确见到相关的实例。大同云波里路 M1 的龙形兽是头部类似于兔的奇特神兽,其姿态与全身呈平面的造型,四肢前端、关节、尾部,以及身体多处生成云气的特征与此前列举的北票喇嘛洞三燕墓地金属鞍具等器物上的龙纹极为相似。这种云气纹化"龙"的资料均属于 4 世纪后半至 5 世纪后半,似乎是该时期的一种特殊造型。

根据以上事例,可以看出"奔龙"图像的造型在不同时代的变迁。而且,其造型同时存在于金银器、玉器、画像砖、绘画等同时

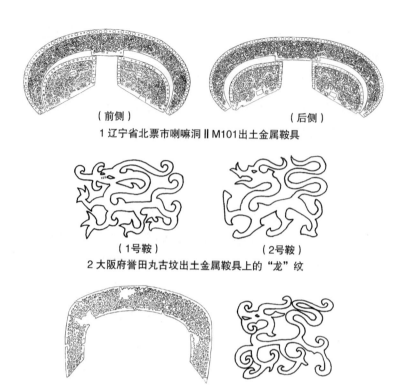

（前侧） （后侧）

1 辽宁省北票市喇嘛洞 II M101出土金属鞍具

（1号鞍） （2号鞍）

2 大阪府誉田丸古坟出土金属鞍具上的"龙"纹

3 吉林省集安县万宝汀78号墓出土金属鞍具与"龙"纹样

图88 化为云气纹的"龙"形象的典型事例

期的多种文物上。可以说此类图像的造型在纵向的演变与横向的传播之间具有相似性，有关这一点前述的三件文物提供了非常重要的实例。

第三节 "龙"的造型与文物的传播

在六朝时期代表性的"龙"图像中，除"奔龙"外，还有"旋龙"①。"旋龙"图像指细长的身体呈 C 形或反向 C 形的"龙"的形

---

① 与"奔龙"一样，此类图像没有固定的叫法，"旋龙"是本文姑且采用的称呼。

象。其包括回旋向下,以及卷曲向上的形象,两类"龙"的四肢均呈前后大幅展开状,表现出在空中强而有力飞旋的状态。

自汉代以来,除单独的"奔龙"与"旋龙"外,一般较为常见的是与其他内容共同构成的图像。例如,在"奔龙"前伴随着羽人的"羽人戏龙图"(图89-1)、"羽人豢龙图"(图89-2)、龙虎夹璧对立的"龙虎戏璧图"(图89-3)、在一对"旋龙"之间加入璧的"双龙穿璧图"(图89-4)等题材。也就是说,"奔龙"与"旋龙"是汉代以来"龙"的两种基本图像。

1 河南省南阳市引凤庄汉墓
"羽人戏龙"画像石

3 河南省出土"龙
虎戏璧"画像砖

2 河南省唐河县湖阳镇辛店
汉墓"羽人豢龙"画像石

4 河南省许昌市出土
"双龙穿璧"画像

图89 汉代的"龙"图像

晋式金属带具中的山字形鐈、圆角方形垂饰,以及南京市栖霞区万寿村的东晋中期1号墓(图90-1)、东晋末的镇江东晋隆安二年墓①、南京市栖霞区新宁砖瓦厂的南朝前期1号墓(图90-3)出土画像砖资料上也存在着"奔龙""旋龙"的代表性图像。这些图像是以单线条为基础的线描图案,以及不描绘面部、身体细节的剪影式浅浮雕图像。并且,这些图像中"龙"身的曲折不显著,整体纤细,呈单纯曲线造型的较为简略的形象。依据这些资

---

① 镇江市博物馆:《镇江东晋画像砖墓》,《文物》1973年第4期。

料,可以确定4世纪后半至5世纪后半"龙"图像呈现出较为简略的图案化平面造型。

尽管同样呈简略的图案化造型,大同云波里路M1壁画所见兽形明显是一种奇特的龙形象。而江南出土的属于东晋南朝的考古资料中至今尚未见到类似的图像。虽然云气纹化的造型在汉代以前就已出现,但大同云波里路M1壁画中兽的造型与此完全不同,属于极为特殊的实例。可以推定其绝非直接源于汉文化艺术造型的谱系。

另一方面,自5世纪后半以降,开始出现外形魁伟,呈跃动造型且极为形象的龙。河南省邓州市学庄南朝墓画像砖(图90-2)、江苏省丹阳市金家村南朝大墓拼镶砖画中的"羽人戏龙图"(图90-5)是同类中的代表。在这些画像中的龙具有两支长着若干凸起的长角、呈睁开状鲜明的眼睛、修长身体上覆盖着鳞片、锐利的爪部与牙齿、呈波浪状修长的口吻部等与后代定型的龙几乎完全一致的特征。前者为高浮雕,非常清晰地表现出龙的轮廓与细节;后者虽为线描画,但精致地描绘出具象化的形象细节。两者均采用了华丽的表现手法。与此时代相近的河北省磁县湾漳北齐大墓墓道壁画(图90-4)中,也绘有相同特征的龙。尚不能确定具体是南北哪个王朝创造出这种精美的"龙"造型。[①] 不过,考虑到南朝曾屡屡出现如顾恺之这样在中国绘画史上具有划时代地位的绘画妙手,因此前述"龙"的造型很可能是由南朝首创的。

上述情况展现出在六朝时期中国的纹样、画像所见的图像、造型中,广泛存在共通的特征,而在造型表现方面同时还具有不同的地域性。并且,这些图像、造型与前后时代,以及同一时代不

---

① 林树中:《六朝艺术》,南京:南京出版社,2004年。

1 南京市栖霞区万寿村1号墓

2 河南省邓州市学庄南朝墓　　3 南京市栖霞区新宁砖瓦厂1号墓

4 河北省磁县湾漳北齐大墓的"龙"图像

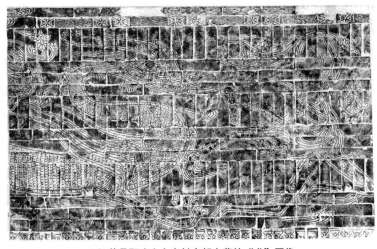

5 江苏丹阳建山金家村南朝大墓的"龙"图像

图90　南北朝的"龙"图像

同文物上表现的图像、造型间均存在着联系。总之,中国"龙"的图像凝缩着由传统图案主题、造型所确立的基本图案形式与各地实例表现出的地域性,以及可称之为时代性的超越地域差异而广泛存在的图像主题与造型等各种各样的因素。

基于这样的观点来看中国及其周边的文物。如前所述,当涂青山 M23 出土的玉璜、晋式金属带具ⅠA 式所展现的龙形兽是直接承袭汉代传统的具有两晋时代特征的造型。考虑到当涂青山 M23 出土玉璜这一东晋中期的文物也采用了同类造型,可以确定此造型最终为江南所承袭,并成为一种地方特色。日本新山古坟出土晋式金属带具上的神兽(图 91)形象也具有相同的造型特征,展现出其源于两晋或中国江南地区的文化谱系。

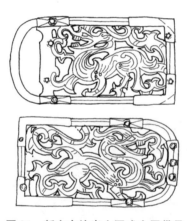

图 91 新山古坟出土晋式金属带具

其次值得关注的是装饰有云气纹化"龙"形象的文物。这种"龙"的形象常见于三燕,以及高句丽的出土文物中,因此其往往被认为与鲜卑族慕容部文化存在联系。然而,云气纹化的表现形式还见于大同云波里路 M1 的壁画之中,此外高台地埂坡 M4 出土龙形簪也与这种"龙"造型存在强烈的共通性。这些文物跨越了十六国至北魏平城时代。尽管大同云波里路 M1 为北魏墓,高台地埂坡 M4 为河西地区的十六国墓葬,但其均具有鲜卑文化因素。[①] 考虑到上述诸点,云气纹化"龙"的形象并不仅限于慕容部,可以将其视为鲜卑族乃至华北北部十六国至北魏平城时代的一种特色。从中国东北部至朝鲜半岛、日本列岛广泛分布着具有云气纹化"龙"纹样的文物,这些文物可能源自华北的文化。如此一来,可以确定装饰有云气纹化"龙"纹样的文物本身就是这一时代的特色,但将这种样式标准的形成追溯至三燕的判断为时尚早。不得不考虑其起源于三燕之外的鲜卑拓跋部乃至北魏的可能性。

小 结

南北朝时期"龙"的图像是极为形象且精致的,而且还出现了为后代继承的"龙"的典型造型。汉代至三国时代"龙"的图像更多地呈现出古拙、简朴的特征。本章总结出其造型急速的变化始于两晋时代。目前已大致明确了两晋以降"龙"形象经历的数次变迁。其基本图像大多源于汉代以来的传统,六朝时期其造型与表现手法获得了显著的发展。并且,在多样的地域、民族广泛交流的时代背景下,形成了文物的地域性,以及造型表现上的融合。从"龙"图像的传播可以推定六朝时期中国及其周边地域构成了一个广阔的文化圈、交流圈。此外,本章还确定了在具有各自地域性的不同地区内,往往广泛存在着具有相同特征的造型与表现手法。笔者认为在上述复杂文化形态结构的背后,存在着多元且相互交融的六朝时期中国地域社会的变迁。

---

① 吴荭、王策、毛瑞林:《河西墓葬中的鲜卑因素》,《考古与文物》2012 年第 4 期。

第十一章　日本出土 5 世纪的金属带具与中国

第一节　5 世纪的金属工艺与金属带具

进入 5 世纪,北魏结束了华北的分裂局面,中国社会进入南北对峙的南北朝时期。从晋式金属带具来看,两晋时期的金属工艺展现出在汉文化谱系下分化、发展的特征。然而,进入南北朝时期,由于资料的限制,难以直接对比南北之间金属工艺的发展情况。

另一方面,在这一时期及其前后,位于中国周边朝鲜半岛上的高句丽、百济、新罗、加耶,以及日本列岛的倭,均出现了大量的金属工艺制品,其中存在着不少可以用来探讨同时期中国金属工艺的资料。在目前日本出土的考古资料中,就存在着与中国相关的金属带具。以这一资料群为切入点,并同时择取其他类别的金工制品,本章将探讨目前尚不明了的 5 世纪中国的金属带具,以及金属工艺的情况。

日本出土的 5 世纪的金属带具中,存在多种形状与纹样的銙,本节主要探讨以下两种形式的銙。为从名称上明确两种銙存在的差异,本节以銙的主要纹饰对其命名。两种銙在铰具的形状与构造等方面,也存在着可以进行对比之处。

透雕云气禽兽纹金属带具

这类带具采用可动扣舌式的反向 D 字形铰具。铐呈横长方形，其四周的窄缘上装饰有列点波浪纹。其内侧采用透雕方式，表现出融合了云气与龙形禽兽的抽象化纹样。

主要实例：大阪府七观古坟、奈良县五条猫冢古坟、福冈县月冈古坟。

浮雕禽兽纹金属带具

这类带具采用前部呈两侧向内凹陷，端部向外扩张的长椭圆形，后部呈横长方形的无扣舌式铰具。铐呈横长方形，四周的窄缘装饰有环绕一周的斜线纹。其内侧采用浮雕作为基本技法，表现出龙形、变形的禽兽纹或凤鸟纹。

主要实例：大阪府峰冢古坟、京都府叶室谷冢古坟、和歌山县大谷古坟、福井县肋袋西冢古坟、熊本县江田船山古坟、爱知县坂崎青冢古坟、大阪府樱冢荒神冢古坟、埼玉县埼玉稻荷山古坟。

一直以来，日本的研究者对于这些资料的认识存在差异，有关其谱系、制作地的问题尚不明确。结合各种金属带具纹样间的相似性与共通点，此前的研究确定了各型式的先后关系。并且，形成了倭国制造说、朝鲜半岛制造说等有关产地的学说，以及 5 世纪的倭国存在着一个制造各类金工制品的生产组织等众多观点。不过，此前的研究尚缺乏整体性的结论。[1] 很早就有学者指

---

[1] 小浜成：《金、银、鎏金产品生产的发展——金属带具所见 5 世纪技术革命的实态》（金・銀・金銅製品生産の展開—带金具に見る 5 世纪の技術革新の実態—），第 44 届埋葬文化财研究集会执行委员会编：《中期古坟的发展与演变——5 世纪的政治与社会面貌(1)》（中期古墳の展開と変革—5 世紀における政治的・社会的変化の具体相(1)—），1998 年，第 321—342 页；宇野慎敏：《龙纹铐金属带具及其意义》（龍文铐带金具とその意義），《纪伊考古学研究》（紀伊考古学研究）第 3 号，2000 年。

出透雕云气禽兽纹金属带具与晋式金属带具上的禽兽纹存在一定联系，以及浮雕禽兽纹金属带具具有中国六朝的风格。这一观点至关重要，应予以重视。①

第二节　制作技法概述

一、透雕云气禽兽纹金属带具的制作技法

透雕云气禽兽纹金属带具的铰具是呈反向 D 字形，并采用可动式扣舌的金铜制铰具（图 92）。其扣舌与轴部是一体的，呈 T 字形。銙为厚约 1 毫米的横向略长的方形金铜板。外缘施有用蹴雕技法②加工而成的列点波浪纹；并基于透雕方式表现出云气禽兽纹的轮廓，轮廓内侧采用蹴雕刻画出禽兽形象的身体、眼睛等细节。其制作包括零件的铸造、镀金、錾切（透雕）、采用塑性加工的錾刻技法制作纹饰、研磨、调整等工序。不过，古代金铜制品从铸造零件到此后各项工艺的先后顺序并非是固定的，各种资料展现出不同的加工程序。③ 尽管难以明确加工程序，本文还是希望确认透雕云气禽兽纹金属带具是经过上述诸工序制作而成的。透雕云气禽兽纹金属带具的制作工序源于汉代以来制作平面造型金工制品基本的技术系统。如果与前一阶段 4 世纪的晋式金属带具进行比较，可以在铰具、銙的形状、纹样风格等方面，

---

① 梅原末治：《关于金铜透雕龙纹金属带具》（金銅透彫竜紋帯金具に就いて），《考古学杂志》（考古学雑誌）第 50 卷第 4 号，1965 年；町田章：《古代金属带具考》（古代帯金具考），《考古学杂志》（考古学雑誌）第 56 卷第 1 号，1970 年。

② 蹴雕是日本金属雕刻工艺中的一种技法，即采用楔形的点线雕刻纹样。——译者注

③ 杉山晋作：《金铜产品的制作技术》（金銅製品の製作技術），《古坟时代研究》（古墳時代の研究）第 5 卷《生产与流通Ⅱ》（生産と流通Ⅱ），雄山阁，1991 年，第 75—86 页。

看出透雕云气禽兽纹金属带具已发生了改变,但在技术上两者并无区别。

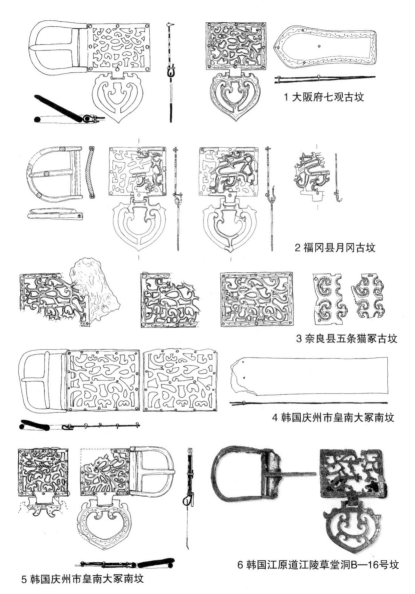

1 大阪府七观古坟

2 福冈县月冈古坟

3 奈良县五条猫冢古坟

4 韩国庆州市皇南大冢南坟

5 韩国庆州市皇南大冢南坟

6 韩国江原道江陵草堂洞B—16号坟

图92　透雕云气禽兽纹金属带具

二、浮雕禽兽纹金属带具的制作技法

浮雕禽兽纹金属带具采用的是前部边缘向外突出,后部呈横长方形的无扣舌式铰具。銙采用厚 1~2mm 的横向略长的方形金铜板。銙的边缘施有斜线纹(图 93)。在銙的实例中,作为主要纹饰的禽兽纹均表现为立体浮雕的形象,其中可以见到五种制作、施纹的技法。这些实例可以分为两大资料群,两大资料群内部还存在着若干差别。

A 式:在镂空纹样板的内侧附有同样形状、大小的无纹金铜板,即一件銙由两枚金铜板构成。在细节差别上,存在着铸造的平面浅浮雕、铸造的浮雕、凿錾而成的透雕三种镂空纹样板。本文将其分别称为 A1 式、A2 式、A3 式。

B 式:每枚銙采用一枚金铜板,金铜板采用浮雕表现纹样。在细节差别上,其浮雕存在浮雕、平面浅浮雕两类。本文将其分别称为 B1 式、B2 式。

除 A3 式以外,四种型式的区别与图像表现上的差异无关,均可见到在细节处追加的雕刻,以及为调整图案而用錾补刻的痕迹。在完成基本形状的铸造后,为进一步让纹样具体化、明确化,这四种型式均通过切削加工的錾刻方式刻画、调整纹样。其基本的制作工序包括:零件与纹样的铸造、鎏金、通过錾的方式切削雕刻、补刻,以及研磨、调整图像等。尽管难以明确其严密的工艺顺序,不过可以说浮雕禽兽纹金属带具制作技法的特征正在于铸造后通过切削雕刻的方式表现出浮雕的效果。

另一方面,正如后文所述,A3 式在铰具、銙的形状、纹样等方面,与 A 式的其他两种型式具有明显的共通性,属于同一类

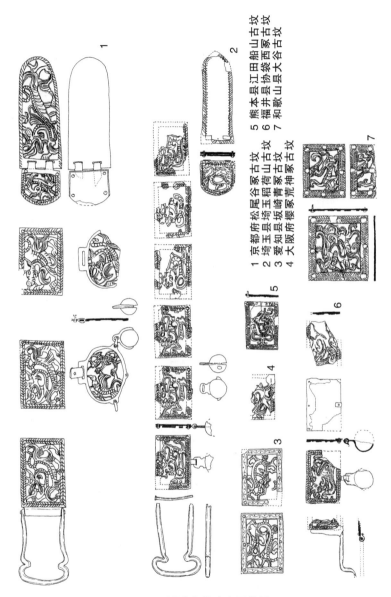

1 京都府松尾谷家古坟
2 埼玉县埼玉稻荷山古坟
3 爱知县坂崎青冢古坟
4 大阪府樱冢神荒古坟

5 熊本县江田船山古坟
6 福井县协袋酉冢古坟
7 和歌山县大谷古坟

图 93　浮雕禽兽纹金属带具

金属带具。不过，与其他两种型式相比，其制作技法较为特殊。
A3 式通过錾加工出透雕、平面纹样的装饰方式是与前述透雕云气禽兽纹金属带具、晋式金属带具等共通的制作技法，可以推定其彼此间在制作技法上存在联系。A3式是通过錾雕刻出一条较粗长线的技法描绘禽兽像，并且所有的銙分别由透雕的纹样板与内侧板构成。在这两点上，A3式与A1式具有共通性，展现出A3式在制作技法上与A式其他两种型式间并非毫无关系。京都府松尾谷冢古坟出土了属于A1式的资料，其中銙的垂饰采用相同的技法制造而成，在这一点上A式与B式之间也存在着横向的联系。

此外，尽管A2式具有与A、B两式的其他型式共通的基本特征，不过其銙的边缘并未施有斜线纹，而是采用蹴雕雕刻的列点波状纹，这一点其与其他型式存在明显的差异。正如已经述及的那样，列点波状纹可以说是透雕云气禽兽纹金属带具的基本特征之一。也就是说，A2式与其他浮雕禽兽纹金属带具属于同一系列，同时还具有与透雕云气禽兽纹金属带具相通的元素。

第三节　日本出土5世纪金属带具的产地

以下关注有关纹样的特征。本节将结合制作技法的特征，考察日本出土的5世纪金属带具与东亚金属工艺间的关联。

一、透雕云气禽兽纹金属带具的产地

可以确定在中国、朝鲜半岛的金属工艺制品中，存在着与透雕云气禽兽纹金属带具的云气禽兽纹非常相似的实例。因此，包括一部分金属带具以外的实例在内，笔者曾进行了类型学上的比较研究（图94）。在庆州皇南大冢南墓等朝鲜半岛的出土资料

中,可以见到与此类金属带具形式相似的以0.5 mm以下薄银板为材料的实例。此外,近年在江原道江陵草堂洞B-16号墓、忠清南道公州水村里墓葬群出土了与日本所见非常相似的透雕云气禽兽纹金属带具。

由于各实例中的云气禽兽纹纹样具有共通的基本形状,因此其原本应是由某种特定的禽兽像为原型发展而来的。然而,如果详细比较其细部特征的话,可以发现在云气禽兽纹的头部、腿部、尾部等处具有一定差异,并且还存在着与基本形态稍异的多种禽兽像。此外,从同一部位表现上的变化,以及禽兽的云气纹化等方面来看,可以确定透雕云气禽兽纹金工制品随着时间的推移,经历了一定的变迁。正如图中所见,这些金工制品资料并非呈单一序列发展,从相当早的阶段开始就形成了多种序列,并且在各序列演变的过程中还派生出若干分支序列,表现出极为复杂的变迁过程。

一直以来,普遍认为日本出土的透雕云气禽兽纹金属带具源于朝鲜半岛的工艺谱系。然而,朝鲜半岛相关资料所见云气禽兽纹多半呈现出略显退化乃至独自演变的形态,而日本出土资料中的云气禽兽纹则具有整齐美观的倾向。此外,庆州皇南大冢南墓等出土的由薄银板制造的类似实例采用冲压方式在銙的边缘、垂饰上加工出棱线,并且在其内侧留下凹面,而其禽兽像并未采用錾刻,周围也无列点波状纹。此类制作技法主要流行于以新罗、加耶为中心的区域,其他地区并无相关实例。因此,其被认为属于这一地区独立的制作技法。另一方面,新罗、加耶确实存在这种云气禽兽纹的银薄板金属带具。江陵草堂洞B-16号墓、公州水村里墓葬群出土的典型透雕云气禽兽纹金属带具是非常罕见的实例。可以认为新罗、加耶的云气禽兽纹银薄板金属带具应是

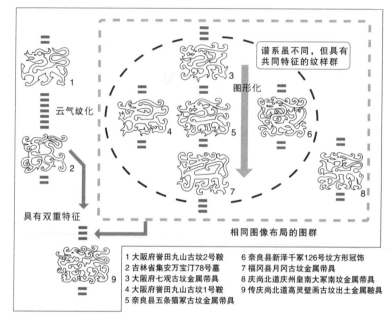

谱系虽不同，但具有共同特征的纹样群

图形化

云气纹化

1

2

3

4 5 6

7 8

具有双重特征

相同图像布局的图群

9

1 大阪府誉田丸山古坟2号鞍
2 吉林省集安万宝汀78号墓
3 大阪府七观古坟金属带具
4 大阪府誉田丸山古坟1号鞍
5 奈良县五条猫冢古坟金属带具

6 奈良县新泽千冢126号坟方形冠饰
7 福冈县月冈古坟金属带具
8 庆尚北道庆州皇南大冢南坟金属带具
9 传庆尚北道高灵壁画古坟出土金属鞍具

图 94　云气禽兽纹的类似性与谱系

在模仿同样风格的透雕云气禽兽纹金属带具的基础上生产的产品。

　　东亚地区发现的云气禽兽纹金工制品的资料仍在不断增加。辽宁北票喇嘛洞三燕墓地出土的多件马具、吉林集安高句丽太王陵的马具、集安万宝汀 78 号墓的金属鞍具、日本大阪府誉田丸山古坟的金属鞍具等，时代均被断在 4 世纪后半至 5 世纪中叶。考虑到从幽州到朝鲜半岛、日本列岛间出土地域的广泛性，以及图 94 所见纹样系列的多样化，可以认为云气禽兽纹是这一时期东亚金工制品中流行的纹样，并且各类制品有着众多产地（图 95）。

　　云气禽兽纹一般被视为晋式金属带具等产品上所见禽兽（龙）纹抽象化后的形态，而这也成为多数情况下，将装饰此类纹

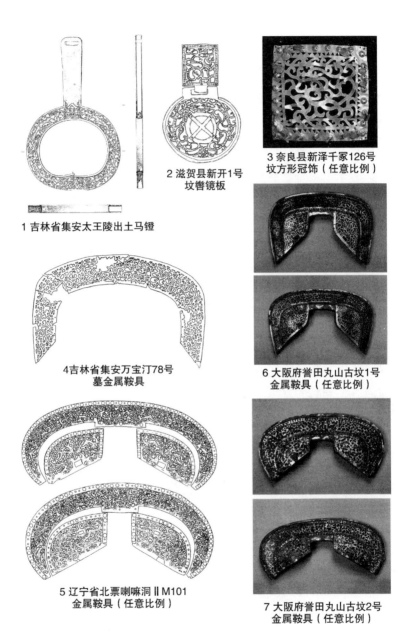

1 吉林省集安太王陵出土马镫

2 滋贺县新开1号坟辔镜板

3 奈良县新泽千冢126号坟方形冠饰（任意比例）

4 吉林省集安万宝汀78号墓金属鞍具

5 辽宁省北票喇嘛洞Ⅱ M101金属鞍具（任意比例）

6 大阪府誉田丸山古坟1号金属鞍具（任意比例）

7 大阪府誉田丸山古坟2号金属鞍具（任意比例）

图95　各类文物上的云气禽兽纹

样的金工制品作为朝鲜半岛、日本列岛当地产品的依据之一。不过,此前的研究并未探讨其演变的具体过程。笔者认为一直以来就存在着云气禽兽纹这种造型,其本身是源于中国的一种纹样。近年,甘肃敦煌地埂坡 M4 出土的龙形簪就与透雕云气禽兽纹金属带具关系密切。由于十六国墓葬中出土了这一资料,可以佐证中国存在着云气禽兽纹的原型。

日本出土金工制品所见透雕云气纹的变化、变形较小,有着一脉相承的发展脉络。因此,这些金工制品很可能是在特定产地前后相继制作而成的。具体考虑到其产地的话,根据实例的分布,可以推定为幽州的三燕,或在北燕灭亡后接收其遗民和文化的高句丽。不过,由于目前在三燕、高句丽的遗物中并未发现与日本出土资料所见云气禽兽纹和演变纹样直接相关的材料,其金工制品的制作技法也不相同,因此这一推论尚缺乏决定性的依据。考虑到此类纹样的广泛流行所展现出的文化向心力,其纹样以及金工制品的发源地应为中国。正因如此,日本出土的透雕云气禽兽纹金属带具很可能为中国的产品。

二、浮雕禽兽纹金属带具的产地

以下将对比浮雕禽兽纹金属带具(图 96)。虽然前节将这种形式的金属带具分为五种型式,但其纹样是共通的,超越了型式上的差别,并且纹样本身并没有显著的变形、省略,展现出极为相似的形象。

正如前节有关制作技法的部分所述,不仅限于 A 式三种型式、B 式两种型式中的各式,在 A 式、B 式之间也存在着超越型式的制作技法上的关联。因此,尽管就产品本身而言,各类浮雕禽兽纹金属带具存在着差异,但其作为一个资料群可以说是在极为相似的环境背景下制作而成的。

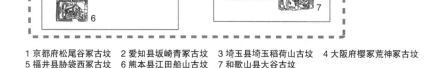

1 京都府松尾谷冢古坟　2 爱知县坂崎青冢古坟　3 埼玉县埼玉稻荷山古坟　4 大阪府櫻冢荒神冢古坟
5 福井县胁袋西冢古坟　6 熊本县江田船山古坟　7 和歌山县大谷古坟

图 96　浮雕禽兽纹金属带具相关资料图

　　这里希望关注相传出土于朝鲜半岛，以及韩国忠南大学博物馆所藏的相关资料。两件銙上纹样的基本制作技法均与 A1 式大致相同，难以明确区别。不过，其铰具并非无扣舌式的铰具，而采用了具有可动扣舌的反向 D 字形铰具。此外，在制作方面，其使用了具有较大钉帽的铆钉,这一点也与 A1 式存在差异。可以说其与日本出土的浮雕禽兽纹金属带具属于不同的系统(图 97 - 1、97 - 2)。

在铸造完銙,以及垂饰的纹样板后,浮雕禽兽纹金属带具采用以切削加工的錾刻技法雕刻而成,这构成了其独特的加工技法。此外,长野县八丁铠冢 2 号墓出土的兽面纹金属带具可能也采用了同样的制作技法(图 97 - 3)。该兽面纹金属带具从内侧向表面一侧捶打,内侧留下半球形凹面,并且在表侧外鼓的半球面上采用錾刻描绘出兽面。其兽面精致且鲜明,并非铸造而成,而内侧的凹面则并未见到捶打的痕迹。基于以上几点,这一兽面纹金属带具应是在铸造后采用切削雕刻的方法制作而成的。尽管八丁铠冢 2 号墓兽面纹金属带具的铰具已经遗落,不过从冈山县牛文茶臼山古坟出土的兽面纹金属带具所见无扣舌式铰具来看(图 95 - 4),这种兽面纹金属带具与浮雕禽兽纹金属带具为同类带具。附有无扣舌式铰具的浮雕禽兽纹金属带具均出土于 5 世纪后半叶至 5 世纪末的古坟中,时代上较一致。

在日本古坟时代的浮雕禽兽纹金属带具以前,并不存在铸造后采用切削雕刻制作技法的实例,而同一时期除此类金属带具以外,也无其他类型的实例。从更为宏观的视野来看,首先中国六朝时期兽面铺首等青铜器具有非常典型的特征。汉代的鬼面铺首除在调整纹样之际采用研磨等手段外,眼部、牙齿等细节之处主要是由铸造加工而成的。而南朝的鬼面铺首大多是在铸造完整体后,通过錾的方式切削、补刻出眼部、牙齿、角等造型的细部,大多表现出立体感,以及鲜明的棱线。在日本考古资料中,6 世纪出现的龙凤环刀造型古朴,正是在铸造完环体后,采用錾的方式切削细部制作而成的。在纹样、制作技法上与此类似的还可见

1 东京国立博物馆藏小仓收藏品金属带具 传出自朝鲜半岛

2 传朝鲜半岛出土
金属带具

3 长野县八丁铠冢2号坟出土金属带具

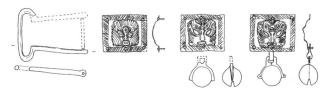

4 冈山县牛文茶臼山古坟出土金属带具

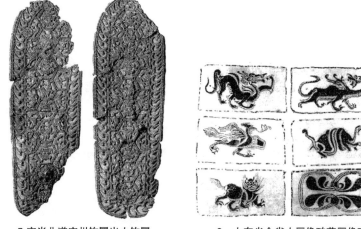

5 庆尚北道庆州饰履出土饰履　　　6　山东省金雀山画像砖墓画像砖

图 97　带有浮雕禽兽纹的文物

到韩国庆州饰履冢的饰履(图 97-5)、马具,韩国全罗北道扶安
竹幕洞遗址出土的金属鞍具,日本奈良县野神古坟出土的金属鞍

具片等大量优质且特殊的资料。因此,在铸造后进行切削雕刻的技法最早出现在中国南朝,并由此向东亚传播。

浮雕禽兽纹金属带具的纹样是从哪种谱系发展而来的尚不明确,不过在中国山东临沂金雀山画像砖墓的兽纹画像砖上[①],可以见到与浮雕禽兽纹金属带具极为相似的纹样(图 97 - 6)。一直以来,和歌山县大谷古坟出土錣上的兽纹被视为怪兽纹,在临沂金雀山画像砖中存在着与此非常相似的鸟纹砖。此外,除云气纹化这一点外,大同云波里路 M1 所见兽纹的特征也与此极为相似。这些材料很可能展现出 5 世纪中国流行的同类兽像的多样化地域性特征。如此一来,临沂金雀山画像砖墓应为南朝刘宋时期的墓葬。据此,拥有与其相近特征的浮雕禽兽纹金属带具的纹样很可能属于中国南朝的谱系。

以上介绍了与浮雕禽兽纹金属带具相关的特殊制作技法与纹样,相关资料分布、流行的范围非常广阔。而与此极为相似但无直接关系,属于其他系统的资料同样有着广泛的分布,这一情况与前述透雕云气禽兽纹金属带具相同。并且,其制作技法、纹样均展现出属于中国,特别是南朝谱系的倾向。基于上述情况,笔者认为浮雕禽兽纹金属带具原本为中国南朝的产品,5 世纪后半至末叶其产品及相关制作技法向外传播,并在各地独自发展。

小　结

目前,中国魏晋南北朝时期的相关文物资料并不丰富,通过探讨同时期周边地域中日本的出土资料,可以看出中国文物的风

---

① 临沂市博物馆:《山东临沂金雀山画像砖墓》,《文物》1995 年第 6 期。

格、纹样和制作技术。

透雕云气禽兽纹金属带具与浮雕禽兽纹金属带具原本为中国的文物，日本出土的 5 世纪金属带具主要是从中国传入的舶来品。在日本，前者集中存在于 5 世纪前半至中叶，后者集中存在于 5 世纪后半至末叶。大约在此前后，以及同一时期，相关的考古资料也见于中国东北部，以及韩国等地。如果将这些金属带具视为中国的产品，其集中在比较短的时间内出现在被传入的地区。很难想象从传入到作为古坟的随葬品间存在较长的时间间隔，因此可以认为与这些产品的制作时期几乎同时即从中国传到了日本。这些金属带具的盛行时期可大致分为：透雕云气禽兽纹金属带具盛行于 5 世纪前半，即北魏平城时代，或刘宋的武帝、文帝朝；浮雕禽兽纹金属带具盛行于 5 世纪后半，即刘宋孝武帝至刘宋末期的顺帝朝。从南朝来看，其盛行的时期以刘宋孝武帝为界，可分为前半期和后半期。在北朝，透雕云气禽兽纹金属带具流行的时期基本与北魏平城时代重合，透雕禽兽纹金属带具流行的时期跨越了北魏平城时代与洛阳时代的初期。不过，尚难以对文物形式的变迁展开明确的分期。可以推定透雕云气禽兽纹金属带具可能源于北魏或鲜卑拓跋部，而依据前述的各种特征，将浮雕禽兽纹金属带具视为南朝刘宋的产品应无大过。

不论基于怎样的契机导致金属带具从刘宋向东方传播，当考虑到其作为刘宋的文物时，可以确定在刘宋的前半期与后半期金属带具的形式发生了显著的改变。而透雕云气禽兽纹金属带具在制作技法、纹样上继承了晋式金属带具以来前代的金属工艺传统。另一方面，在具有新的制作技法与纹样表现形式的制作体系下，形成了浮雕禽兽纹金属带具。

如果对比来看的话，前述的分期对应于广泛继承东晋制度、文化的武帝、文帝朝，即刘宋的前半期，以及经文帝元嘉之治后急速改革的孝武帝以降的刘宋后半期。笔者认为刘宋朝两种中国产金属带具交替向东方传播的背景与刘宋统治体制的变迁间存在一定关系。

第十二章　中国南朝前期的金属工艺

第一节　六朝金属工艺的相关问题

5世纪的中国分裂为南北朝,政治方面屡屡上演着战乱,以及血腥的政治斗争;而另一方面这也是一个在灿烂的贵族社会中形成的具有绚丽工艺与文学艺术的时代。此外,位于东亚的朝鲜半岛三国、倭等政权也获得了飞跃式的发展。其中可在东亚各地见到新式金属工艺的出现。例如,倭国基于技术上的发展促进了本土器物型式急速的改进,创造出新式的文物,思想观念也随之发生变革。在当时的金工技术中,除加工金银的技术外,还存在着在传统金属工艺基础上施加绚丽金银色彩的技术。此外,近年来韩国的考古学调查与研究取得急速的进展,朝鲜半岛三国时代金工制品的情况不断明晰。相关的发现在质、量两方面都非常引人注目,为认识东亚的金属工艺,提供了众多重要的新信息与实例。其中还保存有大量关于古代东亚生产、社会、政治的信息。在金属工艺研究方面,有关韩国与日本间金工制品的对比研究不可或缺。当然,有关古坟时代朝鲜半岛与倭国间在政治、文化上的联系也应给予关注。然而,如果未能明确同时期中国的情况的话,基于单纯比较的讨论并不妥当。在研究过程中,有必要厘清作为古代东亚世界中心的中国,特别是中国南北朝时期的情况。

当考察古代东亚之际,中国南北朝时期的情况至关重要,不过由于考古资料的有限,相关探讨未能取得实质性的进展。类似的问题在金属工艺方面表现得尤为突出。由于普遍的破坏盗掘,墓葬中的相关遗物大多无存。限于资料的制约,有关中国南北朝时期金属工艺的研究、论著可谓凤毛麟角。其中大多数成果为博物馆、美术馆举办特别展时编纂的图录解说。其在内容上,多以北朝的金铜佛像、佛具为中心,而较少涉及南朝,并且其主要介绍器物的形态、纹样,以及金工制品的发展。

中野彻底全面搜集了包括美术馆、博物馆所藏传世品在内的相关资料,并分别整理了南朝、北朝金属工艺的发展,甚至还关注到技术层面,相关研究汇集为一篇优秀的论文。[①] 直至今日,中野氏的成果仍具有广泛的参考价值,甚至可以说其有关技术发展的诸多论述在补充材料后,获得了进一步的确认。杨伯达就金银器从商周至清代的发展进行了通史性的论述,虽然涉及了各时代金银器的工艺技术,但由于资料较少,未能从技术层面讨论三国六朝时期的金银器,主要列举了三国两晋之际的实例。[②] 罗宗真介绍了截止到当时有关六朝时期的考古学成果,以及历史文献中的相关记载。在六朝时期的金属工艺方面,其主要依据历史文献的记载进行了概述。不过,罗宗真的著作对于认识当时的时代特征、工艺分类,乃至六朝考古学的整体面貌,具有重要作用。[③] 有

---

① 中野彻:《金工》(金工),大阪市立美术馆编《六朝美术》(六朝の美術),东京:平凡社,1976年。

② 杨伯达:《中国古代金银器玻璃器珐琅器概述》,《中国美术全集·工艺美术编10·金银玻璃珐琅器》,北京:文物出版社,1987年。

③ 罗宗真:《六朝考古》,南京:南京大学出版社,1994年;又见其著《魏晋南北朝考古》,北京:文物出版社,2001年。

关六朝时期金属工艺的论著多为简略的概说式介绍。虽然与此前的研究相同,齐东方主要依据历史文献,但同时基于独到的观点详细论述了金银器的考古资料、六朝时期金属工艺的发展水平、贵金属矿的开采、管理体制等问题。① 然而,上述诸人的研究对于考古出土遗物的分析、考察仍不充分,大多停留在美术史领域,以及对某个时期出土文物的记录中。中野彻曾指出,为阐明六朝特别是南朝时期工艺的实态,"文物遗存中存在着种种偏差……补充、纠正偏差,展开考察至关重要"②。中野彻的论述一语中的。本文将整理中国南朝前期的金属工艺,这是为克服前述问题而展开的初步工作。

第二节 中国南朝前期的金属工艺

中国南朝前期在本文中指相当于北魏的北朝,以及南朝从刘宋到萧齐的时代。以下先介绍中国在这一时期金工制品的情况。随着近年发掘调查的进展,有关晋代金工制品的资料不断增加。另一方面,目前有关南北朝时期金工制品的资料仍极为有限。据罗宗真的统计,六朝时期发掘出土有金银器的墓葬 18 座,共出土金银器 411 件,其中金器 363 件,以及若干残片。③ 整个六朝时期仅保存有这种规模的资料,如果进一步限定在南朝时期,出土实例的有限可想而知。金器中约 232 件出土于大中型墓葬,这一点绝非偶然。尽管实例数量非常有限,但从中也可获悉当时金银

---

① 齐东方:《三国两晋南北朝时期的金银器》,《北方文物》2000 年第 1 期。

② 曾布川宽、冈田健编:《世界美术大全集·东洋篇》第 3 卷《三国·南北朝》(世界美術大全集·東洋篇 第 3 卷 三国·南北朝),东京:小学馆,2000 年。

③ 罗宗真:《六朝考古》第七章《墓葬遗物》第五节《金银器》,南京:南京大学出版社,1994 年。

器极为盛行,并深受皇帝、贵族阶层的喜爱。南朝代表性的金银器包括耳环、腕环、戒指等饰品,以及各类装饰金属器。从仅有的出土实物推测,除铜鐎斗、后述的铜碗外,南朝前期的金属工艺在金银器方面与东晋时期并无显著变化。

一、刘宋的金属工艺

金银制的耳环、镯钏、戒指等是采用锻造、錾刻技术加工而成的。耳环、镯钏的制作是通过锻打将金银加工为圆棒状,并通过錾截断,再卷成环状。截断之际,应是从圆棒的两个方向切入,其端部呈现出楔状。再在环上通过錾刻加工出纹样、刻痕。广东省新兴县南朝墓出土的金制品(图 98－2)顶部平面呈菱形。应是将金制圆棒的中央锻打呈扁平状,并加工成菱形的。这件器物的器型不明,不过有可能为簪。该墓墓砖上有"元嘉八年辛未",以及"元嘉十二年乙亥"的纪年铭文,元嘉八年为公元 431 年,十二年为 435 年,由此可知为刘宋时期的墓葬。戒指同样是先以锻造方式加工出圆棒或宽度较窄的扁平板,再将其卷曲呈环状。通过这些饰品可见,锻金技术已广泛应用于金银器的制作之中。这些饰品中,还存在着采用掐丝炸珠工艺,以及宝石镶嵌的实例。此外,作为掐丝炸珠工艺精品的蝉纹冠饰(图 98－1),是与两晋南朝冠服制度、思想观念密切相关的代表性文物。掐丝炸珠工艺中采用的焊接技术是将金制薄板置于接合部位,再进行加热使其接合,即所谓的"钎焊"。此外,掐丝炸珠工艺可以加工出以动物形、植物形金制步摇装饰为主的各类装饰品,也包括花形的装饰品。东晋以来,焊接金粒、金线的产品非常普遍。并且,还采用了以錾的方式加工出细小刻痕,实现在视觉效果上有别于掐丝炸珠工艺的简便方法。透雕也被广泛应用于中小型器物的制造中。可以

看出在当时金属工艺的一系列技术体系中，存在着多样化的材料
与技术。

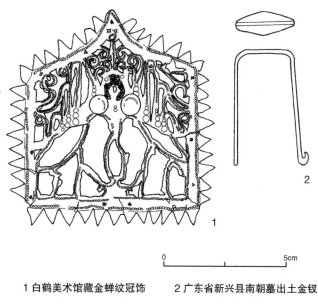

0　　　　　　　　　　　　　5cm

1 白鹤美术馆藏金蝉纹冠饰　　　2 广东省新兴县南朝墓出土金钗

图98　金质饰品

刘宋时期金属工艺的特点表现在铸造品出现的变化上。在
青铜器制作全面衰退的同时，依然存在着青铜器的虎子、薰炉、熨
斗、镳斗、铺首。部分器物中出现了在铸造整体器型后，用锉、凿、
錾的方式补刻、修整的技法。并且，还出现了采用同样技法制作
的金铜佛像。此外，铜镳斗从5世纪初至5世纪中叶在形制上发
生了显著的转变。秋山进午指出南朝、北朝同步经历了这样的变
化，并且南北具有相同的器型取向。[1] 总之，刘宋时代的金属工
艺广泛继承了东晋以前的金工传统，另一方面也开始形成新的发
展趋势。

---

[1] 大阪市立美术馆编：《六朝美术》（六朝の美術），东京：平凡社，1976年。

二、南齐的金属工艺

南齐时期已普遍流行在铸造完器物整体后,通过錾刻加工纹饰,进行补刻、整形的技法。这里的錾刻是指利用毛雕、浮雕等切削加工的技法,一气呵成地雕刻出有力的长线,再施以立体的雕刻。① 现在姑且将这种技法称为"铸造切削雕刻技法"。由于这种技法在金铜佛像中较为常见,因此其流行应与南朝齐金铜佛像的正规化生产有着密切的关系。中野彻曾指出这种技法在金铜佛像上表现得十分显著,并且在金铜佛像的生产过程中,至少长达 20 年使用了同一铸范,或制造基于某一铸造原型的佛像。② 在考察南朝金工生产体系之际,上述认识颇具启发意义。此外,虽然虎子、薰炉、熨斗、鐎斗、铺首等器型数量较少,但仍在继续生产。

另一方面,正如广东省遂溪县边湾村窖藏出土的鎏金钵(图99-3)所展现的那样,当时已经出现唐代以降盛行的装饰有蹴雕、毛雕纹的银制容器。这件镀金钵表面以龟甲纹为主体,在其间隙中采用浅浮雕技法雕刻出致密的纹样,因此可能为中国生产的产品。③ 此外,同时出土的还有被视作波斯舶来品的莲瓣形银碗(图99-2)。由此可见,朝鲜半岛、日本列岛所见龟甲纹也存在于

---

① 基于对金属带具实例的观察、分析,笔者曾论述这一技法的出现与意义。参照藤井康隆《古坟时代中期至后期金工制品的发展——金工生产研究的展望》(古墳時代中期から後期における金工製品の展開—金工生産研究の展望—),第 8 届东海考古学论坛三河大会执行委员会编《东海后期古坟的思考》(東海の後期古墳を考える),2001 年。在可以确定为中国产的文物中,也存在着这种技法。

② 中野彻:《玉器与金铜佛——研磨与铸造》(玉器と金銅仏—その研磨と鋳造—),上海博物館編《中国·美之至宝 5 文人的桃花源——玉器 金铜佛 艺术品》(中国·美の名宝 5 文人たちの桃源郷—玉器·金銅仏·芸術品—),东京:日本放送出版协会,上海:上海人民美术出版社,1992 年。

③ 原报告(遂溪县博物馆)《广东遂溪县发现南朝窖藏金银器》,《考古》1986 年第 3 期)仅将出土遗物中莲瓣纹银碗与萨珊朝银币视作波斯的舶来品。

中国南朝。报告中未言及材质，实际上该钵是一件金铜制的产品。

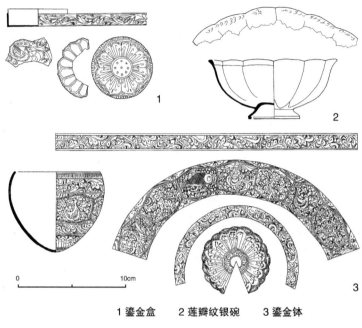

1 鎏金盒　　2 莲瓣纹银碗　　3 鎏金钵

图 99　广东省遂溪县边湾村南朝窖藏出土金银器

南朝时期，可以见到大量铜制的碗、钵等器物。铜碗多模仿青瓷的器型、特征，其产地无疑位于当时的南朝。此类产品是利用失蜡的方式铸造器身后，再通过轮制技术调整外形、刻画纹饰。在调整外形、刻画纹饰之际，还采用了基于錾、凿等雕刻工具的技法。在南朝以降盛行的碗、钵、水瓶等金属制容器中大量使用了响铜，这应是基于轮制技术所确立的材料取向。[①]　由此也可看出，作为隋唐以降主流金属工艺技法之一的铸造轮制技法在当时已经成立。

---

① 大阪市立美术馆编：《六朝美术》（六朝の美術），东京：平凡社，1976 年。

第三节　中国南朝前期的金工技术与生产

南朝的金属工艺继承了汉代形成的金工技术传统，并在经历了东晋金属工艺多样化的急速发展后正式确立。前章所见正是南朝金属工艺成立之后的情况之一。以下希望通过分时期举例的方式，以代表性的技术、技法为中心，探讨南朝前期金属工艺的变迁。

南朝前期金属工艺最为突出的特点在于形成了铸造切削雕刻技法与铸造轮制技法。刘宋时代的金属工艺中，已经少量出现采用这种技法的产品，当时已处于南齐时期新技术体系成立的准备阶段。另一方面，基于汉三国两晋传统的金工技术仍在延续，并获得稳固的发展。

刘宋以前，主要流行塑性加工方式中的錾刻技法，用以表现较长的连续列点、虚线。在铸造后进行雕刻同样是战国时期以来施行的方法，不过此前这种方法仅用于补刻，并且其表现手法较为单调、朴素。临近南朝齐时，出现了属于切削加工方式的錾刻技法，铸造切削雕刻技法开始盛行。这种表现技法同样展现出从平面式向立体高浮雕风格的转变。錾刻技法与这种表现技法上的变化间存在着联动关系。在此基础上，金铜鬼面纹铺首、铜薰炉等南朝时期已日渐衰落的器型中也可见到属于切削加工方式的新型錾刻技法。因此，可以说南齐时期的铸造切削雕刻技法成立的基础源于汉代以来传统的金工技术。不过，金属工艺表现技法的变化可能是雕刻工艺中普遍存在的共通现象。以南朝帝陵配置的石兽为例，由南京麒麟镇南朝帝陵石兽为代表的刘宋式石兽朴素且具有力量感，与此同时表面采用了平面化的装饰。在这种刘宋式石兽身上,已经出现向采用浮雕雕刻的流畅、立体且装饰繁缛的齐式石兽转变的趋势。① 这种铸造切削技法极大地推动了南齐时期以降小型金铜佛像的盛行。另一方面,铸造轮制技法与作为新材料的响铜的应用间存在着表里关系,也有观点指出其是由西方传入的技法。然而,在铸造后进行加工,或基于錾、凿等雕刻工具的切削技法等方面,铸造轮制技法与铸造切削雕刻技法间存在着极为密切的关系。因此,即使确定了铸造轮制技法源于西方,也可以认为两种技法是在南齐之际合并为同一技术体系后落地生根的。此外,值得关注的是这是一种铸造具有极厚薄胎金属器的技术。并且,其还包括使用失蜡的铸造技法。②

根据上述发展动向,笔者认为在南朝前期基于传统技术创造出新技术,并不断构建起南朝金属工艺的正是那些原本从事青铜器制造的工人,而当时青铜器制造正经历着急速的衰退。这些工人的职能从制作青铜礼器转向小型金铜佛像。非常值得关注的是,虽然工人转业,但其生产的两类产品均属于反映各自时代主体精神文化的文物,由此可以一窥青铜器工人所具有的特殊性。乍一看青铜器制造似乎已经衰落,但青铜器工人的技术却依然存续。受到来自西方地中海世界、伊斯兰世界金属工艺的刺激,这些工人最终创造出奠定隋唐金属工艺基础的华丽且精致的南朝

---

① 町田章:《南齐帝陵考》(南齐帝陵考),奈良国立文化财研究所《文化财论丛》,京都:同朋舍,1983 年;罗宗真《六朝考古》,南京:南京大学出版社,1994 年。由于町田章与罗宗真对南朝陵墓编年的观点存在若干差异,因此关于诸陵墓的时代与墓主仍存在进一步探讨的余地。然而,对于石兽形制的变迁,町田章与罗宗真的整体观点一致,认同基本的发展趋势。

② 前引中野彻:《玉器与金铜佛——研磨与铸造》(玉器と金铜仏——その研磨と铸造)。南北朝时期被认为采用了砂型铸造的技法,而这一观点并没有明确的依据。可以推定汉代云南的青铜器、汉镜等实例中存在着失蜡法铸造。南北朝时期即使存在着地域上的差异,很可能已广泛采用了失蜡法的铸造技术。

金属工艺。

　　刘宋、南齐的官营作坊管理体制展现出,南朝前期生产组织在短时间内反复改组、整顿了官营作坊的经营与管理结构,经历了极为复杂的变化过程。米泽嘉圃指出当时的生产组织是以刘宋初期丞相府所设细作为基础,并由多种机关构成,在经历了"接力式的发展变迁"后,演变为职掌区分不明确且错综复杂的机构。① 中国承袭了汉代以来的体制,在国家的管理下保持着金工技术。尽管如此,仍存在两大原因促使南朝在短时间内不断重组生产组织。其一,以上述同西方世界间的交流作为契机之一,出现了新型的金工制品。新样式的金属工艺需要各种各样的技术,因此只能通过改组工人、作坊进行反复的尝试。另一个原因是南朝时期频繁的动乱,造成生产机构的经营、管理能力非常低下。此外,由于国家的经济实力、禁止奢侈的风潮、薄葬的礼仪等因素,此前的生产机构已难以为继。在这种困难状态下,改组生产机构成为一种客观需要。实际上,隶属于宫廷作坊的众多著名工匠、熟练工人已流向了民间或北朝等地。在改组生产组织的复杂过程中,有必要考虑到防止技术、著名工匠、熟练工人的流失。②

　　北魏掌握着滞留在华北的汉人官僚、技术工人,并获得了流入的工人,在此基础上北魏整备制度,发展出多种多样的工艺(图100)。此外,北朝在防止工人、技术外流,强化管理这一点上与南朝的情况相同。③ 与此同时,从西方世界流入的大量文物,也强烈地影响了北朝的工艺。尽管在风格、纹样、表现技法,以及部分

---

① 米泽嘉圃:《魏晋南北朝时期的尚方》(魏晋南北朝時代の尚方),《东方学报　东京》(東方學報　東京)第十册之二,1939 年。
② 根据《南齐书·东昏侯本纪》中"贵市民间金银宝物"、同书《萧颖胄传》的记载,可以明确金银和相关制品曾大规模流入民间,并且在民间制造。
③ 参照《魏书·世祖纪》《北齐书·毕义云传》等文献记载。

技术上,北朝表现出独自的特色,不过其基本继承的仍是汉文化的金属工艺。秋山午进指出虽然具体过程并不明确,但铜鐎斗变迁的特征,存在着当时社会中工人的形态因素。中国南朝金属工艺的发展无疑也显著地影响了朝鲜半岛、日本列岛的金属工艺。

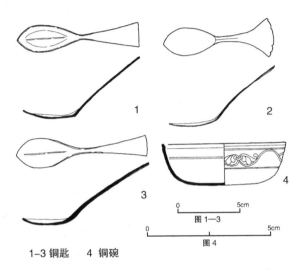

1-3 铜匙　4 铜碗

图100　南朝齐与同时期北魏的青铜器(太和五年)

在这些地域中,从4世纪后半至5世纪前半,金银器获得了急速的普及。朝鲜半岛、日本的金属工艺在纹样、技术等方面,大量引进中国的金属工艺。实际上,那些被认为展现出在技术、纹样上存在联系的朝鲜半岛与日本列岛的文物间,并不具备直接的关系。可以推定两类文物具有相近的源头,属于同一原型自早期阶段分化出的不同系列。① 具体事例如韩国江陵草堂洞B-16号墓出土的金属带具等遗物与日本堺市百舌鸟七观古坟出土品

---

① 藤井康隆:《古坟时代中期至后期金工制品的发展——金工生产研究的展望》(古墳時代中期から後期における金工製品の展開—金工生産研究の展望—),第8届东海考古学论坛三河人会执行委员会编《东海后期古坟的思考》(東海の後期古墳を考える),2001年。

之间具有强烈的相似性（图 101）。中国、朝鲜半岛、日本列岛均散见有装饰着云气禽兽纹的文物，当考虑到这些文物所具有的关系时，可以说其提供了极为重要的资料。

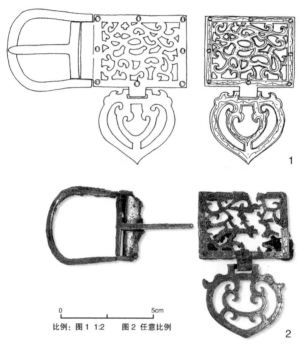

比例：图1 1:2　　图2 任意比例

1 百舌鸟七观古坟出土金属带具（日本）
2 江陵草堂洞 B-16 号坟出土金属带具（韩国）

图 101　日本、朝鲜半岛的透雕云气禽兽纹金属带具

此外，朝鲜半岛百济地区（武宁王陵等）的墓葬、日本羽曳野市峰冢古坟、和歌山市大谷古坟等所见的花形装饰同样如此，在中国南朝大量存在着作为此类图案直系原型的实例（图 102）。中国南朝常见采用掐丝炸珠工艺的文物，而在朝鲜半岛、日本列岛，炸珠工艺则多演变为用錾的方式点状打击加工而成的列点纹，是一种掐丝炸珠工艺的简化技法。这些文物本身展现出中国南朝金属工艺的纹样、技术、工人在东亚各地的扩散。尽管目前尚缺乏确凿的资料，但可以推定大量的中国工人、技术流向了朝鲜半岛、日本列岛。

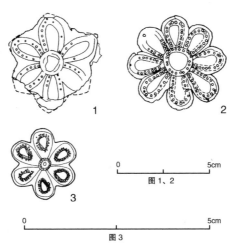

1、2 古市峰冢古坟出土花瓣形饰片（日本）
3 南京仙鹤观 M6 出土花瓣形饰片（中国）

图 102　日本、中国的花瓣形饰片

第十三章　东晋南朝的金属工艺与十六国

中国东晋十六国时期，地方社会与各民族处于混乱状态，全境陷入分裂割据的局面。这种独立化趋势的显现也波及中国周边的东亚地区，出现了各具地域色彩（民族色彩）的文化，他们自视为"中华"，并致力于整顿自身的文化、体制。其中蕴含着诸地域、民族在内部与外部间建立起的联系，以及彼此模仿、融合等现象。由此形成了新的文物、技术、风格，同时伴随着诸民族、国家的兴亡，这一时期还形成了独特的社会发展趋势。基于这种趋势，新的文物、技术、风格不断扩散、传播。这一时期中国的考古资料也反映出相应的时代特征，并且从中可以看出人口的迁徙，以及思想、观念等方面的文化传承与融合。本章希望借助金属工艺的情况，从汉文化的视角探讨这一复杂社会变迁中的文化动向。

第一节　东晋南朝金属工艺的动向

两晋时期的金属工艺，在继承汉代以来传统工艺的基础上发展出新的风格和技术，并奠定了南朝新金属工艺的基础。西晋王朝统合了东汉晚期至三国时期保存于各地的诸多汉代样式的地域系统，构建起新王朝的样式。在此基础上，两晋在金银装饰工艺的发展、锻金、透雕的流行、传统青铜器制作的衰退等方面，展现出自身的特征。与这一趋势相应，两晋还大规模改革了工人组织。

　　虽然两晋、南朝的金属工艺具有一定的划时代意义，但上述成就并非六朝金工所达到的最高水准。南朝萧齐时期对青铜器制造进行了改革与升华，从铸造轮制技法、铸造切削雕刻技法的形成与盛行、作为原料的响铜的应用、失蜡法铸造的盛行等方面，代表了南朝前期金属工艺的成就。以金银装饰工艺为首的金银加工技术的发展是促使帝室、贵族阶层使用超越前代的奢华金银装饰品的原因之一。此外，东晋南朝与北朝间在金工制品型式的变化上保持着同步，以及相同的发展趋势，这一点在此前已被反复论证。① 尽管这种趋势的具体成因尚不能确定，但其背景中无疑包含着该时代特有的纷繁复杂的人口迁徙。当时，贵族的社会、文化达到顶点，思想层面发生变化，从以西方世界为首的其他地区传入了新技术、新文化，五胡的兴起造成了战乱，汉民族由此受到来自其他民族文化的影响。东晋南朝在金属工艺方面的巨大变化正是上述时代潮流中的发展趋势之一。

第二节　晋式金属带具的发展

　　晋式金属带具基本上是由中国王朝官营手工业制造的产品，其制造贯穿于两晋时期。虽然当时具有多种纹样的构图，但可以确定存在着基于同一纸样制作的产品。如果参考相关实例，可以发现晋式金属带具并非随意采用各类纹样，纹样的性质、意义均

---

① 大阪市立美术馆编：《六朝美术》（六朝の美術），东京：平凡社，1976 年。

基于一定的制作工程规范。晋式金属带具的材质包括玉、金、银、金铜,其中存在着具有立体造型,并采用金银装饰工艺加工而成的金带具。这种材质上的差异与官职的等级间存在某种程度的对应关系。上述金属带具可以推定为高级武官的装饰品。① 此外,在笔者制作的晋式金属带具编年中,第二阶段与第一阶段相比,在技法、纹样上具有飞跃式的变化,甚至在构成同一条带具的各金属构件中还采用了不同的样式。这种不同的阶段反映出西晋的崩溃与东晋的建立,也就是说在晋式金属带具中存在着"西晋式"与"东晋式"两类。

此外,在第三阶段中,高句丽、三燕均出现具有地方特色的晋式金属带具,并且两地的晋式金属带具还获得了进一步的发展。在高句丽、三燕形成的晋式金属带具的仿制品中,存在着"辽宁型"晋式金属带具。

有关辽宁境内晋式金属带具的变迁,可总结为以下过程。

    Ⅰ期　从两晋输入中原制晋式金属带具。

    Ⅱ期　通过仿制中原制品,形成"辽宁型"。

    Ⅲ期　摆脱晋式金属带具的规范,形成独立的型式风格。

这一变迁过程始于晋式金属带具的流入,以及较为忠实地模仿晋式金属带具而生产的仿制品。可以确定喇嘛洞ⅡM275中出土的晋式金属带具是从中原传入的西晋末至东晋初期的产品。此外,袁台子壁画墓、前燕奉车都尉墓、十二台乡砖厂88M1、喇嘛洞ⅡM101、集安洞沟山城下159号墓等墓葬中均出土了"辽宁

---

① 町田章:《古代金属带具考》(古代带金具考),《考古学杂志》(考古学雑誌)第56卷第1号,1970年。

型"晋式金属带具。从金属带具的形态、透雕纹样、组合等方面来看,其中包含有真正的晋式金属带具,与此同时也存在着材质为铁地贴金的模仿品。[1] 这种替换材质的现象并不见于两晋南朝,由此可以看出当地显著的地域特色。"辽宁型"晋式金属带具是在辽宁三燕政权下,以"东晋式"为对象模仿生产的型式。这一点在喇嘛洞ⅡM196、桓仁连江乡等墓葬的出土资料中表现得非常清楚。不过,当时也出现了摆脱晋式金属带具规制的趋势。并且,辽宁出土的实物同样大多为高级武官的装饰品。也就是说,辽宁地区并非单纯的直接模仿,而是在接受晋王朝观念的基础上,以独立的形态进行的再生产。

第三节　蝉纹冠饰的仿制

目前,中国以及日本可以确认共存在 25 件蝉纹冠饰的实物。笔者将另文对相关个例进行详细的类型学研究,本节仅针对蝉纹冠饰的特征展开概观性的探讨。

蝉纹冠饰的出土资料主要分布于南方的江苏省南京市、湖北省鄂州市,以及北方的甘肃省、陕西省、山东省、北京市、辽宁省。其中南京市出土 4 例,这是由于南京曾是六朝的都城。此外,作为曾经的武昌,鄂州市是与南京密切相关的重要据点。因此,当地出土蝉纹冠饰也就不足为奇了。南京市与鄂州市出土的 5 例蝉纹冠饰均在南方六朝政权统治的范围内。5 件蝉纹冠饰很好地表现出作为中心纹样的蝉纹,是金属工艺水平极高的产品。可以说这组蝉纹冠饰保持着此类冠饰所蕴含的原始意义与思想

---

[1] 辽宁省文物考古研究所、朝阳市博物馆、北票市文物管理所:《辽宁北票喇嘛洞墓地 1998 年发掘报告》,《考古学报》2004 年第 2 期。

背景。

这里列举其中 4 例蝉纹冠饰(图 103)。1 号蝉纹冠饰出土于南京仙鹤观 M6①,2 号出土于甘肃省敦煌前凉昇平十三年氾心容墓②,3 号为日本国立历史民俗博物馆所藏的资料,4、5 号出土于辽宁北燕冯素弗墓③。蝉纹冠饰基本的制作技法为:以铜板作为底板,在其上叠加采用金银装饰工艺加工的金制蝉纹透雕板。在叠加固定之际,并不使用铆钉、金丝,而是将金质透雕板的周边切割成锯齿状,并将切割出的小三角向内弯折裹住底板。这种冠饰起初用于武官所戴的武冠。④ 与晋式金属带具相同,蝉纹冠饰同武官的爵号、官职间存在着对应关系。

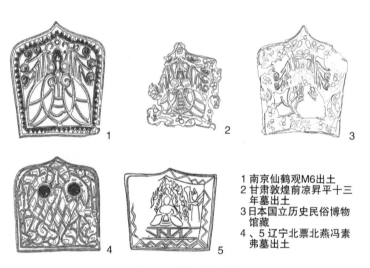

1 南京仙鹤观M6出土
2 甘肃敦煌前凉昇平十三年墓出土
3 日本国立历史民俗博物馆藏
4、5 辽宁北票北燕冯素弗墓出土

图 103　蝉纹冠饰举例

---

① 南京市博物馆:《江苏南京仙鹤观东晋墓》,《文物》2001 年第 3 期。
② 敦煌文物研究所:《敦煌晋墓》,《考古》1974 年第 3 期。
③ 黎瑶渤:《辽宁北票县西官营子北燕冯素弗墓》,《文物》1973 年第 3 期。
④ 孙机:《进贤冠与武弁冠》,载其《中国古舆服论丛(增订本)》,北京:文物出版社,2001 年。

蝉纹冠饰不仅出土于作为南朝都城的南京,前凉、北燕等十六国也可见到。特别是从位于西域的前凉氾心容墓出土的 2 号蝉纹冠饰,与西晋的产品和南京出土的六朝产品相同。尽管前凉是一个实际独立的政权,但其以两晋为宗主国,采用从属于两晋的臣下之礼,并获得两晋授予的官位。因此,前凉的蝉纹冠饰可能是由两晋王朝直接下赐的物品。

另一方面,北燕冯素弗墓出土蝉纹冠饰的风格不见于两晋南朝。4 号冠饰上未见原本应有的蝉纹,但在相当于蝉目的位置极为突出地镶嵌了宝玉,其蝉纹纹饰已逐渐形式化。5 号冠饰仍然保留有外部的龛形边框,但内部的纹样却被改为佛像纹饰。此外,在制作技法上,4、5 号资料均未采用在透雕板上切割出锯齿状的做法。特别是 4 号不仅纹样特殊,还附有用于悬挂步摇的金线。

第四节　东晋金属工艺的传播

生产仿制品的现象同样见于其他类型的金属工艺中。例如,辽宁可以见到在形态、制作技法、纹样风格等方面与东晋南朝相近的金属工艺。辽宁省房身村 2 号墓出土的金铃在制作技法、形态上与南京象山王氏家族墓、南京仙鹤观 M6 出土的金铃酷似,从中可以看出其与南朝的关系(图 104 - 1、104 - 2)。此外,辽宁三燕地区保持了鲜卑族慕容部(以下称"慕容鲜卑")的文化,带有树枝状装饰的兽首形冠饰(图 104 - 3、104 - 4)是其独特的文物。这种冠饰上模仿牛或鹿的头部,并附有带步摇的树枝状装饰。兽首部分还采用了金银装饰工艺,制作精良。这类文物不见于汉族王朝,应源于慕容鲜卑旧有的游牧文化。不过,也常见到将兽首部分置换为芝草纹装饰板的实例,而这种芝草纹装饰板与晋式金属带具中胜形銙板的构图相同。并且,此类装饰板还装饰有凿刻的列点,这应是用于代替金银装饰工艺中金粒或鱼子纹的一种表现形式。结合慕容鲜卑遗址出土的装饰品同样具有芝草纹的构图,可以将树枝状装饰的冠饰从兽首形置换为芝草形的现象视为慕容鲜卑对汉族王朝文化的接纳。

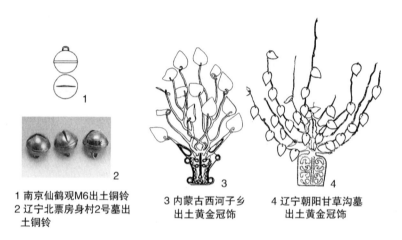

1 南京仙鹤观M6出土铜铃
2 辽宁北票房身村2号墓出土铜铃

3 内蒙古西河子乡出土黄金冠饰

4 辽宁朝阳甘草沟墓出土黄金冠饰

图 104 晋代汉式与鲜卑式金属工艺

在位于西域的前凉境内,有关蝉纹冠饰以外金属工艺的具体资料较为有限。不过,从昇平十三年铭错金泥筩①这样的实物来看,其承袭了汉代以来(可能为西晋)的工艺、技术,以及制作机构。前凉的统治阶层是汉代以来统率西域势力的河西汉族名门,并且前凉以西晋、东晋为宗主国。因此,其凝聚了河西的西晋遗民,维系着西晋以来传统的礼制与正朔。

依据辽宁三燕、西域前凉的情况,可以说十六国将东晋的金属工艺作为标准,进行了引入、模仿,在这一过程中还融合了本地

① 秦烈新:《前凉金错泥筩》,《文物》1972 年第 6 期。

域、本民族的文化传统。并且,由于产品的风格、使用方式中蕴含着相应的思想背景与观念,因此十六国不仅引入了东晋的工艺,同时也吸收了东晋的思想、制度。与此同时,也可推定4世纪—5世纪初期的中国在文化、文物方面存在着所谓的"东晋样式"(图105)。十六国文化所依据的基本范式,并非直接源自汉代、西晋,而应源于东晋的文化。

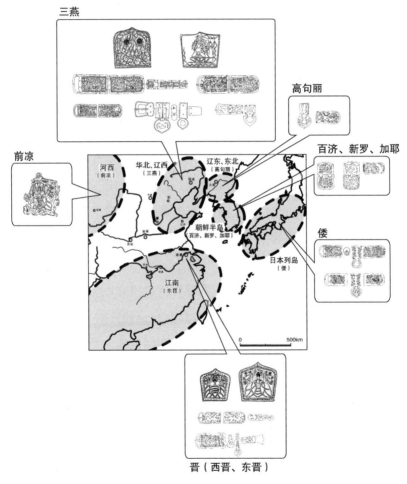

图105　晋式金属工艺的传播

晋式金属带具、蝉纹冠饰是基于传统汉文化思想制度的文物。另一方面，以两晋作为宗主国的国家出土了忠实于原始样式的制品，而在独立的国家中，发展出基于自身观念、思想背景的仿制品。两者均将东晋文化作为标准，整顿了帝、王的威仪与独立的标识身份等级的制度。上述有关金属工艺的论述展现出各地域在接受文化时的不同形态，这种差异意味着各地域在继承六朝乃至汉族王朝制度、文化传统的过程中处于不同的水平。三燕基本上属于独立的国家，特别是慕容皝自称皇帝后，凭借强大的势力，展现出强烈的独立国家的观念。手工业产品与工人曾从东晋流入三燕。相关实物资料中蕴含着辽宁的三燕与东晋间存在的交流，乃至仿制生产出同样产品的过程。其中很可能也反映出三燕与东晋南朝间文物的往来，以及以徙民为主要方式吸收汉族士人、技术工人而形成的人口迁徙。

上述的文物展示出诸地域、民族以东晋南朝作为汉文化的标准，从各自的立场出发，通过不同的接纳方式，即进行独立的消化、融合，或直接地接受并进行仿制生产，从而吸收东晋南朝的制度。

与此相对，十六国北朝并未明显见到输出并影响周边地区的文物。前一章曾论及十六国北朝存在着自身独特的文物，其产品不仅受到西方的影响且达到较高的水准，而且在造型与技术方面南北方之间也形成了连动关系。十六国北朝虽然将西方罗马、波斯，以及南方东晋南朝的文物风格、技术等吸收到以鲜卑文化为首的自身的工艺之中，但其生产的文物对于其他地区的影响力较小。与北朝进行对比的话，前述东晋南朝金属工艺的显著特征正在于其所具有的标准性与影响力。

结　语

　　本书从考古学的视角对江南六朝的遗存、遗物展开分析,并通过与同时代华北中原地区相应遗存的比较研究,揭示了六朝考古的基本特征。今天我们习称的"六朝",就时间而言,自公元 3 世纪孙吴立国至公元 5—6 世纪的南朝,前后 300 余年,其间六代更替,前后发生的变化并不鲜见。尽管如此,我们没有将之视为一个个不同的时期,也没有将之分为一个个不同的王朝,而将之视为一个整体,并试图探究其共同特征,理由就在于六朝始终是以江南地域为舞台成长起来的社会。本书各章节论述的内容,无一不是以六朝为视点对魏晋南北朝的时代特征展开的分析。这里,我们将本书各章节论述的结论整理如下,力图勾勒出江南社会六朝时期的共性和演变。

　　六朝初期的孙吴,继承了东汉以来独有的组织形式,生产江南体系的金属带具,这种金属带具此后成为晋式金属带具的源头之一。江南体系的金属带具,在其有关向外传播并产生影响的信息中,至少可以推定有幽州辽东地区。此外,在江南体系金属带具和蝉纹冠饰等各种文物的纹饰中,经常使用汉代以来江南地区尤其显著地与神仙、鬼神等思想和信仰关系密切的图像。就陵墓而言,可以看出以下特征:在墓葬的前方安排池塘或河道,砖砌漫长的排水沟,将渗透到墓室中的积水排出;基于直线原理,由四隅券进式穹隆顶的结顶方式,木棺、祭台和甬道、墓道等要素构成了墓室空间;在山体上开凿墓圹,墓坑、墓道的填土由土石混合的五花土夯筑,等等。这些多是因适应江南地区多雨湿润的气候和坚硬的山地土壤而形成的特征。同时,在墓葬前方追求水环境的做法,除与此后形成的风水思想相互关联之外,应该也是墓葬的密封性、墓主存在的具体性等江南地域丧葬思想的强有力的表现。

东晋时期,晋式金属带具在意匠和制作技法等方面逐渐趋于定型,创造出了东晋式样的晋式金属带具,制造出了更多的蝉纹冠饰、金铃等金银服饰用品和装饰品。这些金银饰品,不仅见于江南,还广泛分布于十六国时期的北方中原地区、朝鲜半岛和日本列岛。东晋金银饰品的工艺技术和意匠,成为各地引进和模仿的对象。这种可以被称作"东晋样式"的金银饰品,成为流行于整个东亚地区的文化和技术样板。东晋帝陵的特征可以归纳为如下几个方面:在相对狭小的陵区空间内集中营建多座陵墓,采用阴葬不起坟的形式,地面设施减少至最小限度。东晋的丧葬制度基本沿袭了西晋制定的薄葬制。薄葬的规定即使有所弛缓,但东晋帝陵总体上还是反映了西晋的制度。但另一方面,在墓葬的平面构造上,帝陵前方安排水塘、砖砌长排水沟、短甬道、长方形墓室即"凸"字形墓成为主流,墓室的空间构造同样也采用了直线原理的动线。此外,通过棺与随葬品的位置、帷帐和假窗的设置等,更强调了地下墓室空间作为墓主人居宅的象征意义。通过这种方式,墓葬作为墓主居宅的概念更加具体化,墓主的生活、生人与墓主之间的交流也得到了更大的重视。东晋帝陵在继承西晋帝陵制度的同时,也吸收了孙吴以来江南地区的墓葬制度,可以说是结合两者后重新构建起来的墓葬制度。在其丧葬观念中,甚至还反映出了与楚辞内容相通的招魂葬、祖先崇拜等江南的丧葬习俗。这些丧葬习俗，即使在北方贵族看来不乏异端之感，但最终还是被纳入了礼制的范畴并得以推广。这些内容，到了南朝时期都将成为江南朝廷丧葬制度的一部分，而其滥觞则始于东晋。

与东晋帝陵相比，南朝的帝王陵墓出现了巨大的变化。葬地选择在三面环山的平谷地带，背靠山丘，左右两侧有低矮的冈峦怀抱，墓室凿于平谷尽头的山腹，从墓室引出的排水沟往前延伸到谷底的池塘或低湿地带。葬地的选址，与风水思想主张的理想葬地几乎一致。南朝帝王陵墓的选址特征，发端于孙吴，进入东晋以后，各种要素日渐增加，并最终趋于完备。东晋业已确立的墓室的居宅性，在南朝也得到了继承。东晋时期，南渡君臣死后归葬中原的意识依然强烈，他们在江南营建的墓葬多少带有"假葬"的意念。但是，进入南朝后，北归的意愿已基本消失，墓葬的营建也由观念上的"假葬"变成了"安厝"，从这个意义上可以说，"寓所"变成了"恒所"。此外，在以墓主地下生活为前提的墓室内部随葬品的摆放位置和礼仪等方面，也继承了基于招魂葬和祖先崇拜等习俗而形成的葬制，因此可以说南朝帝王陵墓，是在更加彻底地继承和发展传统的江南墓葬制度的基础上形成的。加上刘宋时期丧葬礼仪在程序、空间上的改革，与这些改革相应的陵园空间也得以完备。在符合风水思想的山峦环抱的平谷地带选择葬地，在平谷地带的入口处设立阙门，阙门之后设置石柱、石兽、龟趺石碑等，形成了南朝帝王陵墓独特的空间布局。

如上所述，江南六朝的考古学现象中，我们可以观察到，东晋在继承西晋文物制度和陵墓制度的基础上渐渐走向本土化，最终形成南朝独特的陵墓制度，具有明显的阶段性。然而另一方面，我们也能观察到纵贯六朝时期的一些共同特征，这些共同特征表现在金属饰品中包含的思想性、金属饰品向东方和南方的渗透、直线原理的动线与居宅性极强的墓室空间构造、葬地的选择深受风水思想的影响等等。此外，还可以看到六朝社会中根深蒂固的江南地域特征，即祖先崇拜、神仙思想等江南土著的思想和信仰。

魏晋南北朝时期正处于中国南北分裂的历史阶段，在 300 年以上的时间内，不断地摸索着新的秩序，实际上是中国历史上具有里程碑的时期。在这样的历史环境下，江南地区和立足于江南的各王朝一贯标榜自己是汉人政权的正朔所在，实现了独自的发展。本书通过对文物和陵墓的分析，勾勒了江南六朝的文化特征，并且举出了同时期北方中原地区的事例，从中发现，江南与中原之间的差异并非单纯的地域性差异，而是在思想和价值观等文化层面上存在着本质性的差异。最后，笔者想通过与中原的比较来明确江南六朝的具体特征及其在中国历史上的意义，作为本书的结论。

首先就历史的发展大势来看，被称作"六朝"的江南政权，始于三国时期的孙吴。孙吴政权以自称吴郡富春出身的江南豪族孙氏为中心，以吴郡四姓和吴郡阳羡周氏为核心的江南豪族阶层建立的联合政权，是所谓的南人政权，这是孙吴政权最大的特征。然而，从当时的时代背景和秦汉以来的历史发展而言，孙吴最终不过是一个盘踞江南的地方政权，与中原汉人的文化传统和价值观存在着一定的差异。西晋平吴后不久，西晋政权自身也因随之而来的内乱走向灭亡。因五胡各族在华北的兴起，西晋皇室不得不避开遭受蹂躏的中原，在江南建立东晋政权，江南再次成为汉人政权的中心。东晋建国后，江南成为大批遭受五胡侵扰的北方汉人士庶的避难场所，因此对北方贵族阶层而言，江南不过是一时的流寓之地。进入南朝以后，这种流寓意识逐渐淡薄甚至完全消失，虽然恢复华北中原故土依然是基本国策，但以江南为中心的国家经营得到了进一步的发展。

孙吴的国家经营中,最具特征的是致力于海洋的开发以及通过讨伐山越开发南方丘陵地区,这成为此后中国统治疆域大大扩展的端绪。本书重点论述的江南系统金属带具和晋式IA型金属带具在环中国海沿岸地区的传播,与孙权执政以来与辽东公孙氏的海上交往,对夷洲、亶洲的探索及对南方交州的征服等海域经营,及西晋对海洋经营据点的继承有着重要的关系。东晋虽然是边境化了的汉人政权,事实上已经失去了政治和军事上的向心力,然而,其文化和文物制度作为"东晋样式",在华北地区东部和环中国海沿岸地区依然具有强大的影响力。到了南朝时期,各种南朝产品、其模仿产品以及生产技术,广泛流行于5、6世纪的东亚地区。

与之相比,十六国北朝各政权,虽然将其自身民族和因交流获得的北方、西域的文化、文物积极地带到了中原,但作为王朝,其文化和文物对外产生的影响并不那么显著。他们在接受和模仿江南文物的过程中,虽然摆脱了原有的思想规范,生产出了反映自身价值观的器物,但是,对东晋南朝和朝鲜半岛、日本列岛等周边地区的影响力非常有限,这些地区发现的十六国北朝的文物也不多,能够反映十六国北朝国家价值观且独具意匠的文物则更是罕见。就这一点而言,江南六朝的文化、文物的外向型特征,在整个魏晋南北朝时期表现得非常显著。这是南北之间的第一个重大差异。

就陵墓而言,基于风水思想的墓葬选址、基于直线原理的空间布局是六朝一贯的做法,可以明确,这种制度始于孙吴时期。孙吴的建国和国策与东晋南朝虽然有别,但从上述六朝墓葬的基本制度来看,江南六朝文化的基础中确实存在着孙吴文化的因素。东晋的墓制和葬制沿袭中原特色明显的西晋制度,采用单室墓的形制、以墓主的生活为主体,以及使用牛车明器等中原式的随葬品,出现了较大的变化。然而,其中的单室墓继承的是江南地区旧有的短甬道长方形单室墓,墓主人作为主体的存在及其与生人之间的沟通意识,以及招魂葬等江南旧有的丧葬习俗也得以继承。也就是说,东晋墓葬不过是在最大程度保留江南旧有墓制、习俗、思想信仰的前提下,满足了薄葬、单室墓和随葬器物等中原式丧葬理念的结合体。可以说,东晋陵墓的礼仪及空间,其实就是通过招魂葬、"凶门柏历"以及基于风水思想的葬地选址等江南独特的思想信仰来逐步完善的,进入南朝后最终得以确立。

与之相比,在华北中原地区,十六国北魏作为中国新的霸主,积极摄取中原文化,推动"汉化"进程。在墓制和葬制上,基本上沿袭中原关中地区东汉以来的制度,即基于周礼的古制,使用的基本上是正方形单室砖墓或前后室土洞墓。然而,在陵墓的结构上,墓主观念即墓主主体性的有无、墓室内展现的与外界完全不同的天地与邸宅、地面上设置装饰性极强且具有可视性的丧葬场面等等,各种复杂的观念经常是没有规则地组合在一起。其中包含的一贯性意义无非就是两点,一个是将被葬者即墓主神格化,另一个就是为了展示丧葬的礼仪和壮丽的场面。也就是说,华北中原地区的北朝陵墓,表面上是几乎完全沿袭了东汉时期的中原制度,但在空间概念和空间的利用等所谓的设计思想上,与汉文化又是完全背离的。

通过比较不难发现,在丧葬制度上,江南六朝与北朝的做法呈现出了完全不同的形态。也就是说,江南六朝的丧葬制度,是在江南地域特征中植入了中原式的规范,并将之作为主干而逐渐完善的;而北朝的丧葬制度,虽然表面上保持了中原的传统样貌,但实际上却是沿着与中原传统几乎无关的脉络发展而来的。这是南北差异中值得关注的第二点。

正因为有这些差异，江南六朝才有别于华北中原。那么，这些差异又具有何种意义呢，是否能够简单地将之视为边境化了的汉人政权染上了江南的旧俗呢？这里，有必要来回答本书序章中提出的问题，那就是，江南六朝在历史发展中的意义到底何在？

这里首先请回忆一下本书第八章关于晋式金属带具思想内涵的讨论。笔者指出，晋式金属带具的纹饰中，在具备了与西王母传说相关的永生和各种吉祥寓意的同时，还组合进了辟邪、天禄等天界的"禽兽"，而这些"禽兽"又与南朝陵墓石兽非常相似。南朝陵墓石兽与晋式金属带具上的"禽兽"在造型上极其相似，表现的是否就是同一种瑞兽，这一点暂且不论，但至少这不是单纯的艺术上的类似，两者之间必然存在着相同的功能与性质。故而可以将南朝陵墓石兽与汉代铜镜、晋式金属带具等器物上的"禽兽"形象，视为具有镇厌天地之间的不祥，维持宇宙间正常运行并使其秩序井然的功能，从而进一步保佑生人实现长生不老、子孙繁荣、财富充盈的愿望。

再者，江南六朝陵墓始终贯彻基于风水思想的葬地选择，这种做法可以视为人们祈愿天地之间的"生气"给生人和子孙带来永远的幸福。如此说来，将具有维持宇宙秩序的运行、调和天地并能给现实人世带来幸福的"禽兽"安置在陵墓之前，就其一系列的动机而言依然是相通的。在这一延长线上，风水思想认定的各种吉地中最具"气穴"之力的场所"明堂"，其在传统都城设计中的理念，也就有了探讨的必要。

中国传统思想中有一种方形的地上世界观，都城和陵墓原则上都是按这种世界观营造的。这种世界观以周礼所记王城的设计理念为基础，认为王城必须位于天帝设定的地上世界的中心，是具有沟通天地且君临地上世界的天子的居所。天子反映的是天意，又是地上世界的实际统治者，其居所必须具有象征意义，从而天子的居所就被认定为"明堂"。

江南六朝陵墓墓室作为居宅的性质非常显著，正像"阴宅"这个词所显示的那样，其意图是在死后世界中复原居住与生活的空间。墓室的后部是供起居的私人空间，即内室；对之相对的墓室前部，则是供宴享应接的前堂和前庭。如此，帝陵的墓室正是帝王死后的居宅，是宫殿，而墓室外部的陵园则是园林。换言之，帝陵体现的是在死后这个不同次元下表达的中华世界的宫城或皇帝形象。笔者认为，虽然遗构和文物都具有各自的功能，但陵墓也好，晋式金属带具那样的文物也好，在当时的思想和礼制秩序下，共同体现出了其一贯的理念。这种理念在帝陵中是如何具体展现的，则是今后探讨的课题。

在中国传统的世界观中，在"四方""四海"等词汇体现出来的方形世界观的同时，还存在着一种多重构造，即以皇帝为世界的中心，其周边环绕着众多的诸侯、臣僚和庶民，更外部还有数量不菲的番夷。在这样的中华世界内外，在武力背景下以威德来维持秩序、守护皇帝的是武官。武官之中，有镇守四方的镇、征、安、宁等各级将军，而晋式金属带具这种装饰，正是守护中华世界、维持世界正常秩序的各级将军的象征。如此，作为地下宫殿和皇帝的近侍，守护那个世界疆界的南朝陵墓石兽，可以说正是现实世界中腰系晋式金属带具的将军的化身。帝陵与石兽的关系，或许正是帝王与侍卫帝王、守护世界秩序的将军之间的关系。因此可以说，南朝陵墓石刻的设置，目的在于守护以皇帝为中心的"宇宙"，维持其正常的运作与秩序。同时，在秩序的维持与调和这一点上，南朝陵墓石兽与龙虎等形象一样，往往成对出现，从阴阳之气合一这个层面上来说,有维持秩序和维持平衡的意味。

如上所述,南朝帝陵营建的理念,并不以通过物质的数量来夸耀国力、统治能力和权威为目的,而是风水思想和传统的王城思想等自然或传统的中华理念的象征,强调的是自然环境与人的一体性或天与人的一体性,通过"气"的循环达到自然与人的调和和均衡,追求幸福与安宁,即"天人合一"。南朝帝陵体现的是中国王朝的理念与传统,是基于文化之上的世界观的表现。对天命、宇宙秩序的维持、调和这类精神文化的把控,揭示了身处江南社会的六朝所具有的重要的性格特征。

如上所述,帝王陵墓的构造与设计思想,反映了江南六朝时期王朝世界观的逐渐成形。而金属工艺的产品、技术、意匠及其传播形式,又表现出了江南六朝与华北十六国相比强大的外向型特征,尤其显示了其在东方和南方环中国海海域和华南地区统治疆域与交流圈的扩大。对于"中国"而言的江南,已经不是边境地带,也不再是北方君臣的流寓之地,已经转化为稳定的中枢地区。以江南为中心的南方社会,其地位的提升和扩大,使得"中国"与传统的王朝之间出现了明显的差异,这意味着中国世界真正的扩大和新的"中国"疆域的设定。东吴以来将国境线设定在江淮平原,将长江作为最终防线即"限江自保"的政策①,此时也出现了重大的转变。换言之,经历江南六朝300余年的发展,一直将重心放在中原、关中的传统中国世界转向了南方,这个转向具有划时代的意义。

南朝最后的王朝是陈朝。建立者陈霸先是出身于吴兴郡长城县的武力豪强,曾任交州刺史司马,自南方的交州起兵北上,讨

---

① 胡阿祥:《孙吴"限江自保"述论》,《金陵职业大学学报》2003 年第 4 期。

灭篡夺了梁朝的侯景,登上帝位,建立了新政权。也就是说,陈朝是六朝自东吴以来又一次出现的南人政权。尽管陈朝的版图在六朝中最小,但它几乎全部控制了中国东部与南部的疆域。都说南方地区原本以家族为单位构成社会的特征比较明显,很难出现能控制广大区域的统治组织。① 然而,这种社会特征与前述"中国"在南方的发展两者结合起来看,拥戴南人为皇帝的南人政权,作为中国王朝虽然国祚短促,但它的出现,揭示了至少在中国东南地区出现了完整的社会组织,形成了安定的广域社会。

广域的社会统合所带来的,正像本书所分析的考古学面貌那样,东晋以来,既存在着北方君臣带入南方的中原华北社会的"中国"制度与规范,也有外向性、沿海、海域世界的贸易交流、"限江自保"等南方社会的特性。尤其是作为南方社会自身特征的后者,在此后漫长的岁月里成为南方社会发展的关键。从这个意义上说,以华北中原社会为基干的"中国"式秩序,成为南方社会独特地域性的骨骼,而"中国"式的秩序乃至汉文化的规范,逐渐"南方化",创造出了新的"中国"社会的基础。一句话,江南乃至南方,是"中国"的新天地。

虽然江南和南方的社会系统、各地域社会的实情、时代背景等等还有太多的问题没有解决,但还是不得不就此搁笔。如果还能再说一句的话,那就是想展望一下此后历史发展的轨迹。六朝时期南方社会的渐次统合、传统"中国"的新天地、沿岸与海域世界的各种网络等"南方特质"的发现,可以预见此后南宋、明朝那样的新"中国"的出现,而这个端绪正始自六朝。

---

① 童恩正著、森本和男译:《中国北方与南方古代文明发展轨迹之异同》(中国北方と南方における古代文明発展の相違),《古代文化谈丛》(古文化談叢)第33集,北九州:九州古文化研究会,1994年。

参考文献

日文文献（按作者姓名汉字中文音序排序）

岸本直文:《三角绿神兽镜制作的工匠群》(三角绿神獣鏡製作の工人群),《史林》(史林)第 72 卷第 5 号,京都:史学研究会,1989 年。

八木春生:《"胜"小考——以"胜"与神仙思想的关系为中心》(「勝」についての一考察—「勝」と神仙思想の関係を中心として—),《美学美术史论集》(美学美術史論集)第九辑,东京:成城大学大学院文学研究科,1992 年。

白石太一郎:《年代决定论(二)——弥生时代以降的年代决定》(年代决定論(二)—弥生時代以降の年代决定—),《岩波讲座　日本考古学 1　研究方法》(岩波講座　日本考古学 1　研究の方法),东京:岩波书店,1985 年。

坂靖:《带》(带),《古坟时代研究 8　古坟Ⅱ　随葬品》(古墳時代の研究 8　古墳Ⅱ　副葬品),东京:雄山阁,1991 年。

坂元义种:《古代东亚的日本与朝鲜》(古代東アジアの日本と朝鲜),东京:吉川弘文馆,1978 年。

坂元义种:《东亚的国际关系》(東アジアの国際関係),《岩波讲座　日本通史 2・古代 1》(岩波講座　日本通史 2　古代 1),东京:岩波书店,1993 年。

本村豪章:《古坟时代基础研究稿——资料篇(Ⅱ)》(古墳時代の基礎研究稿—資料篇(Ⅱ)—),《东京国立博物馆纪要》(東京国立博物館紀要)第 26 号,东京:东京国立博物馆,1990 年。

财团法人小仓收藏品保存会:《小仓收藏品图集》(小倉コレクション写真集),出版地点不明:小仓收藏品保存会,1981 年。

长广敏雄:《南阳的画像石》(南陽の画像石),东京:美术出版社,1969 年。

车崎正彦:《随葬品的组合——古坟出土铜镜的构成》(副葬品の組み合

わせ―古墳出土鏡の構成―），石野博信編《季刊考古学别册 8　前方后圆坟的出现》（季刊考古学别册 8　前方俊円墳の出現），东京：雄山阁，1999 年。

川本芳昭：《倭五王遣使刘宋的开始与终结——基于海上交通路线的考察》（倭の五王による劉宋遣使の開始とその終焉―海上交通ルートからみた一試見―），《东方学》（東方學）第 76 辑，东京：东方学会，1988 年。

川本芳昭：《四、五世纪的中国与朝鲜、日本》（四、五世紀の中国と朝鮮・日本），《新版　古代的日本 2　亚洲视角下的古代日本》（新版　古代の日本 2　アヅアかと見太古代日本），东京：角川书店，1992 年。

川本芳昭：《专栏 1　公元 413 年倭国向东晋遣使》（コラム1　倭国の四―三年東晋遣使），《新版　古代的日本 2　亚洲视角下的古代日本》（新版　古代の日本 2　アヅアかと見太古代日本），东京：角川书店，1992 年。

川本芳昭：《魏晋南北朝时代的民族问题》（魏晉南北朝時代の民族問題），东京：汲古书院，1998 年。

川本芳昭：《中国历史 05　中华的崩溃与扩大》（中国の歴史 05　中華の崩壊と拡大），东京：讲谈社，2005 年。

川合安：《南朝史所见隋唐帝国的形成》（南朝史からみた隋唐帝国の形成），《唐代史研究》（唐代史研究）第 15 号，东京：唐代时研究会，2012 年。

川胜义雄：《孙吴政权的崩溃到江南贵族制》（孫呉政権の崩壊から江南貴族制へ），《东方学报　京都》（東方学報　京都）第四十四册，京都：京都大学人文科学研究所，1973 年。

大阪市立美术馆：《六朝美术》（六朝の美術），东京：平凡社，1976 年。

大谷育惠：《三燕金属制饰品研究》（三燕金属製装身具の研究），《金泽大学考古学纪要》（金沢大学考古学紀要）VOL32，金泽：金泽大学人文学类考古学研究室，2011 年。

大庭脩：《邪马台国的外交——与魏、晋、吴及带方郡的交涉》，《讨论日本古代史（上）》（ゼシナール日本古代史上），东京：光文社，1979 年。

大庭脩：《三、四世纪东亚诸族的动向》（三・四世紀における東アジア諸民族の動向），井上光贞、西嶋定生、甘粕健、武田幸男编《东亚世界的日本古代史讲座 3　倭国的形成与古文献》（東アジア世界における日本古代史講座 3　倭国の形成と古文献），东京：学生社，1981 年。

东潮：《关于高句丽文物编年上的一个考察》（高句麗文物に関する編年学的一考察），《橿原考古学研究所论集》（橿原考古学研究所論集）10，东京：吉川弘文馆，1988 年。

东潮：《朝鲜传来的文物》（朝鮮渡来の文物），近藤义郎编：《吉备的考古学研究（下）》（吉備の考古学的研究下），冈山：山阳新闻社，1992 年。

东潮：《高句丽考古学研究》（高句麗考古学研究），东京：吉川弘文馆，1998 年。

东潮：《晋式金属带具与马韩、百济》（晋式带金具と馬韓・百済），《地域与古文化》（地域と古文化），橿原：《地域与古文化》刊行会，2004 年。

东京国立博物馆：《寄赠　小仓收藏品目录》（寄贈　小倉コレクション目録），东京：东京国立博物馆，1982 年。

渡边欣雄：《风水思想与东亚》（風水思想と東アジア），京都：人文书院，1990 年。

丰中市史编纂委员会：《荒神冢古坟（第二二号坟）》［荒神塚古墳（第二二号墳）］，《丰中市史　本编》（豊中市史　本編），丰中：丰中市政府，1961 年。

冈仓觉三：《中国南北之区别》（支那南北ノ区別），《国华》（國華）第 54 号，东京：国华社，1894 年。

冈崎文夫：《魏晋南北朝通史》（魏晋南北朝通史），京都：弘文堂书房，1932 年。

冈山县史编纂委员会：《冈山县史 18　考古资料编》（岡山県史 18　考古资料编），冈山：冈山县，1986 年。

高桥克寿：《5 世纪的日本与东亚》（5 世纪の日本と東アジア），京都大学综合博物馆《王者的武装——5 世纪的金工技术》（王者の武装——5 世纪の金工技術），京都：同朋舍，1997 年。

高桥健自：《上古遗物所见大陆文化的输入》（上代遗物より见たる大陆文化の輸入），《考古学杂志》（考古学雜誌）第 14 卷第 15 号，东京：日本考古学会，1924 年。

弓场纪知：《封面图版解说　镀金透雕金带具》（表紙図版解説　镀金透彫带先金具），《出光美术馆馆报》（出光美術館館報）32，东京：出光美术馆，1980 年。

鬼头清明：《东亚世界的变貌与大和王权》（東アジア世界の変貌とヤマト王権），平野邦雄编《古代的思考　邪马台国》（古代を考える　邪馬台国），东京：吉川弘文馆，1998 年。

和田晴吾：《关于古坟时代的分期》（古墳時代の時期区分をめぐって），《考古学研究》（考古学研究）第 34 卷第 2 号，冈山：考古学研究会，1987 年。

鹤间和幸：《天心的中国认识——围绕〈中国南北之区别〉》（天心の中国認識—「支那南北ノ区別」をめぐって—），《茨城大学五浦美术文化研究所

报》(茨城大学五浦美術文化研究所报)第 9 号,水户:茨城大学五浦美术文化研究所,1982 年。

户川芳郎:《貂蝉——蝉赋与侍臣》(貂蝉—蝉赋と侍臣—),《加贺博士退官纪念 中国文史哲学论集》(加賀博士退官紀念 中国文史哲学論集),东京:讲谈社,1979 年。

黄晓芬:《中国横穴式墓的出现》(中国における横穴室墓の成立),《考古学杂志》(考古学雜誌)第 83 卷第 4 号,东京:日本考古学会,1998 年。

吉井町教育委员会:《若宫古坟群Ⅲ—月冈古坟》(若宫古墳群Ⅲ—月岡古墳—),福冈县吉井町:吉井町教育委员会,2005 年。

吉田品:《倭王权的时代》(倭王権の時代),东京:新日本出版社,1998 年。

吉泽则男:《峰冢古坟出土遗物》(峯ケ塚古墳出土遺物について),载《渡来文化的接纳与发展——5 世纪的政治、社会面貌(2)》(渡来文化の受容と展開—5 世紀における政治的・社会的変化の具体像(2)—),出版地点不明:第 46 届埋葬文化财研究集会执行委员会,1999 年。

加古川市教育委员会:《行者冢古坟发掘调查概报》(行者塚古墳発掘調査概報),加古川:加古川市教育委员会,1997 年。

加藤修:《汉末魏晋时期多室墓的性质》(漢末——魏晋代の多室墓の性格),《考古学论考 小林行雄博士古稀纪念论文集》(考古学論考 小林行雄博士古稀紀念論文集),东京:平凡社,1982 年。

江介也:《江南地区六朝墓中随葬品的分布——埋葬空间的功能构成》(江南地域六朝墓における副葬品配置—埋葬空間の機能構成—),载《同志社大学考古学系列Ⅵ 考古学与信仰》(同志社大学考古学シリーズⅥ 考古学と信仰),京都:同志社大学考古学系列刊行会,1994 年。

堺市博物馆:《仁德陵古坟的建造——基于百舌鸟、古市古坟群的探讨》(仁德陵古墳の築造-百舌鳥・古市の古墳群からさぐる—),堺:堺市博物馆,2009 年。

近藤乔一:《西晋的铜镜》(西晋の鏡),《国立历史民俗博物馆研究报告》(国立歷史民俗博物館研究報告)55,佐仓:国立历史民俗博物馆,1993 年。

京都大学综合博物馆:《王者的武装——5 世纪的金工技术》(王者の武装—5 世紀の金工技術—),京都:京都大学综合博物馆,1997 年。

堀敏一:《中国与古代东亚世界 中华世界与各民族》(中国と古代東アジア世界 中華の世界と諸民族),东京:岩波书店,1993 年。

来村加多史、山本谦治:《环东海地区墓葬装饰的融合性》(環東海地域における墓葬装飾の融合性),日本中国考古学会编《中国考古学》(中国考古学）第六号,2006年。

林巳奈夫:《二三种汉镜的纹样（续）》（漢鏡の図柄に、三について
（續）),《东方学报　京都》（東方学報　京都)第五十册,京都:京都大学人文
科学研究所,1978年。

林巳奈夫:《汉代诸神》（漢代の神々),京都:临川书店,1989年。

林巳奈夫:《铭刻在石上的世界　画像石所见古代中国的生活与思想》
（石に刻まれた世界　画像石が語る古代中国の生活と思想),东京:东方书
店,1992年。

林巳奈夫:《龙的故事》（龍の話),东京:中央公论社,1993年。

林巳奈夫:《象征汉代永远的图样》（漢代の永遠を象徴する図柄),《史
林》（史林)第83卷第5号,京都:史学研究会,2000年。

铃木勉、松林正德:《誉田丸山古坟出土鞍金具与5世纪的金工技术》
（誉田丸山古墳出土鞍金具と5世紀の金工技術),《橿原考古学研究所纪要
　考古学论考》（橿原考古学研究所紀要　考古学論攷)20,橿原:奈良县立
橿原考古学研究所,1996年。

刘庆柱、李毓芳著,来村多加史译:《西汉帝陵研究》（前漢皇帝陵の研
究),东京:学生社,1991年。

梅原末治:《佐味田及新山古坟研究》（佐味田及新山古墳研究),东京:
岩波书店,1921年。

梅原末治:《关于金铜透雕龙纹金属带具》（金銅透彫竜紋帯具に就い
て),《考古学杂志》（考古学雑誌)第50卷第4号,1965年。

米泽嘉圃:《魏晋南北朝时期的尚方》（魏晋南北朝時代の尚方),《东方
学报(东京)》（東方学報〈東京〉)第十册之二,东京:东方文化学院,1939年。

名古屋市博物馆编:《中华人民共和国　南京博物院展》（中華人民共和
国　南京博物院展),名古屋:名古屋市博物馆,1981年。

奈良县教育委员会:《五条猫冢古坟》（五條猫塚古墳),奈良:奈良县教
育委员会,1962年。

奈良县立橿原考古学研究所附属博物馆:《跨越大海的远程交流——橿
原的古坟与渡来人》（海を越えたはるかな交流—橿原の古墳と渡来人—),
橿原:奈良县立橿原考古学研究所附属博物馆、橿原市教育委员会,
2006年。

奈良文化财研究所、辽宁省文物考古研究所:《东亚考古学论丛　日中
共同研究论文集》（東アジア考古学論叢　日中共同研究論文集),奈良:奈
良文化财研究所,2006年。

埼玉县教育委员会:《埼玉稻荷山古坟》（埼玉稻荷山古墳),浦和:埼玉

县教育委员会,1980 年。

　　埼玉县立博物馆编:《特展　古代东国的渡来文化》(特別展　古代東国の渡来文化),大宫:埼玉县立博物馆,1995 年。

　　千贺久:《古坟时代的早期马具》(古墳時代の初期馬装),《橿原考古学研究所论集》4,东京:吉川弘文馆,1979 年。

　　千贺久:《日本出土金属带具的系谱》(日本出土帯金具の系譜),《橿原考古学研究所论集》(橿原考古学研究所論集)6,东京:吉川弘文馆,1984 年。

　　千贺久:《中国辽宁地区的金带具与马具》(中国遼寧地域の帯金具と馬具),茂木雅博编《日中交流的考古学》(日中交流の考古学),东京:同成社,2007 年。

　　清喜裕二:《福井县西冢古坟出土文物调查报告》(福井県西塚古墳出土品調査報告),《书陵部纪要》(書陵部紀要)第 49 号,东京:宫内厅书陵部,1998 年。

　　全荣来:《百济的兴起与带方故地》(百済の興起と帯方故地),《古代文化》(古代文化)第 51 卷第 10 号,京都:古代学协会,1999 年。

　　儿玉真一:《筑后冢堂古坟与出土遗物介绍——对新发现随葬遗物的关注》(筑後塚堂古墳と出土遺物の紹介—新発見の副葬遺物に注目して—),《翔古论聚　久保哲三先生追悼论文集》(翔古論聚　久保哲三先生追悼論文集),保谷:久保哲三先生追悼论文集刊行会,1993 年。

　　三崎良章:《五胡十六国　中国历史上的民族大迁徙》(五胡十六国　中国史上の民族大移動),东京:东方书店,2002 年。

　　三崎良章:《五胡十六国的基础研究》(五胡十六国の基礎的研究),东京:汲古书院,2006 年。

　　桑原骘藏:《晋室的南渡与南方的开发》(晋室の南渡と南方の開発),《艺文》(藝文)第五年第十号,东京:鸡声堂书店,1914 年。

　　桑原骘藏:《历史上南中国的开发》(歴史上より観たる南支那の開発),《雄辩》(雄辯)第十卷第五号,东京:大日本雄辩会,1919 年。

　　桑原骘藏:《历史上的南北中国》(歴史上より観たる南北支那),《白鸟博士还历纪念东洋史论丛》(白鳥博士還暦記念東洋史論叢),东京:岩波书店,1925 年。

　　杉山晋作:《金铜产品的制作技术》(金銅製品の製作技術),《古坟时代研究》(古墳時代の研究)第 5 卷《生产与流通Ⅱ》(生産と流通Ⅱ),东京:雄山阁,1991 年。

　　上原和:《藤木古坟出土随葬品——从纹样意匠看与朝鲜三国的关系》

（藤ノ木古墳出土の副葬品について—文様意匠から見た朝鮮三国との関係—），《佛教艺术》（佛教藝術）184，东京：每日新闻社，1989 年。

胜部明生、铃木勉：《古代的技术　藤木古坟出土马具所见》（古代の技　藤ノ木古墳の馬具は語る），东京：吉川弘文馆，1998 年。

石川岳彦：《中国辽东半岛汉代墓制内部空间的利用所见地域性》（中国遼東半島漢代墓制の内部空間利用にみる地域性），《国立历史民俗博物馆研究报告》（国立歷史民俗博物館研究報告）第 133 集，佐仓：国立历史民俗博物馆，2006 年。

松崎つね子：《墓葬所见中国古代社会——新石器时代至西汉武帝时期》（墓葬より見た中国古代社会—新石器から前漢武帝まで—），《骏台史学》（駿台史学）第 93 号，东京：骏台史学会，1995 年。

桃崎祐辅：《日本列岛骑马文化的接纳与扩散——杀马仪式与早期马具的扩散所见慕容鲜卑、朝鲜三国及加耶的影响》（日本列島における騎馬文化の受容と拡散—殺馬儀礼と初期馬具の拡散にみる慕容鮮卑・朝鮮三国伽耶の影響—），《渡来文化的接纳与发展——5 世纪的政治、社会面貌（2）》（渡来文化の受容と展開—5 世紀における政治的・社会的変化の具体相（2）—），出版地点不明，1990 年。

藤井康隆：《古坟时代中期至后期金工制品的发展——金工生产研究的展望》（古墳時代中期から後期における金工製品の展開—金工生産研究の展望—），第 8 届东海考古学论坛三河大会执行委员会编《东海后期古坟的思考》（東海の後期古墳を考える），2001 年。

藤井康隆：《晋式金属带具的发展过程》（晋式帯金具の製作動向について），《古代》（古代）第 111 号，东京：早稻田大学考古学会，2002 年。

藤井康隆：《新出三燕金属带具的解读》（三燕における帯金具の新例をめぐって），《立命馆大学考古学论集》（立命館大学考古学論集）Ⅲ，京都：立命馆大学考古学论集刊行会，2003 年。

藤井康隆：《晋式金属带具补考》（晋式帯金具補考），《古代》（古代）第 119 号，东京：早稻田大学考古学会，2006 年。

田村晃一：《手工业产品的对外交流》（手工業製品の対外交流），《岩波讲座　日本考古学 3・生产与流通》（岩波講座　日本考古学 3　生産と流通），东京：岩波书店，1986 年。

田村晃一、藤井和夫：《憧憬异文明》（異文明への憧れ），《新版古代的日本 2　亚洲视野下的古代日本》（新版古代の日本 2　アジアからみた古代日本），东京：角川书店，1992 年。

田中史子：《古坟出土的金属带具》（古墳出土の帯金具），《考古学研究》

（考古学研究）第 45 卷第 2 号,冈山:考古学研究会,1998 年。

町田章:《古代金属带具考》(古代带金具考),《考古学杂志》(考古学雑誌)第 56 卷第 1 号,东京:日本考古学会,1970 年。

町田章:《日本的原始美术 9　装身具》(日本の原始美術 9　装身具),东京:讲谈社,1979 年。

町田章:《魏晋南北朝墓葬图集·南京部分稿本》(魏晋南北朝墳墓図集·南京之部稿本),私家版,1980 年。

町田章:《金属带具》(带金具),《埼玉稻荷山古坟》(埼玉稲荷山古墳),浦和:埼玉县教育委员会,1980 年。

町田章:《南齐帝陵考》(南斉帝陵考),奈良国立文化财研究所《文化财论丛》(文化財論叢),京都:同朋舍出版,1983 年。

町田章:《匈奴式金属带具的变迁》(匈奴式带金具の変転),《末永先生米寿纪念献呈论文集》(末永先生米寿記念献呈論文集),奈良:奈良明新社,1985 年。

町田章:《古代东亚的装饰墓》(古代東アジアの装飾墓),京都:同朋舍出版,1987 年。

町田章:《胡服东渐》(胡服東漸),奈良国立文化财研究所编《文化财论丛》(文化財論叢)Ⅱ,京都:同朋舍出版,1995 年。

町田章:《日本的美术 371　古坟时代的装饰》(日本の美術 371　古墳時代の装身具),东京:至文堂,1997 年。

町田章:《鲜卑的金属带具》(鮮卑の带金具),《东亚考古学论丛　日中共同研究论文集》(東アヅア考古学論叢　日中共同研究論文集),奈良:奈良文化财研究所,2006 年。

童恩正著,森本和男译:《中国北方与南方古代文明发展轨迹之异同》(中国北方と南方における古代文明発展の相違),《古文化谈丛》(古文化談叢)第 33 集,北九州:九州古文化研究会,1994 年。

樋口隆康:《东亚鋶金属带具及其文化意义》(東亜に於ける鋳带金具とその文化的意義),《史林》(史林)第 33 卷第 3 号,京都:史学研究会,1950 年。

樋口隆康、冈崎敬、宫川涉:《和泉国七观古坟调查报告》(和泉国七観古墳調査報告),《古代学研究》(古代学研究)27,堺:古代学研究会,1961 年。

樋口隆康、西谷真治、小野山节:《增补　大谷古坟》(増補　大谷古墳),京都:同朋舍出版,1985 年。

外山洁:《五胡十六国时期的金冠饰——以辽宁省出土遗物为中心》(五胡十六国期の金製冠飾について—遼寧省出土品を中心にして—),《上原

和博士古稀纪念美术史论集》(上原和博士古稀記念美術史論集),东京:上原和博士古稀纪念美术史论集刊行会,1995 年。

西嶋定生:《中国古代国家与东亚世界》(中国古代国家と東アジア世界),东京:东京大学出版会,1983 年。

西嶋定生:《邪马台国与倭国　古代日本与东亚》(邪馬台国と倭国　古代日本と東アジア),东京:吉川弘文馆,1993 年。

西嶋定生:《学习中国史　我与古代史》(中国史を学ぶということ　わたくしと古代史),东京:吉川弘文馆,1995 年。

西田守夫:《汉式铜镜的芝草纹》(漢式鏡の芝草文),《三上次男博士喜寿纪年论文集　考古篇》(三上次男博士喜寿記年論文集　考古篇),东京:平凡社,1985 年。

小浜成:《日本出土金属带具的变迁与制作——关于龙纹金带具的国内制作》(日本出土帯金具の変遷と製作—龍文系帯金具の国内製作について—),《古坟时代朝鲜系文物的传播》(古墳時代における朝鮮系文物の伝播),出版地点不明:埋葬文化财研究会关西理事会,1993 年。

小浜成:《金、银、鎏金产品生产的发展——金带具所见 5 世纪的技术革命》(金・銀・金銅製品生産の展開—帯金具に見る 5 世紀の技術革新の実態—),《中期古坟的发展与演变——5 世纪的政治与社会面貌(1)》(中期古墳の展開と変革—5 世紀における政治的・社会的変化の具体相(1)—),出版地点不明:第 44 届埋葬文化财研究集会执行委员会,1998 年。

小林聪:《与六朝时期印绶冠服规定相关的基础考察——以〈宋书・礼志〉所见规定为中心》(六朝時代の印綬冠服規定に関する基礎的考察—『宋書』礼志にみえる規定を中心にして—),《史渊》(史淵)130,福冈:九州大学文学部,1993 年。

小林聪:《晋南朝冠服制度的变迁与官爵体系——以〈隋书・礼仪志〉的规定为素材》(晋南朝における冠服制度と官爵体系—『隋書』礼儀志の規定を素材として—),《东洋文库和文纪要　东洋学报》(東洋文庫和文紀要　東洋学報)第 77 卷第 3、4 号,东京:财团法人东洋文库,1996 年。

小林谦一:《关于金铜技术——制作工程与技术谱系》(金銅技術について—製作工程と技術の系譜—),《考古学论考　小林行雄博士古稀纪念论文集》(考古学論考　小林行雄博士古稀記念論文集),东京:平凡社,1982 年。

小南一郎:《中国的神话与故事》(中国の神話と物語り),东京:岩波书店,1984 年。

小南一郎:《神亭壶与东吴文化》(神亭壺と東呉の文化),《东方学报京都》(東方学報 京都)第 65 册,京都:京都大学人文科学研究所,1993 年。

须坂市教育委员会:《八丁铠冢古坟》(八丁鎧塚古墳),须坂:须坂市教育委员会,1997 年。

须坂市八丁铠冢古坟群范围确认调查团:《长野县史迹"八丁铠冢"》(長野県史跡「八丁鎧塚」),须坂:须坂市教育委员会,2000 年。

岩濑透:《金铜制金属带具——从清野谦次收藏说起》(金銅製帯金具—清野謙次コレクションから—),《大阪府立近飞鸟博物馆馆报》(大阪府立近つ飛鳥博物館館報)4,大阪府河南町:大阪府立近飞鸟博物馆,1999 年。

杨宽著,西嶋定生简易,尾形勇、太田侑子译:《中国帝陵的起源与变迁》(中国皇帝陵の起源と変遷),东京:学生社,1981 年。

宇都宫清吉译:《颜氏家训》,"中国古典文学大系 9 世说新语 颜氏家训",东京:平凡社,1969 年。

宇野慎敏:《龙纹锋金属带具及其意义》(龍文鋒帯金具とその意義),《纪伊考古学研究》(紀伊考古学研究)第 3 号,和歌山:纪伊考古学研究会,2000 年。

元兴寺文化财研究所:《秋季特展 古代的金工——古代金工技术的复原》(秋季特別展 いにしえの金工たち—古代金工技術の復元—),1998 年。

曾布川宽、冈田健编:《世界美术大全集·东洋篇》第 3 卷《三国·南北朝》(世界美術大全集·東洋篇 第 3 巻 三国·南北朝),东京:小学馆,2000 年。

曾布川宽:《中国美术的图像与样式》(中国美術の図像と様式),东京:中央公论美术出版,2006 年。

斋藤忠:《上古金属带具考——特别是与朝鲜南部古坟出土物的比较》(上代带金具考—特に南鮮古墳出土例の比較に就いて—),《考古学杂志》(考古学雜誌)第 31 卷第 6 号,东京:日本考古学会,1941 年。

志贺和子:《汉代"北方系"金属带具考(上)——关于金银质地的锤揲铰具》(漢代『北方系』帯金具考(上)—金銀製打出し鉸具について—),《古代文化》(古代文化)第 46 卷第 7 号,京都:古代学协会,1994 年。

志贺和子:《汉代"北方系"金属带具考(下)——关于金银质地的锤揲铰具》(漢代『北方系』帯金具考(下)—金銀製打出し鉸具について—),《古代文化》(古代文化)第 46 卷第 8 号,京都:古代学协会,1994 年。

中村圭尔:《六朝江南地域史研究》(六朝江南地域史研究),东京:汲古书院,2006 年。

中村润子:《古坟时代的龙纹透雕金工细工品》(古墳時代の竜文透彫金

工細工品),《同志社大学考古学系列 1　考古学与古代史》(同志社大学考古学シリズ｜考古学と古代史),京都:同志社大学考古学系列刊行会,1982 年。

中野彻:《玉器与金铜佛——研磨与铸造》(玉器と金銅仏—その研磨と鋳造—),上海博物馆编《中国·美之至宝 5　文人的桃花源——玉器　金铜佛　艺术品》(中国·美の名宝 5　文人たちの桃源郷—玉器·金銅仏·芸術品—),东京:日本放送出版协会,上海:上海人民美术出版社,1992 年。

中野政树:《日本的鱼子纹——接受与发展》(日本の魚々子—受容と展開—),《MUSEUM》393,东京:东京国立博物馆,1983 年。

佐伯有清:《古代东亚与日本》(古代の東アジアと日本),东村山:教育社,1977 年。

中文文献(按作者姓名音序排序)

安徽省文物考古研究所、马鞍山市文物管理所:《安徽马鞍山东吴朱然墓发掘简报》,《文物》1986 年第 3 期。

安徽省文物考古研究所:《安徽当涂青山六朝墓发掘简报》,《文物》2011 年第 4 期。

安徽省考古研究所、马鞍山市文物管理所:《安徽马鞍山宋山东吴墓发掘简报》,《江汉考古》2007 年第 4 期。

安吉县博物馆、程亦胜:《浙江安吉天子冈汉晋墓》,《文物》1995 年第 6 期。

安然:《东晋时期北方移民对南方墓葬影响的重新评估》,载《汉唐之间文化艺术的互动与交融》,北京:文物出版社,2001 年。原题:Annette Kieser. *Northern Influence in Tombs in Southern China after 317CE? A Reevaluation*。

陈江风:《汉画像反映墓主生前生活说辨析》,《南都学坛(人文社会科学学刊)》第 22 卷第 2 期,2002 年。

陈序经:《南北文化的真谛》,载其《中国文化的出路》,长沙:岳麓书社,2010 年。该书初版于 1934 年,上海:商务印书馆。

陈增弼:《汉魏晋独坐式小榻初探》,《文物》1979 年第 9 期。

磁县文化馆:《河北磁县东陈村东魏墓》,《考古》1977 年第 6 期。

大同市博物馆、山西省文物工作委员会:《大同方山北魏永固陵》,《文物》1978 年第 7 期。

大同市博物馆:《大同东郊北魏元淑墓》,《文物》1989 年第 8 期。

大同市考古研究所:《山西大同沙岭北魏壁画墓发掘简报》,《文物》2006

年第 10 期。

大同市考古研究所:《大同雁北师院北魏墓群》,北京:文物出版社,2008 年。

大同市考古研究所:《山西大同云波里路北魏壁画墓发掘简报》,《文物》2011 年第 12 期。

定县博物馆:《河北定县 43 号汉墓发掘简报》,《文物》1973 年第 11 期。

董高:《公元 3 至 6 世纪慕容鲜卑、高句丽、朝鲜、日本马具之比较研究》,《文物》1995 年第 10 期。

段鹏琦、杨泓:《新中国的考古发现与研究 魏晋南北朝时代》,北京:文物出版社,1984 年。

敦煌文物研究所:《敦煌晋墓》,《考古》1974 年第 3 期。

鄂城县博物馆:《鄂城东吴孙将军墓》,《考古》1978 年第 3 期。

鄂州博物馆、湖北省文化考古研究所:《湖北鄂州鄂钢饮料厂一号墓发掘报告》,《考古学报》1998 年第 1 期。

方成军:《安徽两晋墓葬的类型与分期》,《安徽大学学报(哲学社会科学版)》1997 年第 2 期。

方成军:《安徽东吴时期墓葬初探》,《安徽史学》1999 年第 3 期。

方亚光:《论东晋初年的"招魂葬"俗》,《学海》1992 年第 2 期。

冯普仁:《南朝墓葬的类型与分期》,《考古》1985 年第 3 期。

福建省泉州市文管办、福建省晋江市博物馆:《福建省晋江霞福南朝纪年墓》,《南方文物》2000 年第 2 期。

甘肃省文物考古研究所:《敦煌佛爷庙湾 西晋画像砖墓》,北京:文物出版社,1998 年。

甘肃省文物考古研究所、高台县博物馆:《甘肃高台地埂坡晋墓发掘简报》,《文物》2008 年第 9 期。

耿朔:《最后归宿还是暂时居所? ——南京地区东晋中期墓葬观察》,《南方文物》2010 年第 4 期。

古鸿飞:《北魏金陵初探》,《山西大同大学学报(社会科学版)》第 22 卷第 5 期,2008 年。

古运泉:《广东新兴县南朝墓》,《文物》1990 年第 8 期。

固原县文物工作站:《宁夏固原北魏墓清理简报》,《文物》1984 年第 6 期。

郭黎安:《六朝建康墓葬的地域分布述论》,《学海》1997 年第 2 期。

韩国河:《试论汉晋时期合葬礼俗渊源及发展》,《考古》1999 年第 10 期。

韩国河、朱津：《三国时期墓葬特征述论》，《中原文物》2010年第6期。

河北省文化局文物工作队：《河北定县出土北魏石函》，《考古》1966年第5期。

河北省文管处：《河北景县北魏高氏墓发掘简报》，《文物》1979年第3期。

河南省文化局文物工作队：《邓县彩色画像砖墓》，北京：文物出版社，1959年。

河南省文化局文物工作队：《洛阳北魏长陵遗址调查》，《考古》1966年第3期。

河南省文化局文物工作队第二队：《洛阳晋墓的发掘》，《考古学报》1957年第1期。

河南省文物考古研究所：《曹操墓真相》，北京：科学出版社，2010年。

河南省文物考古研究所、安阳县文化局：《河南安阳市西高穴曹操高陵》，《考古》2010年第8期。

洪晴玉：《关于冬寿墓的发掘和研究》，《考古》1959年第1期。

贺云翱：《六朝瓦当与六朝都城》，北京：文物出版社，2005年。

贺云翱、郭怡：《古代陵寝》，北京：文物出版社，2008年。

胡阿祥：《孙吴"限江自保"述论》，《金陵职业大学学报》2003年第4期。

胡肇椿：《广州西郊大刀山晋冢发掘报告》，《考古学杂志》创刊号，广州：黄花考古学院，1932年。

华东文物工作队：《南京幕府山六朝墓葬清理简报》，《文物参考资料》1956年第6期。

黄义军、徐劲松、何建萍：《湖北鄂州郭家细湾六朝墓》，《文物》2005年第10期。

集安县文物保管所：《集安县两座高句丽积石墓的清理》，《考古》1979年第1期。

集安县文物保管所：《集体、安高句丽墓葬发掘简报》，《考古》1983年第4期。

吉林省博物馆文物工作队：《吉林集安的两座高句丽墓》，《考古》1977年第2期。

吉林省文物工作队、集安文管所：《1976年集安洞沟高句丽墓清理》，《考古》1984年第1期。

吉林省文物考古研究所、集安市文物保管所：《集安洞沟古墓群禹山墓区集锡公路墓葬发掘》，《高句丽研究文集》，延吉：延边大学出版社，1993年。

吉林省文物考古研究所、集安市博物馆:《集安高句丽王陵——1990～2003年集安高句丽王陵调查报告》,北京:文物出版社,2004年。

济南市博物馆:《济南市马家庄北齐墓》,《文物》1985年第10期。

蒋英炬、杨爱国:《汉代画像石与画像砖》,北京:文物出版社,2001年。

蒋赞初:《关于长江下游六朝墓葬的分期和断代问题》,《中国考古学会第二次年会论文集》,北京:文物出版社,1982年。

蒋赞初:《长江中游六朝墓的分期和断代——附论出土的青瓷器》,载其著《长江中下游历史考古论文集》,北京:科学出版社,2001年。

蒋赞初:《长江中下游孙吴墓葬的比较研究》,载其著《长江中下游历史考古论文集》,北京:科学出版社,2001年。

金琦:《南京甘家巷与童家山六朝墓》,《考古》1963年第6期。

郎俊、吴志兴:《二陵只在江云外——安徽马鞍山独家墩汉末墓与宋山东吴墓墓主考》,《华夏星火》2003年第7期。

黎瑶渤:《辽宁北票西官营子北燕冯素弗墓》,《文物》1973年第3期。

李殿福:《集安洞沟三座壁画墓》,《考古》1983年第4期。

李建:《楚文化对南阳汉代画像石艺术发展的影响》,《中原文物》1995年第3期。

李若晴:《是否为南朝葬制及其起止年代——关于"竹林七贤与荣启期"画像砖的两个问题》,《浙江艺术职业学院学报》2005年第4期。

李蔚然:《南京富贵山发现晋恭帝玄宫石碣》,《考古》1961年第5期。

李蔚然:《论南京地区六朝墓的葬地选择和排葬方式》,《考古》1983年第4期。

栗中斌:《马鞍山市宋山墓的年代和墓主身份考》,《东南文化》2007年第4期。

梁启超:《中国地理大势论》,《饮冰室文集类编》编下,东京:下河边半五郎。

辽宁省博物馆文物队、朝阳地区博物馆文物队、朝阳县文化馆:《朝阳袁台子东晋壁画墓》,《文物》1984年第6期。

辽宁省文物考古研究所、朝阳市博物馆:《朝阳王子坟山墓群1987、1990年度考古发掘的主要收获》,《文物》1997年第11期。

辽宁省文物考古研究所、朝阳市博物馆:《朝阳十二台乡砖厂88M1发掘简报》,《文物》1997年第11期。

辽宁省文物考古研究所、朝阳市博物馆、北票市文物管理所:《辽宁北票喇嘛洞墓地1998年发掘报告》,《考古学报》2004年第2期。

辽宁省文物考古研究所:《三燕文物精粹》,沈阳:辽宁人民出版社,

2002年。

辽宁省文物考古研究所:《辽宁辽阳南郊街东汉壁画墓》,《文物》2008年第10期。

林留根:《江苏镇江东晋纪年墓清理简报》,《东南文化》1989年第2期。

林树中:《六朝艺术》,南京:南京出版社,2004年。

临沂市博物馆:《山东临沂金雀山画像砖墓》,《文物》1995年第6期。

临朐县博物馆:《北齐崔芬壁画墓》,北京:文物出版社,2002年。

刘森淼:《湖北汉阳出土的晋代鎏金铜带具》,《考古》1994年第10期。

岭蕊:《试论东汉魏晋墓葬中的多面金珠用途及其源流》,《考古与文物》1990年第3期。

刘溢海:《北魏金陵研究》,《北朝研究》第六辑,北京:科学出版社,2008年。

柳涵:《邓县画像砖墓的时代和研究》,《考古》1959年第5期。

卢海鸣:《六朝都城》,南京:南京出版社,2002年。

卢兆荫:《略论两汉魏晋的帷帐》,《考古》1984年第5期。

鲁仲文编:《中华文明史》第四卷《魏晋南北朝》,石家庄:河北教育出版社,1992年。

栾廷石(鲁迅):《北人与南人》,《申报·自由谈》1934年2月4日,上海:申江新报。

罗宗真:《江苏宜兴晋墓发掘报告——兼论出土的青瓷器》,《考古学报》1957年第4期。

罗宗真:《我对西晋铝带饰问题的看法》,《考古》1963年第3期。

罗宗真:《南京西善桥油坊村南朝大墓的发掘》,《考古》1963年第6期。

罗宗真:《六朝陵墓埋葬制度综述》,《中国考古学会第一次年会论文集》,北京:文物出版社,1979年。

罗宗真:《六朝考古》,南京:南京大学出版社,1996年。

罗宗真主编:《魏晋南北朝文化》,上海:学林出版社、上海科技教育出版社,2000年。

罗宗真:《魏晋南北朝考古》,北京:文物出版社,2001年。

罗宗真:《探索历史的真相——江苏地区考古、历史研究文集》,南京:江苏古籍出版社,2002年。

罗宗真、王志高:《六朝文物》,南京:南京出版社,2004年。

洛阳博物馆:《洛阳北魏元邵墓》,《文物》1973年第4期。

洛阳博物馆:《河南洛阳北魏元乂墓调查》,《文物》1974年第12期。

洛阳博物馆、黄明兰:《洛阳北魏景陵位置的确定和景陵位置的推测》,《文物》1978 年第 7 期。

洛阳第二文物工作队:《洛阳市朱村东汉壁画墓发掘简报》,《文物》1992
年第 12 期。

洛阳市第二文物工作队:《北魏孝文帝长陵的调查和钻探——"洛阳邙
山陵墓群考古调查与勘测"项目工作报告》,《文物》2005 年第 7 期。

洛阳市第二文物工作队:《洛阳邙山陵墓群的文物普查》,《文物》2007
年第 10 期。

洛阳市第二文物工作队:《洛阳孟津大汉冢曹魏贵族墓》,《文物》2011
年第 9 期。

洛阳市第二文物工作队:《洛阳孟津大汉冢西晋围沟墓发掘简报》,《文
物》2011 年第 9 期。

洛阳市第二文物工作队、偃师市文物管理委员会:《偃师百草坡东汉帝
陵陵园遗址》,《文物》2007 年第 10 期。

洛阳市第二文物工作队、偃师市文物局:《河南偃师市首阳山西晋帝陵
陪葬墓》,《考古》2010 年第 2 期。

洛阳市文物工作队:《洛阳西工东汉壁画墓》,《中原文物》1982 年第
3 期。

洛阳市文物工作队:《洛阳曹魏正始八年墓发掘报告》,《考古》1989 年
第 4 期。

洛阳市文物工作队:《洛阳孟津北陈村北魏壁画墓》,《文物》1995 年第
8 期。

洛阳市文物工作队:《洛阳新安县铁塔山汉墓发掘报告》,《文物》2002
年第 5 期。

洛阳市文物工作队:《河南新安西晋墓(C12M262)发掘简报》,《文物》
2004 年第 12 期。

吕大临:《考古图》,《景印文渊阁四库全书》第八四〇册,台北:台湾"商
务印书馆",1983 年。

马鞍山市文物管理所、安徽省考古研究所:《马鞍山宋山东吴墓发掘简
报》,《江汉考古》2007 年第 4 期。

牟发松:《汉唐历史变迁中的南方与北方》,《学习与探索》2008 年第
1 期。

南京博物院、南京市文物保管委员会:《南京西善桥南朝墓及其砖刻壁
画》,《文物》1960 年第 8、9 期。

南京博物院:《南京富贵山晋墓发掘报告》,《考古》1966 年第 4 期。

南京博物院:《江苏丹阳胡桥南朝大墓及砖刻壁画》,《文物》1974 年第

2 期。

南京博物院:《江苏宜兴晋墓的第二次发掘》,《考古》1977 年第 2 期。

南京博物院:《江苏丹阳县胡桥、建山两座南朝墓葬》,《文物》1980 年第 2 期。

南京博物院:《南京尧化门南朝梁墓发掘简报》,《文物》1981 年第 12 期。

南京博物院:《南京童家山南朝墓清理简报》,《考古》1985 年第 1 期。

南京博物院:《江苏江宁县张家山西晋墓》,《考古》1985 年第 10 期。

南京博物院:《梁朝桂阳王萧象墓》,《文物》1990 年第 8 期。

南京博物院、南京市文物保管委员会:《南京栖霞山甘家巷六朝墓群》,《考古》1976 年第 5 期。

南京大学历史系考古组:《南京大学北园东晋墓》,《文物》1973 年第 4 期。

南京大学历史系考古专业、湖北省文物考古研究所、鄂州市博物馆:《鄂城六朝墓》,北京:科学出版社,2007 年。

南京市博物馆:《南京象山 5 号、6 号、7 号墓清理简报》,《文物》1972 年第 11 期。

南京市博物馆:《南京北郊东晋墓发掘简报》,《考古》1983 年第 4 期。

南京市博物馆:《南京前新塘南朝墓葬发掘简报》,《文物》1989 年第 4 期。

南京市博物馆:《江苏高淳固城东汉画像砖墓》,《考古》1989 年第 5 期。

南京市博物馆:《南京西善桥南朝墓》,《文物》1993 年第 11 期。

南京市博物馆:《江苏南京仙鹤观东晋墓》,《文物》2001 年第 3 期。

南京市博物馆:《南京北郊东晋温峤墓》,《文物》2002 年第 7 期。

南京市博物馆:《南京大光路孙吴薛秋墓发掘简报》,《文物》2008 年第 3 期。

南京市博物馆:《南京市郭家山东晋温氏家族墓》,《考古》2008 年第 6 期。

南京市博物馆、江宁县博物馆:《南京市东善桥"凤凰三年"东吴墓》,《文物》1999 年第 4 期。

南京市博物馆、南京师范大学文物与博物馆学系:《南京仙鹤山孙吴、西晋墓》,《文物》2007 年第 1 期。

南京市博物馆、南京市江宁区博物馆:《南京江宁上坊孙吴墓葬发掘简报》,《文物》2008 年第 12 期。

南京市博物馆、栖霞区文管会:《江苏南京市白龙山南朝墓》,《考古》

1998 年第 8 期。

南京市博物馆、阮国林：《南京梁桂阳王萧融夫妇合葬墓》，《文物》1981 年第 12 期。

南京市博物馆、雨花台区文化广播电视局：《南京市雨花台区警犬研究所六朝墓发掘简报》，《东南文化》2011 年第 2 期。

南京市文物保管委员会：《南京六朝墓葬清理简报》，《考古》1959 年第 5 期。

南京市文物研究所、南京市栖霞区文化局：《南京梁南平王萧伟墓阙发掘简报》，《文物》2002 年第 7 期。

倪润安：《天地交通观念与西汉墓葬建构》，《四川文物》2007 年第 6 期。

宁夏回族自治区博物馆、宁夏固原博物馆：《宁夏固原北周李贤夫妇墓发掘简报》，《文物》1985 年第 11 期。

宁夏文物考古研究所固原工作站：《固原北周宇文猛墓发掘简报》，《宁夏考古文集》，银川：宁夏人民出版社，1996 年。

潘伟斌：《历代帝后陵寝研究书系 魏晋南北朝隋陵》，北京：中国青年出版社，2004 年。

朴淳发：《汉城时期（早期）百济与中国交往之一例——对梦村土城出土金属带饰的考察》，南京师范大学文博系编《东亚古物［B 卷］》，北京：文物出版社，2007 年。

蒲慕州：《墓葬与生死——中国古代宗教之省思》，台北：联经出版事业公司，1993 年。

齐东方：《三国两晋南北朝时期的墓葬》，《考古》1991 年第 10 期。

齐东方：《唐代金银器研究》，北京：中国社会科学出版社，1999 年。

齐东方：《三国两晋南北朝时期的金银器》，《北方文物》2000 年第 6 期。

秦烈新：《前凉金错泥筩》，《文物》1972 年第 6 期。

阮国林：《谈南京六朝墓葬中的帷帐座》，《文物》1991 年第 2 期。

山东省文物考古研究所：《临淄北朝崔氏墓》，《考古学报》1984 年第 2 期。

山东省文物考古研究所：《济南市东八里洼北朝壁画墓》，《文物》1989 年第 4 期。

山东省文物考古研究所、临朐县博物馆：《山东临朐北齐崔芬壁画墓》，《文物》2002 年第 4 期。

山西省大同市博物馆、山西省文物工作委员会：《山西大同石家寨北魏司马金龙墓》，《文物》1972 年第 3 期。

山西省考古研究所、大同市考古研究所：《大同市北魏宋绍祖墓发掘简报》,《文物》2001 年第 7 期。

山西省考古研究所、太原市文物考古研究所:《北齐东安王娄睿墓》,北京:文物出版社,2006 年。

陕西省考古研究所:《北周宇文俭墓清理发掘简报》,《考古与文物》2001年第 3 期。

陕西省考古研究所、西安交通大学:《西安交通大学西汉壁画墓》,西安:西安交通大学出版社,1991 年。

陕西省考古研究所、咸阳市考古研究所:《北周武帝孝陵发掘简报》,《考古与文物》1997 年第 2 期。

陕西省文博考古专业干部业务技术职称评定委员会办公室:《三国——宋元考古(上)(中国考古学之五)》,出版地点不明,1982 年。

沈时英:《关于江苏宜兴西晋周处墓出土带饰成分问题》,《考古》1962年第 9 期。

沈时英:《再谈"晋墓带饰"问题》,《考古》1963 年第 12 期。

石家庄地区革委会文化局文物发掘组:《河北赞皇东魏李希宗墓》,《考古》1977 年第 6 期。

石景山区文物管理所:《北京市石景山区八角村魏晋墓》,《文物》2001年第 4 期。

史树青主编:《中国文物精华大全 金银玉石卷》,台北:"商务印书馆",上海:上海辞书出版社,1994 年。

宿白:《北魏洛阳城和北邙陵墓——鲜卑遗迹辑录之三》,《文物》1978年第 7 期。

遂溪县博物馆:《广东遂溪县发现南朝窖藏金银器》,《考古》1986 年第3 期。

孙国平、李智:《辽宁北票仓粮窖鲜卑墓》,《文物》1994 年第 11 期。

孙机:《东周、汉、晋腰带用金银带扣》,《文物》1994 年第 1 期。

孙机:《中国古代的带具》,载其《中国古舆服论丛(增订本)》,北京:文物出版社,2001 年。

孙机:《进贤冠与武弁冠》,载其《中国古舆服论丛(增订本)》,北京:文物出版社,2001 年。

孙彦:《汉魏南北朝羽人图像考》,《南方文物》2006 年第 2 期。

孙仲汇、李智:《辽宁北票仓粮窖鲜卑墓》,《文物》1994 年第 11 期。

田立坤:《朝阳前燕奉车都尉墓》,《文物》1994 年第 11 期。

田立坤:《论带扣的型式及演变》,《辽海文物学刊》1996 年第 1 期。

田立坤:《三燕文化与高句丽考古遗存之比较》,载《青果集 吉林大学考古系建系十周年纪念文集》，北京：知识出版社，1998年。

田立坤：《三燕文化墓葬的类型与分期》，载《汉唐之间文化艺术的互动与交融》，北京：文物出版社，2001年。

田立坤、李智：《朝阳发现的三燕文化遗物及相关问题》，《文物》1994年第11期。

童恩正：《中国北方与南方古代文明发展轨迹之异同》，《中国社会科学》1994年第5期。

王国维：《胡服考》，《观堂集林》卷第二十二，北京：中华书局，1959年。

王结华：《宁波地区两晋墓葬发掘与研究》，《东南文化》2006年第4期。

王仁湘：《带扣略论》，《考古》1986年第1期。

王巍：《从烤糊发现看四世纪的东亚》，《考古学报》1996年第3期。

王巍：《从出土马具看三至六世纪东亚诸国的交流》，《考古》1997年第12期。

王雁卿：《北魏永固陵陵寝制度的几点认识》，《山西大同大学学报（社会科学版）》，第22卷第4期，2008年。

王雁卿：《北魏墓葬结构的区域特征》，《北朝研究》第六辑，北京：科学出版社，2008年。

王银田、刘俊喜：《大同智家堡北魏墓石椁壁画》，《文物》2001年第7期。

王宇：《辽西地区慕容鲜卑及三燕时期墓葬研究》，吉林大学硕士学位论文，2008年。

王正书：《上博玉雕制品鲜卑头铭文补释》，《文物》1999年第4期。

王志高：《南朝帝王陵寝初探》，《南方文物》1999年第4期。

王志高：《六朝帝王陵寝述论》，《南京晓庄学院学报》2004年第3期。

王志高、贾维勇：《江苏南京白龙山南朝墓》，《考古》1998年第12期。

王志高、周维林：《关于东晋帝陵的两个问题》，《东南文化》2001年第1期。

王志高、马涛、龚巨平：《南京上坊孙吴大墓墓主身份的蠡测——兼论孙吴时期的宗室墓》，《东南文化》2009年第3期。

王治淮：《北魏陵寝制度蠡测》，洛阳市文物局编《耕耘论丛（二）》，北京：科学出版社，2003年。

王仲殊：《论日本出土的吴镜》，《考古》1989年第2期。

韦正：《兼论西晋时期的南北士族墓葬》，《东南文化》1994年第4期。

韦正：《南京西善桥宫山"竹林七贤"壁画墓的时代》，《文物》2005年第4期。

韦正：《东晋墓葬制度的考古学分析》，《华夏考古》2006年第1期。

韦正：《六朝墓葬的考古学研究》，北京：北京大学出版社，2011年。

魏正谨、易家胜：《南京出土六朝青瓷分期探讨》，《考古》1983年第4期。

吴桂兵：《晋代墓葬制度与两晋变迁》，《东南文化》2009年第3期。

吴荭：《甘肃高台地埂坡魏晋墓》，国家文物局编《2007中国重要考古发现》，北京：文物出版社，2008年。

吴荭、王策、毛瑞林：《河西墓葬中的鲜卑因素》，《考古与文物》2012年第4期。

巫鸿著，李清泉译：《无形之神 中国古代视觉文化中的"位"与对老子的非偶像表现》，载《礼仪中的美术——巫鸿中国古代美术史文编》，北京：生活·读书·新知三联书店，2005年。

巫鸿著，李清泉译：《说"俑" 一种视觉文化传统的开端》，载《礼仪中的美术——巫鸿中国古代美术史文编》，北京：生活·读书·新知三联书店，2005年。

西安市文物保护考古所：《西安理工大学西汉壁画墓发掘简报》，《文物》2006年第5期。

夏鼐：《晋周处墓出土的金属带饰的重新鉴定》，《考古》1972年第4期。

夏鼐：《考古学和科技史——最近我国有关科技史的考古新发现》，《考古》1977年第2期。

夏鼐：《考古学和科技史》，北京：科学出版社，1979年。

咸阳市文管会、咸阳博物馆：《咸阳市胡家沟西魏侯义墓清理简报》，《文物》1987年第12期。

谢宝富：《北朝墓葬的地下形制研究》，《湖北大学学报（哲学社会科学版）》1997年第6期。

谢明良：《六朝陶瓷论集》，台北：台湾大学出版中心，2006年。

辛发、鲁宝林、吴鹏：《锦州前燕李廆墓清理报告》，《文物》1995年第6期。

信立祥：《汉代画像石综合研究》，北京：文物出版社，2000年。

熊寿昌：《论鄂城东吴孙将军墓与鄂钢饮料厂一号墓之墓主人身份及其相互关系》，《东南文化》2000年第9期。

徐湖平主编：《金银器 南京博物院珍藏系列》，上海：上海古籍出版社，1999年。

偃师商城博物馆：《河南偃师两座北魏墓发掘简报》，《考古》1993年第5期。

杨伯达:《中国古代金银器玻璃器珐琅器概述》,《中国美术全集·工艺美术编 10·金银玻璃珐琅器》,北京:文物出版社,1987 年。

杨根:《晋代铝铜合金的鉴定及其冶炼技术的初步探讨》,《考古学报》1959 年第 4 期。

杨泓:《邓县画像砖墓的时代和研究》,载其《汉唐美术考古和佛教艺术》,北京:科学出版社,2000 年。

杨瑾:《南朝墓壁画上的羽人和神仙形象》,《四川文物》2008 年第 2 期。

杨瑾、马晋川:《南朝墓壁画上的羽人和神仙形象》,《文物世界》2008 年第 1 期。

杨宽:《中国古代陵寝制度的起源及其演变》,《复旦学报(社会科学版)》1981 年第 5 期。

易水:《帐和帐构——家具谈往之二》,《文物》1980 年第 4 期。

俞伟超:《汉代诸侯王与列侯墓葬的形制分析——兼论"周制"、"汉制"与"晋制"的三阶段性》,《中国考古学会第一次年会论文集》,北京:文物出版社,1979 年。

负安志:《中国北周珍贵文物》,西安:陕西人民美术出版社,1993 年。

原州联合考古队:《北周田弘墓——原州联合考古队发掘调查报告 2》,东京:勉诚出版,2000 年。

岳亚莉:《由汉墓中的羽人形象看神仙思想》,《华北水利水电学院学报(社会科学版)》第 25 卷第 4 期,2009 年。

张爱冰:《南朝葬制考》,《东南文化》1989 年第 2 期。

张士高:《铝铜合金的出现》,《中国化学史稿(古代部分)》,北京:科学出版社,1964 年。

张小舟:《北方地区魏晋十六国墓葬的分区与分期》,《考古学报》1987 年第 1 期。

张新宽:《"双龙穿璧"的不同形式与文化意蕴剖析》,《中国汉画学会第十二届年会论文集》,成都:中国汉画学会,2010 年。

张学锋:《隋炀帝墓、昭明太子墓的发现——2013 年江苏扬州曹庄大墓、南京狮子冲大墓的发掘》(口头发表资料),第 57 届国际东方学者会议关西部会,2014 年 5 月 31 日,京都。

赵瑞民、刘俊喜:《大同沙岭北魏壁画墓出土漆皮文字考》,《文物》2006 年第 10 期。

赵永洪:《由墓室到墓道——南北朝墓葬所见之仪仗表现与丧葬空间的变化》,载《汉唐之间文化艺术的互动与交融》,北京:文物出版社,2001 年。

镇江市博物馆:《镇江东晋画像砖墓》,《文物》1973 年第 4 期。

镇江博物馆:《江苏镇江谏壁砖瓦厂东晋墓》,《考古》1988 年第 7 期。

郑岩:《魏晋南北朝壁画墓研究》,北京:文物出版社,2002 年。

中国历史博物馆编:《华夏之路》第二册《战国时期至南北朝时期》,北京:朝华出版社,1997 年。

中国社会科学院考古研究所、河北省文物考古研究所:《磁县湾漳北朝壁画墓》,北京:科学出版社,2003 年。

中国社会科学院考古研究所洛阳汉魏故城工作队:《西晋帝陵勘察记》,《考古》1984 年第 12 期。

中国社会科学院考古研究所洛阳汉魏城队、洛阳古墓博物馆:《北魏宣武帝景陵发掘报告》,《考古》1994 年第 9 期。

周到、吕品、汤文兴编:《河南汉代画像砖》,上海:上海人民美术出版社,1985 年。

周学鹰:《"因山为陵"葬制探源》,《中原文物》2005 年第 1 期。

周亚利:《朝阳三燕北魏遗存中反映出来的汉文化因素》,《辽海文物学刊》1996 年第 1 期。

邹城市文物局:《山东邹城西晋刘宝墓》,《文物》2005 年第 1 期。

朱光亚、贺云翱、刘魏:《南京梁萧伟墓墓阙原状研究》,《文物》2003 年第 5 期。

朱全升、汤池:《河北磁县东魏蠕蠕公主墓发掘简报》,《文物》1984 年第 4 期。

朱松林:《试述中古时期的招魂葬俗》,《上海师范大学学报(哲学社会科学版)》第 31 卷第 2 期,2002 年。

中文电子文献

南京梅家山发现东晋墓上建筑遗迹,《中国历史文化遗产保护网》(在线),http://www. wenbao. net/wbw_admin/news_vieu. asp? newsid=1585,2012 年 11 月 10 日阅读。

朱凯:《初步判定孙权葬于梅花山西坡》,《南京日报·数字报纸》2010 年 1 月 9 日(在线),http://njrb. njnews. cn/html/2010－01/09/content_417987. htm,2012 年 11 月 10 日阅读。

韩文文献(按作者姓名汉字中文音序排序)

大成洞古坟博物馆:《东亚贸易的桥梁——大成洞古坟群》,金海:大成洞古坟博物馆,2013 年。

国立庆州博物馆:《菊隐李养璿蒐集文化财》,首尔:通川文化社,

1987 年。

国立庆州博物馆:《特展　新罗黄金》,首尔:city partner,2001 年。

洪思俊、金正基:《皇吾里四、五号坟皇南里破坏古坟发掘调查报告　国立博物馆古迹调查报告第 5 册》,首尔:国立中央博物馆,1964 年。

湖岩美术馆:《湖岩美术馆名品图录》,首尔:三星美术文化财团,1982 年。

庆州文化财研究所:《皇南大冢　庆州市皇南洞第 98 号古坟南坟发掘调查报告书》,首尔:文化财管理局文化财研究所,1993 年。

权五荣:《晋式带具的南与北》,第 10 届加耶文化国际学术会议论文集《加耶、倭与北方》,2004 年。

仁济大学加耶文化研究所:《大成洞古坟群最新发掘成果》,金海:仁济大学加耶文化研究所,2013 年。

特别企画展高句丽执行委员会:《特别企画展　高句丽》,出版地点不详。

图版出处

图 1　南京市博物馆、南京市江宁区博物馆《南京江宁上坊孙吴墓葬发掘简报》(《文物》2008 年第 12 期)图二。

图 2　安徽省考古研究所、马鞍山市文物管理所《安徽马鞍山宋山东吴墓发掘简报》(《江汉考古》2007 年第 4 期)图二。

图 3　鄂城县博物馆《鄂城东吴孙将军墓》(《考古》1978 年第 3 期)图二、图三、图四、图五。

图 4　鄂州博物馆、湖北省文化考古研究所《湖北鄂州鄂钢饮料厂一号墓发掘报告》(《考古学报》1998 年第 1 期)图二、图三、图九。

图 5　南京大学历史系考古组《南京大学北园东晋墓》(《文物》1973 年第 4 期)图一,笔者部分修改。

图 6　南京博物院《南京富贵山东晋墓发掘报告》(《考古》1966 年第 4 期)图二、图三。

图 7　南京市博物馆《南京北郊东晋墓发掘简报》(《考古》1983 年第 4 期)图二。

图 8　南京博物院、南京市文物保管委员会《南京西善桥南朝墓及其砖刻壁画》(《文物》1960 年第 8、9 期)图 1—4、图 7;罗宗真:《南京西善桥油坊村南朝大墓的发掘》(《考古》1963 年第 6 期)图一。

图 9　罗宗真《南京西善桥油坊村南朝大墓的发掘》(《考古》1963 年第 6 期)图五、图七。

图 10　南京博物院《江苏丹阳胡桥南朝大墓及砖刻壁画》(《文物》1974 年第 2 期)图一、图二、图五、图六、图一六、图一七、图一八。

图 11　南京博物院《江苏丹阳县胡桥、建山两座南朝墓"葬"》(《文物》1980 年第 2 期)图二、图五、图六、图二〇、图二一、图版二、图版三、图版四、图版五之 1、2。

图 12　1. 南京市文物研究所、南京市栖霞区文化局《南京梁南平王萧伟墓阙发掘简报》(《文物》2002 年第 7 期)图四;2. 南京博物院《南京尧

化门南朝梁墓发掘简报》(《文物》1981 年第 12 期)图三;3. 同 1 图
二;4. 同 1 图二二、图二三;5. 朱光亚、贺云翱、刘魏《南京梁萧伟墓
墓阙原状研究》(《文物》2003 年第 5 期)图五。

图 13　1. 南京博物院、南京市文物保管委员会《南京栖霞山甘家巷六朝墓
群》(《考古》1976 年第 5 期)图二;2. 南京博物院《梁朝桂阳王萧象
墓》(《文物》1990 年第 8 期)图二。

图 14　南京市博物馆、栖霞区文管会《江苏南京市白龙山南朝墓》(《考古》
1998 年第 8 期)图二、图三、图六。

图 15　1. 河南省文物考古研究所、安阳县文化局《河南安阳市西高穴曹操
高陵》(《考古》2010 年第 8 期)图三,笔者部分修改;2. 河南省文物
考古研究所《曹操墓真相》第 26 页;3. 同 1 图四。

图 16　中国社会科学院考古研究所洛阳汉魏故城工作队《西晋帝陵勘察
记》(《考古》1984 年第 12 期)图二、表一。

图 17　中国社会科学院考古研究所洛阳汉魏故城工作队《西晋帝陵勘察
记》(《考古》1984 年第 12 期)图四、表二。

图 18　1. 洛阳市第二文物工作队、偃师市文物局《河南偃师市首阳山西晋
帝陵陪葬墓》(《考古》2010 年第 2 期)图四、图五;2. 中国社会科学
院考古研究所洛阳汉魏故城工作队《西晋帝陵勘察记》(《考古》1984
年第 12 期)图五。

图 19　大同市博物馆、山西省文物工作委员会《大同方山北魏永固陵》(《文
物》1978 年第 7 期)图一、图二、图三。

图 20　洛阳市第二文物工作队《北魏孝文帝长陵的调查和钻探——"洛阳
邙山陵墓群考古调查与勘测"项目工作报告》(《文物》2005 年第 7
期)图三,笔者部分修改。

图 21　中国社会科学院考古研究所洛阳汉魏城队、洛阳古墓博物馆《北魏
宣武帝景陵发掘报告》(《考古》1994 年第 9 期)图三、图五。

图 22　1. 中国社会科学院考古研究所、河北省文物考古研究所《磁县湾漳
北朝壁画墓》(科学出版社,2003 年)图 13,笔者部分修改;2. 同 1 图
4A;3. 同 1 图 5。

图 23　陕西省考古研究所、咸阳市考古研究所《北周武帝孝陵发掘简报》
(《考古与文物》1997 年第 2 期)图二、图四、图五。

图 24　原州联合考古队《北周田弘墓——原州联合考古队发掘调查报告 2》
(勉诚出版,2000 年)图 21、图 22、图 23,笔者部分修改。

图 25　宁夏回族自治区博物馆、宁夏固原博物馆《宁夏固原北周李贤夫妇
墓发掘简报》(《文物》1985 年第 11 期)图二,笔者部分修改。

图 26　笔者绘制。

图 27　1. 南京博物院《南京童家山南朝墓清理简报》(《考古》1985 年第 1 期)图二,笔者部分修改;2. 林留根《江苏镇江东晋纪年墓清理简报》(《东南文化》1989 年第 2 期)图一,笔者部分修改;3. 南京市博物馆《南京西善桥南朝墓》(《文物》1993 年第 11 期),笔者部分修改。

图 28　笔者绘制。

图 29　1. 南京大学历史系考古组《南京大学北园东晋墓》(《文物》1973 年第 4 期)图一;2. 南京市博物馆《南京北郊东晋温峤墓》(《文物》2002 年第 7 期)图二。

图 30　南京市博物馆《南京西善桥南朝墓》(《文物》1993 年第 11 期)图五:3。

图 31　1. 南京市博物馆、江宁县博物馆《南京市东善桥"凤凰三年"东吴墓》(《文物》1999 年第 4 期)图 15:4;2. 南京大学历史系考古专业、湖北省文物考古研究所、鄂州市博物馆《鄂城六朝墓》(科学出版社,2007 年)图 120:9;3. 同 2 图 120:10;4. 黄义军、徐劲松、何建萍《湖北鄂州郭家细湾六朝墓》(《文物》2005 年第 10 期)图八:10;5. 南京市博物馆、南京师范大学文物与博物馆学系《南京仙鹤山孙吴、西晋墓》(《文物》2007 年第 1 期)图一九:7;6. 南京市博物馆《南京北郊东晋温峤墓》(《文物》2002 年第 7 期)图 18:10;7. 南京市博物馆《南京前新塘南朝墓葬发掘简报》(《文物》1989 年第 4 期)图五:2;8. 南京博物院《南京童家山南朝墓清理简报》(《考古》1985 年第 1 期)图三:8。

图 32　阮国林《谈南京六朝墓葬中的帷帐座》(《文物》1991 年第 2 期)图一、图二,笔者部分修改。

图 33　1. 洛阳市文物工作队《洛阳曹魏正始八年墓发掘报告》(《考古》1989 年第 4 期)图一,笔者部分修改,照片为笔者所摄;2. 洛阳市文物工作队《河南新安西晋墓(C12M262)发掘简报》(《文物》2004 年第 12 期)图二,笔者部分修改。

图 34　1. 南京市博物馆《南京象山 5 号、6 号、7 号墓清理简报》(《文物》1972 年第 11 期)图八;2. 同 1 图五;3. 林留根《江苏镇江东晋纪年墓清理简报》(《东南文化》1989 年第 2 期)图一;4. 南京博物院《南京童家山南朝墓清理简报》(《考古》1985 年第 1 期)图一;5. 金琦《南京甘家巷与童家山六朝墓》(《考古》1963 年第 6 期)图一一。

图 35　1. 洛阳第二文物工作队《洛阳市朱村东汉壁画墓发掘简报》(《文物》1992 年第 12 期)图二、图五、图六;2. 石景山区文物管理所《北京市石景山区八角村魏晋墓》(《文物》2001 年第 4 期)图二、图三,笔者部

分修改。

图 36　辽宁省文物考古研究所《辽宁辽阳南郊街东汉壁画墓》(《文物》2008年第 10 期)图三,笔者部分修改;图一一~图一五、图一八、图一九、图二七、图二八。

图 37　笔者基于特展"高句丽"第 43—59 页(2002 年)制作。

图 38　1. 甘肃省文物考古研究所《敦煌佛爷庙湾　西晋画像砖墓》(北京:文物出版社,1998 年)图四、图五、图七;2. 同 1 图二〇、图二一。

图 39　1. 王银田、刘俊喜《大同智家堡北魏墓石椁壁画》(《文物》2001 年第7 期)图二、图六;2. 洛阳市文物工作队《洛阳孟津北陈村北魏壁画墓》(《文物》1995 年第 8 期)图二;3. 大同市考古研究所《山西大同沙岭北魏壁画墓发掘简报》(《文物》2006 年第 10 期)图三。

图 40　郑岩《魏晋南北朝壁画墓研究》(北京:文物出版社,2002 年)图 84、图 85。

图 41　朱全升、汤池《河北磁县东魏蠕蠕公主墓发掘简报》(《文物》1984 年第 4 期)图二、图四、图五、图六、图七。

图 42　济南市博物馆《济南市马家庄北齐墓》(《文物》1985 年第 10 期)图三、图四、图七、图八。

图 43　山东省文物考古研究所《济南市东八里洼北朝壁画墓》(《文物》1989年第 4 期)图二、图三。

图 44　山东省文物考古研究所、临朐县博物馆《山东临朐北齐崔芬壁画墓》(《文物》2002 年第 4 期)图。

图 45　笔者绘制。

图 46　1. 曾布川宽《中国美术的图像与样式》(中央公论美术出版,2006年)图版编 97 页 73(2);2. 南京大学历史系考古专业、湖北省文物考古研究所、鄂州市博物馆《鄂城六朝墓》(北京:科学出版社,2007年)图版 85。

图 47　1. 大同市考古研究所《大同雁北师院北魏墓群》(北京:文物出版社,2008 年)图五〇、图五一;2. 洛阳博物馆《河南洛阳北魏元乂墓调查》(《文物》1974 年第 12 期)图一、图版一。

图 48　笔者绘制。

图 49　1. 笔者测绘;2. 杨根《晋代铝铜合金的鉴定及其冶炼技术的初步探讨》(《考古学报》1959 年第 4 期)图版一、图版二,及笔者据孙机《东周、汉、晋腰带用金银带扣》(《文物》1994 年第 1 期)图九:1 重绘;3. 笔者测绘;4. 笔者据加古川市教育委员会《行者冢古坟发掘调查概报》(加古川市教育委员会,1997 年)图 126 改绘。

图 50　1. 笔者测绘；2. 笔者测绘；3. 据千贺久《日本出土金属带具的谱系》《橿原考古学研究所论集》6,吉川弘文馆,1984 年)图 2 改绘；4. 据胡肇椿《广州西郊大刀山晋冢发掘报告》(《考古学杂志》创刊号,黄花考古学院,1932 年)第十三图改绘；5. 据刘森淼《湖北汉阳出土的晋代鎏金铜带具》(《考古》1994 年第 10 期)重描；6. 据国立庆州博物馆《菊隐李养璹蒐集文化财》(通川文化社,1987 年)图面 75 改绘；7. 笔者测绘。

图 51　1. 笔者测绘；2. 据河南省文化局文物工作队第二队《洛阳晋墓的发掘》(《考古学报》1957 年第 1 期)图十一；5、6 改绘。

图 52　1. 据陕西省文博考古专业干部业务技术职称评定委员会办公室《三国——宋元考古(上)(中国考古学之五)》(出版地点不明,1982 年)图 21 重绘；2. 据集安县文物保管所《集体、安高句丽墓葬发掘简报》(《考古》1983 年第 4 期)图版三及东潮《高句丽考古学研究》(吉川弘文馆,1998 年)图 116 改绘；3. 据田立坤《朝阳前燕奉车都尉墓》(《文物》1994 年第 11 期)图五改绘；4. 据辽宁省博物馆文物队、朝阳地区博物馆文物队、朝阳县文化馆《朝阳袁台子东晋壁画墓》(《文物》1984 年第 6 期)图三改绘；5. 据辽宁省文物考古研究所、朝阳市博物馆《朝阳王子坟山墓群 1987、1990 年度考古发掘的主要收获》(《文物》1997 年第 11 期)图三五改绘。

图 53　藤井康隆《晋式金属带具的发展过程》(《古代》第 111 号,早稻田大学考古学会,2002 年)图 8。

图 54　1. 笔者绘制；2. 据铃木勉、松林正德《誉田丸山古坟出土鞍金具与 5 世纪的金工技术》(《橿原考古学研究所纪要　考古学论考》20,橿原:奈良县立橿原考古学研究所,1996 年)图 5—图 7 改绘。

图 55　笔者绘制。

图 56　笔者绘制。

图 57　1. 笔者测绘；2. 据梅原末治《关于金铜透雕龙纹金属带具》(《考古学杂志》第 50 卷第 4 号,1965 年)图 6 改绘；3. 据千贺久《日本出土金属带具的谱系》(《橿原考古学研究所论集》6,吉川弘文馆,1984 年)图 3 改绘；4—8. 据国立庆州博物馆《菊隐李养璹蒐集文化财》(通川文化社,1987 年)图 75 改绘。

图 58　1. 据田立坤《朝阳前燕奉车都尉墓》(《文物》1994 年第 11 期)图五改绘；2. 据辽宁省博物馆文物队、朝阳地区博物馆文物队、朝阳县文化馆《朝阳袁台子东晋壁画墓》(《文物》1984 年第 6 期)图三〇改绘；3. 据辽宁省文物考古研究所、朝阳市博物馆《朝阳王子坟山墓群

1987、1990 年度考古发掘的主要收获》(《文物》1997 年第 11 期)图三五改绘;4. 据集安县文物保管所《集安高句丽墓葬发掘简报》(《考古》1983 年第 4 期)图版三及东潮《高句丽考古学研究》(吉川弘文馆,1998 年)图 116 改绘。

图 59　1. 据辽宁省文物考古研究所、朝阳市博物馆《朝阳王子坟山墓群1987、1990 年度考古发掘的主要收获》(《文物》1997 年第 11 期)图三二改绘;2. 据吉林省文物工作队、集安文管所《1976 年集安洞沟高句丽墓清理》(《考古》1984 年第 1 期)图八改绘;3. 据田立坤、李智《朝阳发现的三燕文化遗物及相关问题》(《文物》1994 年第 11 期)图九改绘;4. 据町田章《古代带金具考》(《考古学杂志》第 56 卷第 1号,日本考古学会,1970 年)图 14 改绘。

图 60　1. 据辽宁省文物考古研究所《三燕文物精粹》(沈阳:辽宁人民出版社,2002 年)第 70—71 页图改绘;2. 据辽宁省文物考古研究所《三燕文物精粹》(沈阳:辽宁人民出版社,2002 年)第 68 页图版 67绘制。

图 61　据辽宁省文物考古研究所、朝阳市博物馆、北票市文物管理所《辽宁北票喇嘛洞墓地 1998 年发掘报告》(《考古学报》2004 年第 2 期)图二三改绘。

图 62　笔者绘制。

图 63　1. 据集安县文物保管所《集安高句丽墓葬发掘简报》(《考古》1983年第 4 期)改绘;2. 据吉林省文物考古研究所、集安市文物保管所《集安洞沟古墓群禹山墓区集锡公路墓葬发掘》(《高句丽研究文集》,延吉:延边大学出版社,1993 年)图二六:19 改绘;3. 据东潮《高句丽考古学研究》(吉川弘文馆,1998 年)图 116 改绘;4. 据吉林省文物考古研究所、集安市文物保管所《集安洞沟古墓群禹山墓区集锡公路墓葬发掘》(《高句丽研究文集》,延吉:延边大学出版社,1993年)图二六:21 改绘;5. 据吉林省文物考古研究所、集安市文物保管所《集安洞沟古墓群禹山墓区集锡公路墓葬发掘》(《高句丽研究文集》,延吉:延边大学出版社,1993 年)图二六:22 改绘;6. 据吉林省文物工作队、集安文管所《1976 年集安洞沟高句丽墓清理》(《考古》1984 年第 1 期)图八:4 改绘;7. 据东潮《高句丽考古学研究》(吉川弘文馆,1998 年)图 116 改绘;8. 据东潮《高句丽考古学研究》(吉川弘文馆,1998 年)图 116 改绘;9. 据李殿福《集安洞沟三座壁画墓》(《考古》1983 年第 4 期)图六 1、2 改绘;10. 据集安县文物保管所《集安县两座高句丽积石墓的清理》(《考古》1979 年第 1 期)图六:

19 改绘。

图 64　1、2. 据吉林省文物考古研究所、集安市文物保管所《集安洞沟古墓
群禹山墓区集锡公路墓葬发掘》(《高句丽研究文集》,延吉:延边大
学出版社,1993 年)图二六:23、25、26 改绘;3. 据洪思俊、金正基《皇
吾里四、五号坟皇南里破坏古坟发掘调查报告　国立博物馆古迹调
查报告第 5 册》(汉城:国立中央博物馆,1964 年)Fig.3 改绘。

图 65　笔者测绘。

图 66　笔者绘制。

图 67　1. 据刘森淼《湖北汉阳出土的晋代鎏金铜带具》(《考古》1994 年第
10 期)图 1 改绘;2. 刘森淼《湖北汉阳出土的晋代鎏金铜带具》(《考
古》1994 年第 10 期)图 4。

图 68　笔者绘制。

图 69　1. 小南一郎《中国的神话与故事》(东京:岩波书店,1984 年)图 16;
2. 大阪市立美术馆《六朝美术》(东京:平凡社,1976 年)黑白图版
165;3. 罗宗真主编《魏晋南北朝文化》(上海:学林出版社、上海科技
教育出版社,2000 年)第 105 页Ⅳ—四部分引用。

图 70　林巳奈夫《二三种汉镜的纹样(续)》(《东方学报　京都》第五十册,
京都:京都大学人文科学研究所,1978 年)图一三。

图 71　笔者摄。

图 72　南京市博物馆《南京大光路孙吴薛秋墓发掘简报》(《文物》2008 年第
3 期)图二～图六、图一二～一四、图二四、图二九、封二图 1～4。

图 73　南京市博物馆《南京大光路孙吴薛秋墓发掘简报》(《文物》2008 年第
3 期)图七。

图 74　据杨根《晋代铅铜合金的鉴定及其冶炼技术的初步探讨》(《考古学
报》1959 年第 4 期)图版一、图版二及孙机《东周、汉、晋腰带用金银
带扣》(《文物》1994 年第 1 期)图九:1. 改绘;2. 笔者测绘。

图 75　笔者测绘。

图 76　1. 据定县博物馆《河北定县 43 号汉墓发掘简报》(《文物》1973 年第
11 期)图二:4 改绘;2. 笔者测绘。

图 77　笔者绘制。

图 78　1. 名古屋市博物馆编《中华人民共和国　南京博物院展》(名古屋:
名古屋市博物馆,1981 年)图片;2. 杨瑾、马晋川《南朝墓壁画上的
羽人和神仙形象》(《文物世界》2008 年第 1 期)图一;3. 南京市博物
馆《江苏高淳固城东汉画像砖墓》(《考古》1989 年第 5 期)图七—3
局部;4. 邹城市文物局《山东邹城西晋刘宝墓》(《文物》2005 年第 1

期)图五四:10;5. 南京大学历史系考古专业、湖北省文物考古研究所、鄂州市博物馆《鄂城六朝墓》(北京:科学出版社,2007 年)彩版 14:1。6. 笔者摄。

图 79　洛阳市第二文物工作队《洛阳孟津大汉冢曹魏贵族墓》(《文物》2011 年第 9 期)图二七。

图 80　笔者绘制。

图 81　1. 据定县博物馆《河北定县 43 号汉墓发掘简报》(《文物》1973 年第 11 期)图二:4 改绘;2. 同 1 图六:1;3. 同 1 图六:3;4. 同 1 图七:3。

图 82　笔者绘制。

图 83　安徽省文物考古研究所《安徽当涂青山六朝墓发掘简报》(《文物》2011 年第 4 期)图六—图一一。

图 84　吴荭《甘肃高台地埂坡魏晋墓》(国家文物局编《2007 中国重要考古发现》,北京:文物出版社,2008 年)第 91 页图。

图 85　大同市考古研究所《山西大同云波里路北魏壁画墓发掘简报》(《文物》2011 年第 12 期)图 21。

图 86　1. 笔者测绘;2. 笔者实测、描摹;3. 据梅原末治《关于金铜透雕龙纹金属带具》(《考古学杂志》第 50 卷第 4 号,1965 年)图 6 增改描摹。

图 87　1. 甘肃省文物考古研究所、高台县博物馆《甘肃高台地埂坡晋墓发掘简报》(《文物》2008 年第 9 期)图一二;2. 甘肃省文物考古研究所《敦煌佛爷庙湾　西晋画像砖墓》(北京:文物出版社,1998 年)图四—1、图版一八—1。

图 88　1. 辽宁省文物考古研究所《三燕文物精粹》(沈阳:辽宁人民出版社,2002 年)第 50—51 页图;2. 笔者绘制;3. 吉林省博物馆文物工作队《吉林集安的两座高句丽墓》(《考古》1977 年第 2 期)图二—1,"龙"纹由笔者绘制。

图 89　1. 长广敏雄《南阳的画像石》(美术出版社,1969 年)图版 1,部分裁切;2. 孙彦《汉魏南北朝羽人图像考》(《南方文物》2006 年第 2 期)图八;3. 周到、吕品、汤文兴编《河南汉代画像砖》(上海:上海人民美术出版社,1985 年)图二三一;4. 张新宽《"双龙穿璧"的不同形式与文化意蕴剖析》(《中国汉画学会第十二届年会论文集》,中国汉画学会,2010 年)图 3。

图 90　1. 柳涵《郑县画像砖墓的时代和研究》(《考古》1959 年第 5 期)图一:1;2. 同 1 图一:2;3. 同 1 图二:1 及南京市文物保管委员会《南京六朝墓葬清理简报》(《考古》1959 年第 5 期)图二;4. 中国社会科学院考古研究所、河北省文物考古研究所《磁县湾漳北朝壁画墓》

（北京：科学出版社，2003年）图110；5. 名古屋市博物馆编《中华人民共和国　南京博物院展》（1981年）图片。

图91　笔者测绘。

图92　1. 樋口隆康、冈崎敬、宫川涉《和泉国七观古坟调查报告》《古代学研究》27，1961年）图21、图22，笔者改绘；2. 吉井町教育委员会《若宫古坟群Ⅲ—月冈古坟》（2005年）图13；4、6、9同图15；3. 奈良县教育委员会《五条猫冢古坟》（1962年）图23、图26，笔者改绘；4. 庆州文化财研究所《皇南大冢　庆州市皇南洞第98号古坟南坟发掘调查报告书》（1993年）图42，笔者改绘；5. 同4图44，笔者改绘；6. 国立庆州博物馆《特展　新罗黄金》（2001年）p. 242；310。

图93　1. 笔者在町田章《古代金属带具考》《考古学杂志》第56卷第1号，1970年）图13、小浜成《日本出土金属带具的变迁与制作——关于龙纹金带具的国内制作》（1993年）附图的基础上改绘；2. 据埼玉县教育委员会《埼玉稻荷山古坟》（1980年）图32改绘；3. 笔者实测、描摹；4. 据丰中市史编纂委员会《荒神冢古坟（第二二号坟）》（丰中市政府，1961年）图39改绘；5. 据本村豪章《古坟时代基础研究稿——资料篇（Ⅱ）》《东京国立博物馆纪要》第26号，1990年）图版Ⅷ改绘；6. 带扣部分的碎片为笔者实测描摹，其他据清喜裕二《福井县西冢古坟出土文物调查报告》《书陵部纪要》第49号，1998年）图9改绘；7. 据樋口隆康、西谷真治、小野山节《增补　大谷古坟》（京都：同朋舍，1985年）图29改绘。

图94　笔者绘制。

图95　1. 吉林省文物考古研究所、集安市博物馆《集安高句丽王陵——1990～2003年集安高句丽王陵调查报告》（北京：文物出版社，2004年）图二三〇；2. 笔者绘制。3. 奈良县立橿原考古学研究所附属博物馆《跨越大海的远程交流——橿原的古坟与渡来人》（2006年）第43页图；4. 吉林省博物馆文物工作队《吉林集安的两座高句丽墓》《考古》1977年第2期）图2：1；5. 辽宁省文物考古研究所《三燕文物精粹》（沈阳：辽宁人民出版社，2002年）第50—51页图；6. 堺市博物馆《仁德陵古坟的建造——基于百舌鸟、古市古坟群的探讨》（2009年）第198、199页图；7. 同6同页图。

图96　笔者绘制。

图97　1. 财团法人小仓收藏品保存会《小仓收藏品图集》（1981年）p. 60；49；2. 据小浜成《日本出土金带具的变迁与制作——关于龙纹金带具的国内制作》（1993年）图改绘；3. 笔者绘制；4. 据冈山县史编纂

委员会《冈山县史 18　考古资料编》(1986 年)图 211 改绘;5. 国立庆州博物馆《特展　新罗黄金》(2001 年)p. 212;273;6. 临沂市博物馆《山东临沂金雀山画像砖墓》(《文物》1995 年第 6 期)图三。

图 98　1. 据曾布川宽、冈田健编《世界美术大全集·东洋篇》第 3 卷《三国·南北朝》(小学馆,2000 年)图版 136 绘制;2. 据古运泉《广东新兴县南朝墓》(《文物》1990 年第 8 期)图三;10 改绘。

图 99　据遂溪县博物馆《广东遂溪县发现南朝窖藏金银器》(《考古》1986 年第 3 期)图二、图四、图七改绘。

图 100　据河北省文化局文物工作队《河北定县出土北魏石函》(《考古》1966 年第 5 期)图七、图一二;2 改绘。

图 101　1. 据樋口隆康、冈崎敬、宫川涉《和泉国七观古坟调查报告》(《古代学研究》27,1961 年)图 21、图 22 改绘;2. 国立庆州博物馆《特展新罗黄金》(2001 年)图。

图 102　1、2. 吉泽则男《峰冢古坟出土遗物》(《渡来文化的接纳与发展——5 世纪的政治、社会面貌(2)》,1999 年)第 64 页图;3. 南京市博物馆《江苏南京仙鹤观东晋墓》(《文物》2001 年第 3 期)图四三;1。

图 103　1. 南京市博物馆《江苏南京仙鹤观东晋墓》(《文物》2001 年第 3 期)图四二;2. 齐东方《唐代金银器研究》(北京:中国社会科学出版社,1999 年)图 2—102;3. 笔者测绘;4、5. 同 2 图 2—101。

图 104　1. 南京市博物馆《江苏南京仙鹤观东晋墓》(《文物》2001 年第 3 期)图四三;3;2. 辽宁省文物考古研究所《三燕文物精粹》(沈阳:辽宁人民出版社,2002 年)p. 44;26 截用;3. 齐东方《唐代金银器研究》(中国社会科学出版社,1999 年)图 2—89;4. 同 3 图 2—94。

图 105　笔者绘制。

后　记

本书是我在 2012 年向早稻田大学提交的博士学位论文《南北对比视野下中国江南六朝考古学研究》的基础上增补编集而成的。该书出版前已发表的论文与本书的对应关系如下，整体上都作了不小的修订和增补。

序章　中国的南与北　新撰

第一编　南北朝陵墓的世界

前言　新撰

第一章　新撰

第二章　新撰

第三章　新撰

第四章　《东晋南朝墓墓室空间的性质与概念》，立命馆大学考古学论集刊行会编《立命馆大学考古学论集Ⅵ　和田晴吾先生退职纪年论集》，2013 年 5 月。

第二编　晋式金属带具研究

第五章　新撰

第六章　《晋式金属带具的发展过程——六朝时期金工生产的思考》，早稻田大学考古学会编《古代》第 111 号，2002 年 12 月。

第七章 《新出三燕金属带具的解读》，立命馆大学考古学论集刊行会编《立命馆大学考古学论集》Ⅲ，2003年5月。

第八章 《晋代金属带具补考》，早稻田大学考古学会编《古代》第119号，2006年3月。

第九章 《晋式金属带具的形成背景——东吴薛秋墓出土的金带具及其谱系》，(财)古代学协会编《古代文化》第65卷第1号，2013年6月。

第三编 两晋南北朝的金属工艺

第十章 《关于六朝的"龙"造型》，冈内三真编《技术与交流的考古学》，同成社，2013年1月。

第十一章 《古坟时代中后期金工制品的发展》，东海考古学论坛三河大会执行委员会编《东海地区后期古坟的思考》，2001年2月。收入该书时作了大幅度修改。

第十二章 《中国南朝前期金属工艺初论》，帝京大学山梨文化财研究所编《帝京大学山梨文化财研究所报告》第11集，2003年3月。

第十三章 《中国南朝金属工艺与十六国》，日本中国考古学会编《中国考古学》第五号，2005年11月。

结 语 新撰

我作为地方文博部门的学艺员，在职报考了早稻田大学，攻读博士学位，从申请入学到提交论文，花费了6年时间，而6年也正是在读资格的最长年限。其间，早稻田大学考古学研究室的各位先生及研究生、本科生，给予了我最大的关爱。对于在事业部门任职的我来说，6年间，虽然每年只有两三个月的时间能沉浸在学术的氛围中，埋头于图书资料，与各位先生及研究生、本科生交流学习心得，却是我过得最充实最快乐的 6 年，在此向导师冈内三真先生和论文评阅老师稻畑耕一郎先生（本科时的指导教师）、后藤直先生和早稻田大学考古学研究室的各位表示衷心的感谢！

我选择中国南方乃至江南社会为主要研究课题，契机是 2000 年第一次对南京、扬州、镇江、宜兴的实地考察。通过这次考察，南京与江南地区的历史文化和风土人情深深地吸引了我。孩童时代就非常喜欢阅读东西方文学和神话故事，自己的心中也早已构建了一道江南的风景，当自己直接面对性格开朗感情丰富的江南百姓时，心似乎被触动了。然而，对于没有留学经历的我来说，只能不断地去中国参观考察，通过广博见闻来充实中国研究的基础。其中对我学问上支撑最大的是通过冈内三真先生介绍而结缘的贺云翱先生（南京大学文化与自然遗产研究所所长），并因此与路侃（南京市中山陵园管理局文物处）、夏增威（南京大学文化与自然遗产研究所）、冯慧（南京大学，当时在早稻田大学留学）等人结下了深厚的友谊。本书所述南京和周边地区遗迹、陵墓的调查，相关资料的收集和论文所获见解，无一不是在上述各位先生、同学和南京市博物馆各位先生的热情帮助下取得的。

书中的论述不用说主要是基于已发表的各种资料和论著展开的，在此之外其实还有不少是基于当地未公开发表的考古信息和初步认识。我的目标是基于最新的研究成果阐述自己对六朝考古的认识，但书中的不足之处依然不少，与充分活用现有考古资料和研究成果的目标之间还有相当大的距离。若能得读者一阅并得到大方之家的指正，则三生有幸。

最后，还要对博士学位论文撰写和本书出版之际给予无私帮助的各位表示衷心的感谢。中井正幸（大垣市教育委员会）、梅本康广(向日市埋葬文化财中心)两位,平时给了我很多机会和激励。博士在读期间的同学且当时任早稻田大学考古研究室助教的久保田慎二(东京大学特别研究员),从研究室的日常事务到论文的提交,给予了全面的支持和帮助。每次去东京接受学术指导时,山田俊辅(千叶大学文学部)都会与我相见,对我研究中不得要领的话题和想法提出各种建设性建议。就论文的主题中国陵墓研究,和田晴吾先生(当时任职于立命馆大学文学部)的指导,及一同考察中国陵墓的森岛一贵(关市文化财保护中心)关于古坟时代横穴式石室墓的话题,对我都有极大的帮助和启发。

本书出版之际,六一书房的八木环一先生给予了很大的帮助,耐心听取了很多的"无理要求"。如果没有以上这么多师友的理解和助力,就没有今天这本小书。在此对迄今帮助过我的所有人员再次表示衷心的感谢!

藤井康隆

2014 年 7 月于广州

"海外中国研究丛书"书目